当代中国教育学人文库

真实的乌托邦

檀传宝 著

既善且美的教育建构

中国人民大学出版社
·北京·

自 序

《真实的乌托邦：既善且美的教育建构》是笔者将进入 21 世纪以来的部分论文、演讲适当修改而集成的作品。取名“真实的乌托邦”，灵感来自己亥春节在香港铜锣湾诚品书店买到的社会学家 Erik Olin Wright 教授的《真实乌托邦》(*Envisioning Real Utopias*)。不过 Wright 教授言说的是社会理想，我则聚焦在教育，尤其是中国教育。

我的教育乌托邦，当然就是“既善且美的教育”。这并不是说我不尊重、不寻求教育的“规律”(教育之真)，而是我认为：教育是一种具有强烈人文性的事业。作为“成人之学”，教育学必须有伦理与审美两大力量的加持，才能求得真正的教育真相与真理。回顾自己过往的研究，一方面，我的主要工作领域是德育原理、教师伦理；另一方面，我认为本书五章所聚焦的教育价值、教育伦理、教育美学、公民教育、教师专业发展等等议题，又远远高于作为教育学一个具体领域的德育原理、教师伦理研究。换言之，本书的言说都具有“教育学原理”或者“教育基本理论”的性质。正如我近年又开始重新给博士生们讲我三十多年前完成的博士论文一样——我对他们解释说：《德育美学观》(1996) 当然是我的一项具体研究，但是“德育美学观”同时又是一种重要的教育哲学，而后者则是一个永恒的、需要不绝投入的教育课题！个人几十年的呓语、呼号，概括起来就是希望我们有“既善且美”的教育建构，亦即让教育成为人道的、尊重人的、有审美愉悦的、最为美好的生命历程！

人是历史的产物，又是历史的主体。作为历史的产物，我们必须服从历史的安排，在时间轴上适时出现、存在、消失。而作为历史的主体，我们最好有历史的自觉，否则我们在时间轴上的出现、存在、消失就会毫无意义。

换言之：一方面在历史面前，我们无不微不足道，谦卑不过是一种真实；另一方面，我们本身就是历史进程的一个环节或表现，所以我们必须对自己的历史负责。作为一个教育学的长期研习者，无论是回顾自己的研究以方便自我教育，还是给关心教育的同行一次有历史脉络或者个人学术史意义上的教育学分享，无疑都有重要意义。本书对以往的论文、演讲之所以没有大加修改，重要原因之一就是希望相对原汁原味地呈现个人研究的历史原貌。本书得以顺利出版，要诚挚感谢热情邀请我完成本书的中国人民大学出版社王雪颖编辑，也要由衷感谢认真协助我编目、集成本书的胡君进博士。

本书取名“真实的乌托邦”，还与本人的秉性有关。我不止一次调侃自己是教育学界的堂吉诃德，就因为自己常常明知不可为而为之，许多研究、主张都“不合时宜”，都显得十分“幼稚”。不过我又同时坚信，没有“幼稚”（简单、纯粹）就没有想象，就没有创造的可能性。而没有乌托邦的人生、没有理想信念的教育，都注定是漫漫长夜。衷心希望我的教育乌托邦能够给读者以些许精神上的神往以及阅读上的愉悦。

2019 年 3 月 2 日，于京师园三乐居

目　录

第一章
教育与德育的基础追问

第一节　教育是人类价值生命的中介

教育与价值的关系是教育理论中最基本的命题之一。教育的价值研究是一个关系到教育理念、教育评价、教育实践等一系列问题的重要领域与视角。现代教育所追求的建构完满人格的教育目标本身就是一种合乎时代潮流的价值选择。阐释价值概念、教育中的价值问题及其要害，可以为教育的价值研究提供一个总体思路。

一、价值概念辨析

（一）不同语境中的价值概念

在不同的语境中，人们所用的“价值”概念具有不同的内涵。在（马克思主义）政治经济学中，价值是指凝结在商品中的一般人类劳动。据此，不同的商品得以交换。在科学研究的方法论讨论中，人们常常将“价值”与“事实”、“价值研究”与“实证研究”相对应。在这一语境中，价值相当于人作为主体的主观性或者价值取向，包括人的主观好恶、希冀、理想及追求等等。有人甚至认为，只有实证研究才是“研究”，而“价值研究”只是发表个人的“意见”。在日常生活中，价值的重要内涵是功用，相当于经济学中的“使用价值”。当人们说某事物或某做法没有价值时，实际上指的是该事物在功利上失去或没有功用。日常生活意义上的价值概念在理解或使用上范围较窄，人们往往将价值同它的同质范畴如道德、审美等并列使用。同时由于日常生活中价值被理解为使用价值，所以人们常常将价值与价值物同等看待。故一些人认为价值就是车子、房子和票子等等。

不同语境中价值概念的不同，需要一个哲学意义上的“价值一般”加以统摄。那么，如何理解作为“价值一般”的价值概念的哲学内涵呢？

（二）价值概念的哲学内涵

作为“价值一般”的价值与日常生活其他领域所使用的价值概念相较，基本区别有二。

首先，哲学意义上的价值具有抽象性或概括性。它是对价值理解进行最高抽象的结果，它是对所有具体价值如功利价值、道德价值、审美价值、神圣价值等的共同概括。与我们提到的科学方法和日常生活中使用的价值概念相比，作为“价值一般”的价值概念的特征是它的全面性与概括性。就是说它不仅关系到人的价值取向、价值理想和价值追求，也涉及价值存在的基本属性、不同形态，涉及价值范畴的所有方面。

其次，哲学意义上的价值具有超越性或理想性。匈牙利文化社会学家И·维坦依曾经指出：“哲学中的价值概念不同于政治经济学中类似的概念的地方在于，它有另外的起源。如果说在政治经济学中价值、价格同是劳动的产物，那么哲学中的价值则趋向未来，具有达到任何目的的意思，因而仿佛与现实相脱离。”“什么是价值的起源？就是相关性、意义、应该、理想、目的、感情意识、前景、意向、追求、绝对命令、人的自由、未来。”[①]“在价值王国里发生的经常性的运动和变化，要求人的积极干预，要求人的行动有利于价值的实现。”[②]

哲学意义上价值概念的概括性只是其与其他价值理解在外延上的区别；而“超越性”则是哲学的价值概念与日常生活中非价值范畴相区别的核心与灵魂。价值生活与价值研究中价值范畴所反映的最核心的主题因而也在于价值判断、价值选择与价值追求。

理解价值概念的上述内涵还有一个重要的角度，那就是价值概念的界定。

在中国理论界，价值界定的模式大体有四——“实体说”“属性说”“关系说”“意义说”。所谓“实体说”的基本意思是将价值等同于价值物本身；所谓“属性说”是认为价值是事物的某种属性，其最主要的是事物的“有用性”。这两种定义的优点是较为感性直观，也反映了价值概念的客观性。但是这两种界定的缺点也是十分明显的。一是界定本身十分粗俗，无法真实地解释价值存在的实质；二是它们在反映价值客观性的同时却无法面对价值的

---

① И·维坦依．文化学与价值学导论［M］．徐志宏，译．北京：中国人民大学出版社，1992：101.

② И·维坦依．文化学与价值学导论［M］．徐志宏，译．北京：中国人民大学出版社，1992：108.

本质属性——价值的主观性与超越性。“关系说”则是以人的主体需要为纽带说明价值的一种价值界定方式。它将价值的客观性与主观性有机地结合起来加以说明，应当说已经避免了“实体说”“属性说”的粗俗与片面。但是有两个主要的理由可以说明“关系说”的局限性。第一，“关系说”“远离人们的日常经验，把最现实的价值抽象化了”①。虽然价值无法脱离主体和客体的关系，但在经验中，我们却又很难将价值仅仅看作是一种关系，而不是一种独立存在的范畴。就是说，即使某一个体与客体的直接联系不存在，该事物的客观“价值”仍然存在。第二，从逻辑上说，“关系说”也是不周延的。“关系说在说明一种手段价值时显得游刃有余，而在说明一种目的价值时就显得力不从心。”② 这主要是因为“关系说”对价值的说明基本建立在主体需要的基础上——而需要又往往被理解为人的基本需要。比如一个完全丧失劳动能力甚至丧失了生活能力的老者有无存在的价值？如果着眼于人类需要的“关系说”，我们就很难对这个问题做正面或直接的肯定性解释。此外，实际上价值的存在有两种形态：一种是静态的价值，如前所述，即使某一个体的主观需要与客观事物没有现实的联系，该事物的客观价值仍然存在；另一种是价值的动态存在，即主体的价值取向和价值追求等等。“关系说”不能较好地说明前者，更不能很好地说明后者。就是说，“关系说”不能很好地说明价值的动态存在。

“意义说”认为：价值就是事物向主体呈现的意义。我们认为，较好地界定价值范畴的只能是价值界定上的“意义说”。

首先，“意义说”是一种扬弃了前三种界定的界定。在“意义说”中，一个事物的价值是客观存在的，不管个体主体是否直接感受到或者承认事物的某种意义，这一事物的意义都是可以客观地存在的。所以它继承了“实体说”和“属性说”的优点。同时“意义”本身又提醒我们，它只有在主客体关系中才能存在。一个事物的意义既是客观的，又是主观的，我们能否发现意义，我们能够在何种程度上发现和评价一个事物的意义，又完全取决于价

---

① 兰久富. 社会转型时期的价值观念［M］. 北京：北京师范大学出版社，1999：52.

② 兰久富. 社会转型时期的价值观念［M］. 北京：北京师范大学出版社，1999：51.

值主体。所以它吸收了“关系说”对“实体说”和“属性说”的纯客观性界定的批判。

其次，也是最重要的一点，“意义说”能够在较为充分地说明手段价值的同时较好地凸现目的价值的存在，在肯定价值客观性的同时最充分地揭示、肯定价值所富有的主观性或主体色彩——“相关性、意义、应该、理想、目的、感情意识、前景、意向、追求、绝对命令、人的自由、未来”等等。没有动态的价值，就没有静态的价值。没有价值取向和价值追求，整个价值系统就是没有生命的东西，就不能成其为价值。“意义说”的最大优势就在于它既能较好地解释静态的价值存在，又能较为充分地体现主体的价值追求。人们的价值追求就是对意义的求索。

也正是从“意义说”的角度，我们才能够充分地解释教育中的价值存在、价值问题和价值追求，真正从价值论的角度看待教育问题。

二、教育中的价值问题

台湾地区的陈迺臣博士在他的《教育哲学》中曾经精辟地指出：“教育是应该包含有教导和学习的因素在内，但反过来说并不一定为真。亦即有教有学的行为或活动，不见得就是教育。这是因为教育本身也是一种价值的活动”[①]。大陆学者雷鸣强博士也曾经指出：“教育是社会与个人在精神和物质价值方面的投入产出的劳动实践活动，是一种创价活动。”[②] 故从教人做人的教育概念出发看，绝无离开价值的教育，就像绝无离开德育的智育、体育和美育以及绝无离开投入产出的劳动实践一样。教育中的价值存在形态十分复杂，仔细分析教育活动，我们可以看到，教育中存在着至少三类最重要的价值问题——“教育的价值”、“对教育的价值”和“教育价值取向”。

（一）教育的价值

“教育的价值”指的是教育系统对社会或个人等价值主体的存在或发展而言呈现出什么样的意义，具有什么样的价值。教育的价值主要包括教育的

---

① 陈迺臣．教育哲学［M］．台北：心理出版社，1990：223－224.

② 雷鸣强．论“教育的价值”与“对教育的价值”［J］．江苏高教，1995（3）.

社会性价值、个人性价值和教育性价值三种。所谓社会性价值，是指教育对一定社会的存在及其发展所具有的意义。一个社会的存在与发展离不开它所需要的物质与精神的条件。教育在创造这些条件的机制中意义重大。社会存在和发展所需的政治、经济、文化系统终究是由作为社会主体的人去建设的。而一个自然人并不具有创造和发展社会的能力。教育的意义在于通过“文化化人”的活动将社会成员从自然状态中提升出来，实现人的“社会化”，使其成为一个秉承人类文化成果，因而具有智慧与力量，能够担当社会主体责任的人。社会化使人成为政治、经济、文化的现实主体，使社会存在与发展成为可能，是教育社会性价值的集中体现。当然，在教育活动中也有直接的政治、经济、文化活动的存在（尽管这一存在主要是中介性质的），这些活动的存在也直接构成了教育的社会意义或价值。在中国，人们重视教育的重要原因是着眼于上述教育的社会价值。正确理解的“科教兴国”实质上只能是“教育兴国”——因为科学之母是教育。

通过“文化化人”的活动将社会成员从自然状态中提升出来，实现人的“社会化”，使其成为一个秉承人类文化成果，因而具有智慧与力量，能够担当社会主体责任的人，这一过程不仅具有社会意义，而且对每一人类个体的存在和发展也具有重要的意义。这就构成了教育的个人性价值。个体要生存，要发展，要享用，要生活幸福，首要的前提当然是个体具有生活和创造生活的能力。这一能力只能通过教育，现阶段尤其是学校教育的中介才能有效地实现。在当代社会中教育质量之所以为人们普遍关心，不仅是教育将会赋予个体存在和发展的能力，而且是因为高质量的教育会提升人的创造力和对生活意义的寻找与追求的能力。虽然当代社会所普遍存在的无意义感并不能够通过教育一劳永逸地解决，但是人们还是对教育普遍地寄予厚望。教育所具有的对于个体生活意义进行关照和提升的价值，是 21 世纪以来全球范围内在教育思潮上民主主义对专制主义、人文主义对唯科学主义进行批判的根本原因。

教育不仅对教育以外的系统具有价值，教育对自身也会呈现巨大的意义——这就是教育的教育性价值。仔细分析，先在的教育思想、教育者、教育对象、教育内容、教育方法和工具等无一不具有对运动着的教育运动本身的价值。比如孔子的教育思想和教育方法至今对我们仍然具有借鉴意义。又比如，新的教育手段的出现，比如 Internet 在教学中的应用等等，就对教育系统中所有教育要素都会起到革命性的作用。因此，教育对教育本身也具有重要的意义或价值。改良教育体制和教育活动从来都不是仅仅为了社会、个人，而与教育系统本身的存在状况和追求毫无关联的。

“教育的价值”在中国教育理论界主要是通过另外一个概念——“教育功能”去加以表述的。这一现象存在的主要原因在于我们过去并没有进行必要的概念清理。实际上，功能是一个系统因其要素与结构而产生的一种客观性的作用；而价值则是基于这一客观作用之特定客体向价值主体呈现出的主观性的意义。人们在教育功能认识上出现偏差，比如出现功能观上的“教育万能论”和“教育无能论”的错误倾向，其主要原因就在于用对教育价值的认识取代了对教育功能的客观分析。

（二）对教育的价值

“对教育的价值”与“教育价值”的主客体关系相反，是指社会或个人等客观力量对教育的发展有何种作用、影响，呈现何种意义。雷鸣强博士称之为与“目的性状态”的教育价值（即“教育的价值”）相对应的“手段性状态”的教育价值①。对于“对教育的价值”我们可以从社会、个人和教育本身对教育的意义这三个角度予以分析，也可以从教育过程的角度予以说明。我们这里主要从教育过程的角度予以历时态观照。

在教育活动开始之前，教育活动所需要的物质、精神和主体条件都需要客观存在的社会、个人和教育系统去提供。比如教育运行所需的经费与物质条件、文化成就、教育经验和教育思想、教育者和教育对象等都需要社会、个人和教育系统去提供。没有“对教育的价值”，教育的可能性都不能存在，因为没有投入的教育无以运行。因而，相对于教育活动而言，社会、个人和教育都必然会呈现出它们各自对于教育的潜在性或前提性意义或价值。在教育活动过程之中，社会、个人和教育的“对教育的价值”是一个由潜在的价值状态到现实的价值状态的价值实现和创造过程。如果社会、个人，或者教

① 雷鸣强．论“教育的价值”与“对教育的价值”[J]．江苏高教，1995（3）．

育机制、教育主体方面出现问题，上述“对教育的价值”或者无法实现，或者其价值实现就会效益低下。在我们的教育实践中，我们往往强调教育资源的意义，但是在资源利用的效益上考虑甚少，这是我国教育屡遭指责的重要原因之一。在教育过程结束之后，“对教育的价值”依然存在，其表现形式主要是价值反馈。发展迅速的社会与个人肯定是教育发展的更新的动力。当然，如果教育过程很好地实现了社会、个人和教育本身对教育价值的期望，那么，这一结果本身会进一步刺激社会、个人和教育对于教育的热情与投入；如果相反，三类“对教育的价值”就会出现降低的趋势。所以，教育价值的实现，包括“教育的价值”和“对教育的价值”的实现，不仅是社会、个人的追求目标，更是教育活动本身的追求目标。

“对教育的价值”概念的意义主要有二。第一，它补充了教育价值概念的逻辑结构，使对“教育价值”的全面理解成为可能。第二，它有利于教育评价的实施和教育价值的实现。因为如果教育价值只包括“教育的价值”，教育价值就只有分子没有分母，教育评价就会成为一句空话；而且如果不考虑“对教育的价值”及其实现，“教育的价值”就只能永远存在于抽象的价值理想之中。

（三）教育价值取向

教育价值、对教育的价值并不只是一种静观研究的对象。事实上人们之所以关注教育价值，最重要的不在于对教育价值存在状态的静止的分析，而在于教育价值判断和在价值判断的基础上做正确的教育价值选择。因此教育领域中的价值理想、价值取向和价值追求问题就成为教育价值问题的核心。由于价值取向直接包含着价值理想和价值追求的成分，因而我们将人们对价值的动态观照统称为“教育价值取向”。由于教育价值的静观存在“教育的价值”和“对教育的价值”两类，教育价值取向也可以分为“教育的价值取向”和“对教育的价值取向”两类。这两类价值取向都明显地表现在教育的历史和现实存在之中。

一部教育史，表面上看是历史事件的累积。但教育史实际上是人类教育实践的历史进程，所以它实质上又是一部教育价值选择、价值追求的历史。在古代教育中，由于农业经济和专制体制长期占据主导地位，人们对“教育的价值”的认识主要集中在教育的传承文明、巩固社会政治体制等社会性价值上，因此在“教育的价值取向”上对个人的尊重被淹没在对社会秩序的关心之中，所以，古代社会必然是一个在教育价值取向上由社会本位占主导地位的历史阶段。而在现代社会中，由于市场经济的发展导致了人类社会的飞速发展，个人价值就作为历史的必然进入了教育价值选择的视野，所以对个人独立性和个体幸福的关心就成为近代以来教育价值取向的主流之一。人文主义教育思潮、义务教育的普及、实科教育对古典文科教育优势的建立等等，无一不是人类教育价值取向变化的结果。

在“对教育的价值取向”方面，经济、政治、文化和人类个体状况及其改善都对教育系统具有不同的历史意味。20 世纪中叶，“人力资本”理论曾经盛极一时，各国政府对教育的投入也呈现出史无前例的热情。而实际上它们都表征着现代社会和个人作为教育资源在物质和精神方面的“对教育的价值取向”的巨大变化。在中国，“科教兴国”战略的提出，既意味着人们“教育的价值取向”的变化，也意味着“对教育的价值取向”的变化。教育史是价值的沉积史，教育思想史更是价值认识的演变史。苏格拉底、孔子、卢梭、杜威等人在教育史上与其说是一系列历史事实的存在，不如说更多的是一排教育思想或教育价值取向的里程碑。

教育的历史是价值的累积，教育的现实实际上也是价值取向上矛盾和统一的现实。在当代社会，人文主义与科学主义、通识教育与职业教育、教育的公平与效益等等，无一不是存在于“教育的价值取向”和“对教育的价值取向”的对峙、冲突和现实统一的过程之中的。当代人文主义教育运动当然是一种教育事实，但人文主义教育又意味着对教育关心个人等“教育的价值取向”，以及社会、个人对教育更多的精神和情感观照等“对教育的价值取向”的强化；通识教育课程的出现是一个全球趋势，它既意味着教育系统对基本人性的价值关心，也意味着社会作为教育的主体和环境在“对教育的价值”方面，特别是在人才规格上的更高更新的价值要求；公平与效益在教育价值取向上对立统一的结果是形成了当代世界各国各具特色但又相对趋同的教育体制、教育活动模式。由此可知，教育科学远不是自然科学，因为教育的事实并非自然事实，而是一种饱含价值取向的、具有价值性的“价值事实”。

教育价值取向问题表面看起来似乎只是一个围绕教育领域展开的价值讨论，但事实上远不是如此简单。正如教育的事实并不是简单的自然事实一样，教育价值取向问题与人的价值本性，与对人的价值的认识和对教育活动本质的分析等整体性的人类课题密切关联。正是因为如此，教育价值取向才是一个比静观的价值描述和价值分析更为重要的维度；也正是因为如此，教育价值取向问题才是一个根本性的教育价值问题。

三、价值取向是教育领域中最核心的价值问题

之所以说“价值取向是教育领域中最核心的价值问题”，主要根据有以下三个方面：

（一）价值取向与人的价值本性

何谓“人的价值本性”？所谓人的价值本性就是说人在本质上是一种价值性存在。而“价值性存在”的实质是价值追求。关于人的本质，马克思曾有过两段十分著名的论述，一是在《关于费尔巴哈的提纲》中说的：“人的本质不是单个人所固有的抽象物，在其现实性上，它是一切社会关系的总和。”① 另一段是在《1844 年经济学—哲学手稿》中说的：“一个种的全部特性、种的类特性就在于生命活动的性质，而人的类特性恰恰就是自由的、自觉的活动。”② 对比这两段话，不难看出：它们虽然都使用了“本质”的概念，但前者是从人的本原出发，后者是从人的本质出发的。人的“自由的、自觉的活动”本质存在于、落实于“社会关系的总和”之中。而所谓“自由的、自觉的活动”，一方面是指改造客观世界的实践，另一方面是指不断提升的精神世界的运动。实际上，人的精神运动自由乃是人的物质实践自由的主体性的前提，没有人对美好世界的主观设计，就没有改造客观世界时的“自由”和“自觉”。因此，人类的“种的类特性”也可以表述为人的价值取向的存在——人的价值预设、价值理想和价值追求等等。

---

① 马克思恩格斯选集：第 1 卷［M］. 3 版. 北京：人民出版社，2012：135.

② 马克思恩格斯全集：第 42 卷［M］. 北京：人民出版社，1979：96.

对于人类个体来说，由于生命及其场景的有限性，每一个人类个体的生命意志都是不断地超越有限生存而追求无限存在的。“自由的、自觉的活动”这一“类特性”就集中表现为个体对人格尊严、生命意义的追求。心理学家马斯洛曾经证明过，人对自我实现和对真善美等价值的高级需要与价值追求是人的健康生存不可或缺的“似本能”，一个“似本能”受到忽视的人会产生空虚、狂躁、无意义等“超越性病态”。因此可以这样说：离开价值我们就无法谈论所有关于人的特质的话题，价值生活是人的生活的实质；价值追求是人的本性，价值需求是人的生命本质所规定的东西。

正是因为价值与人的“自由的、自觉的活动”这一本质密切联系，价值范畴本身才能得到根本的说明。袁贵仁教授指出：“价值不是物本身，而是物对人的意义。”“包含在价值中的，不是物的自然本质，而是物具有的人的本质。这就是人的本质和价值的本质的关系，是马克思主义价值学关于‘价值是什么’的最深层次的回答。”[①] 价值之所以具有一定的客观性，是因为一定的价值物与人的价值追求有着某种客观的联系；价值之所以因主体状况的不同而具有“边际效应”，是因为特定价值物与每一个作为价值主体的人类个体的价值需要、价值取向有着不同的对应关系。所以，对价值范畴的解释也永远离不开对人的价值本性特别是价值取向的说明。价值与人的本质的关系说明，人的存在与价值生活不能须臾离开。教育是人对人的返身性实践活动，离开价值判断、价值理想和价值追求的教育从来就没有存在过。

（二）价值取向与人的价值

教育是一种创价性的实践活动。由于教育活动的主体、目的和对象都是人自身，所以这一创价活动实际上也就只能是对“人的价值”的创造与增进。离开对人的价值的关注无法谈教育问题。而如何关注人的价值，乃是不同类型教育的分水岭。

历史地看，人的价值在整个人类历史进程中的地位并不相同，所以人的价值在教育中的存在就有不同形态。在古代社会，人的价值是以集体主体的形式得到承认的，个体的价值往往被淹没在集体的价值之中；市场经济的到

---

① 袁贵仁．价值学引论［M］．北京：北京师范大学出版社，1991：66.

来，使个人价值得到了广泛的承认，人的价值凸显为个性自由的价值；而随着人类社会的逐步发展，未来的人的价值将建立在个体与集体、与人类的统一的基础之上，类主体必将成为人的价值的体现①。与此相关，教育对个体价值的关心也已经历并必将经历若干历史阶段。在古代教育中，教育与人的价值关系主要表现为教育的政治、宗法价值等社会价值。从《礼记·学记》中的“建国君民，教学为先”到凯兴斯泰纳的“对人民进行国民教育”②，无不凸显出教育对人——作为国家、民族或其他集体主体一分子的关心。由于个人只是作为构件而被承认的，因此这一时期的教育在价值取向上就不可避免地具有社会本位的色彩，教育活动的专制或灌输特征就成为古代教育的普遍特征。同样，伴随着市场经济的产生、发展并成为社会经济的主要形态的历史进程，从夸美纽斯到卢梭、杜威，近现代教育思潮和教育实践对个人价值的关心也成为世界性的潮流。在中国，教育现代化的实质实际上主要是要完成价值取向上的转换——将教育对象作为具体的、生动的个人而不仅仅作为社会构件去关心，应当成为我们的当然选择。20 世纪 80 年代中期，中国教育价值理论从对教育的政治、经济价值的讨论逐步转移到关心“教育在人的发展中的价值”③，实际上只是被中断了的这一价值取向现代化进程中的一个小小插曲。

从世界教育的视野来看，人的价值问题在教育中的选择仍然处在一个十字路口。一方面，对个人价值的教育关怀还远远不够，这在许多像中国这样的发展中国家尤为突出；另一方面，极端个人主义又已在教育和社会生活中成为分裂人类、解构人性，同时也使个体无依无靠、处于虚无与孤独境界的一个反人性的毒瘤。历史的层次性存在和不同民族文化的丰富特性都使教育对人的价值的关心面临着多元选择的可能。当代教育价值论所要解决的最重要的课题之一，就是在价值取向上提供合乎人性实际的判断和抉择的依据。

人的价值在教育中的存在，实质上就是一个关于人的价值判断、价值理想和价值实现的问题。因此，“人的价值”在教育中的存在也集中在教育的

① 高清海．人的“类生命”与“类哲学”［M］．长春：吉林人民出版社，1998.

② 凯兴斯泰纳．凯兴斯泰纳教育论著选［M］．郑惠卿，译．北京：人民教育出版社，1993：213.

③ 瞿葆奎．教育基本理论之研究［C］．福州：福建教育出版社，1999：406－407.

价值取向上。

（三）价值取向与教育的本质

在中国教育理论界，曾经广泛地开展过十分热闹的关于“教育本质”的讨论。在特定历史时期，这一讨论对国家的教育理论和教育事业的发展曾经起到了拨乱反正的积极作用。但是，这一讨论过程中也暴露出了讨论的一些根本性的缺陷。

“教育的本质”实际上主要涉及“教育是什么?”和“什么是教育?”两个方面的问题。前者是教育本质的功能性规定，后者是教育本质的事实性描述。当人们集中讨论教育是生产力还是上层建筑时，当人们论证教育是一种生产实践还是一种精神实践时，人们是从前者角度界定教育本质的；当人们从教育的所有组成部分归纳教育的本质时，人们主要着眼于后者。而事实上教育的功能规定与事实描述分别是教育本质规定的不同侧面。只有从两者统一的视野看教育的本质，有关讨论才能走出思维的困境。我们认为，无论从本质规定的哪一个角度都不难发现教育的本质与教育的价值取向的内在联系。

“教育是什么?”无论是将教育看作上层建筑、生产力，还是将教育视为人的社会化、人的自生产，都只是从一个角度揭示了教育的本质，同时又将教育的本质片面化了。我们认为，“一个种的全部特性、种的类特性就在于生命活动的性质，而人的类特性恰恰就是自由的、自觉的活动”所表达的人的本原固然是物质实践，但人的“类本质”却是在此基础上对人类生活现实的不断超越。因此人的本质是超越现实的生活理想与价值实现的运动。上层建筑、生产力、个体发展都只是这一价值理想与实现运动的一个方面。在这样的意义上说，教育的功能本质只有一个，那就是延续人类的价值生命。教育只能被理解为这一价值生命运动的一个中介环节，而不是仅仅作为这一运动的某一要素或方面的附属而存在。

“什么是教育?”从事实上看，教育的任何一个组成部分，究其实质都是人的精神人格的完成。按照我们的习惯语汇来说，教育可以分为德育、智育、体育、美育等等。我们细究一下就不难发现，德育、智育、体育、美育等所做的全部工作实际上只有一条——那就是人类精神人格的生成。德育、美育的价值性自不待言。爱因斯坦说只有能力没有道德的人只能是恶魔，因此尽管智育也是人的精神智慧的再生产，但这一智慧本身和智慧再生产过程如果离开价值引导，就不是我们所谈论的正常的“教育”；体育作为教育的组成部分其实质也不在纯粹的体质和体能的培育，而是以此为基础的体魄教育、体育精神的发扬光大。所以，如果从教育的本来面目出发，教育的本质也只能是价值性或精神性的实践活动。

“本质”范畴在后现代哲学中似乎已经是一个无意义的字眼。但是我认为，在特定的角度我们仍然可以沿用这一概念。如果我们认为人具有所谓的价值本性，人的生存是价值生存，人类的发展是价值生命的延续，在这一特定意义上我们就可以说：教育活动的本质就是一种人类价值生命的中介环节。而作为运动着的价值生命的中介，教育所要教给下一代的最重要的价值生活能力也就只能是价值理想及其学习、创造和追求的能力——而这些都可以被称为“价值取向”能力。

由于价值取向问题是教育领域中最核心的价值问题，因此教育价值论研究的核心也就应该是教育价值取向的研究。在以往的教育价值论研究中，我们常常以哲学价值论的研究框架为教育价值论研究的基本构架，做无所不包的泛价值论研究。我们认为这样的教育价值研究是不符合教育领域中价值存在及其本质的实际的。教育价值研究的核心应当在兼顾一般价值研究视野的同时，将研究重点调整到对教育价值取向的研究上来。

第二节　教育对象的三重主体性

现代教育应当是一种“主体教育”。现代德育更应该尊重学生的主体性。但是在有关“主体教育”“主体德育”的理论与实践中，始终存在这样一个前提性的问题：什么是“主体”？如何具体理解教育对象的主体性？在笔者看来，教育对象的主体性主要存在于以下三个维度。换言之，教育对象是“三重主体”，也就是说在三种意义上是我们所谓的“主体”，具有“主体性”。

一、教育对象是“先验主体”

何谓“先验主体”？孟子所言的“不虑而知”“不学而能”的“良知”“良能”等等是也。对于孟子的话过去我们作为唯心主义的先验论批判过。但是从辩证唯物主义的立场出发，我们也可以对先验主体做出新的解释。我们认为，由于人类祖先千百万年的总体社会实践是先于个体而存在的，因此社会性遗传等机制完全可以使每一个个体在诞生之日起就秉承了祖先在道德、智慧和审美等方面的心理积淀。因此在这一意义上说，“恻隐之心，人皆有之”等猜想或结论是完全正确的。而这一点正是教育对象能够成为“可教育对象”的前提。显然，我们能够使我们的学生成为“四有”新人，而我们却不可能将阿猫、阿狗也培养成为社会的栋梁。承认教育对象是一个“先验主体”意味着什么呢？意味着即使是零岁的婴儿也是一个“主体”。换言之，在全部教育（包括德育）活动中，我们没有任何理由不尊重任何年龄的儿童。

二、教育对象是“前主体”

所谓“前主体”是我们从现代哲学中的解释学、现代美学理论中的接受理论等相关理论中借鉴过来的一种对于主体的理解。解释学、接受理论认为，人们在阅读某一“文本”时，事先早已形成一种影响或产生文本的主体状态。西方人说“一千个读者有一千个汉姆雷特”，中国人则说“一千个读者有一千个林黛玉”。道理都是一样的——人们总是带着自己的经验、情感、价值和自己的理解等去与人交往、沟通或者去阅读作品。教育活动又何尝不存在类似的情况？每一个学生在站在我们面前、接受我们的教育之前都早就已经有了某种意义上只属于他个人的经验、情感、价值观念和知识结构等等。亦即，他是一个“前主体”。教育对象是一个“前主体”意味着在教育活动中彻底地尊重个性、因材施教的必要。忽视和压抑个性的存在，不关切学生的具体生活境况的教师当然谈不上对学生主体性的真正尊重。而要切实提高学校德育的实效，研究、了解德育对象的前主体性是至关重要的。

三、教育对象是“创造主体”

“创造主体”的意味主要有两条。第一，教育对象是“发现者”。这一点已经在“发现式学习”理论中得到了较多的阐释。学生的学习活动无疑是以学习人类的间接经验为主的。但是学习间接经验不见得就只能采取“静听”的方式。只要我们能够创造合适的情境，学生对于间接经验的学习一样可以经验人类第一次发现时存在的愉悦。第二，教育对象是一个“建构者”。也就是说，任何教育对象都可以在局部的知识学习或者在整个人生的设计上是自主建构的。哲学家萨特有句名言：“存在先于本质”。的确，一个人最后成为什么样的人，具有什么样的“本质”，在相当程度上是取决于他事先是怎样设计自己的。鼓励学生在考虑社会存在的基础上合理地设计、建构自己的未来本质显然是教育的应有之义。因此，教育对象是“创造主体”这样一个命题意义深远。尊重教育对象的主体性就意味着具体行动：必须使居高临下的对学生的教育活动转变为学生对学问与人生的发现、欣赏与创造的过程。在德育活动中应当特别注意的是，教育应当帮助学生树立和追求崇高的人格与社会理想，从而创造壮丽的人生。

教育对象在三种意义上是我们所谓的“主体”，也就意味着教育对象有着三重主体性。承认、理解教育对象的主体性的教育意义不仅在于主体教育理论的完善。在迄今为止的教育观念中，“师道尊严”的师生观之所以长期挥之不去的重要原因之一，就在于实际上我们的观念中存在一种年龄上的歧视（西方的教育理论称之为“年龄歧视论”）。我们总是认为我们的教育对象与我们相比绝对处于一个不对等的位置上。彻底地尊重教育对象，需要我们彻底理解、承认和尊重学生的主体地位。而对教育对象三重主体性的上述理解无疑有助于新的师生观念、教育观念的建立，有助于德育实效的提高。

第三节　“新性善论”及其依据

2000 年第 6 期的《北京师范大学学报》（人文社会科学版）刊出了孙喜亭教授《学生德性或德行能由内而外的生成吗?》一文。在该文中，孙喜亭教授对笔者和肖川博士的一些论点进行了十分严肃的学术批评。孙先生的许多意见充分表达了老一代教育学家对教育学及其后学者的真诚关注与善意，对于我们更全面地认识德育理论中的一些根本性问题具有积极意义。但是拜读完孙教授的宏文之后，作为孙先生的学生，笔者认为尚有一些需要进一步申明、讨论的地方。以下分三个部分对有关观点及孙喜亭教授的批评中涉及笔者的部分加以说明，以请教于孙喜亭教授和更多的有识之士。

一、何谓“新性善论”

孙喜亭先生认为“儿童具有先天的道德禀赋”的“（新）性善论”是一种“时兴”的主张①，所以有必要对其有所关注。但对我来说，“时兴”二字，实不敢当。因为我个人觉得在从作博士学位论文以来的 5 年多的时间中，本人倒似乎一直在“孤独”地说着类似的“痴话”②。来北京师范大学做博士后以后，这些想法才得到了肖川博士的宝贵共鸣③。故就“新性善论”的提出及其获得的共鸣很少而言，目前这一看法尚不够“时兴”(倘能时兴，则笔者当十分高兴)。而如果就“性善论”的历史存在来说，上述主张就更谈不上“时兴”。虽然我在“性善论”前加上一个“新”字，但与“人性本善”的古典主张仍然有当然的联系。正因为“新性善论”不够“时兴”，所以为了方便讨论起见，我首先在这里必须对自己已经反复说明过的“新性善论”再进行一番说明。何谓“新性善论”？以下为我在《学校道德教育原理》(教育科学出版社，2000 年第一版）一书第 40 页的解释：

---

① 孙喜亭．学生德性或德行能由内而外的生成吗？［J］．北京师范大学学报（人文社会科学版），2000（6）.

② 参见拙文：关于席勒的两个命题的阐释：兼论审美活动的善性［J］．华东师范大学学报（教育科学版），1995（4）；论道德教育的可能性与特殊性［J］．现代教育研究，1998（1）；论道德教育的可能性［J］．教育理论与实践，1999（11）；主体性德育：欣赏型德育模式论要［J］．深圳教育学院学报，1999（1）；对道德发展理论的三点理解［J］．教育发展研究，1999（12）；德性、德性生活的实存和历史：关于道德生活与道德教育本质的思考［J］．江苏高教，2000（1）；教育是人类价值生命的中介［J］．2000（3）。参见拙著：德育美学观［M］．太原：山西教育出版社，1996；学校道德教育原理［M］．北京：教育科学出版社，2000.

③ 肖川．“人性本善”主体性道德人格教育的价值预设［J］．华东师范大学学报（教育科学版），1999（3）.

新性善论就是用辩证唯物主义解释的性善论。孟子说："人皆有不忍人之心。""今人乍见孺子将入于井，皆有怵惕恻隐之心……无恻隐之心，非人也"①。过去我们认为是唯心主义、先验论。但是时代发展到了今天，儿童具有先天性道德禀赋的事实实际上已经得到了许多心理学理论的证实。认知学派说的图式、格式塔学派讲的格式塔、马斯洛讲的超越性需要都具有先天性。移情实验也证明儿童有先天的社会移情能力。所以我们必须对性善论作出新的解释。我们认为，由于人类整体社会实际的作用，人类个体已经先天地拥有某种对个体来说是先验但对人类整体实践来说是后天的社会性文化心理结构的遗传存在。这一社会性遗传不是说道德教育不重要，而是说它提供了我们道德教育的可能性。正是由于先天的道德禀赋存在，道德教育才能有发掘、发扬光大这一禀赋的可能。当然这也是我们从一开始就必须尊重教育对象的重要理由之一。这就是我们所谓的"新性善论"。

二、"新性善论"的主要依据

"新性善论"的主要依据可以概括地归纳为哲学和心理学两个方面。

单从马克思主义哲学的角度看，我们认为有两个基本原理可以作为"新性善论"的基本依据。第一个原理就是对立统一规律中关于事物发展的内因和外因的理论。辩证唯物主义认为，内因是变化的根据，外因是变化的条件，外因通过内因起作用。我们认为，所谓的"新性善论"，实际上只不过是对德性的生成与发展的内因的一种辩证的说明。我们无法将石头孵化成小鸡，当然也绝不可能将石头培养成为有德性的人。人的"可教性"是全部德育的基础。倘若人的原初状态是简单的"无"，那么"无里长不出任何东西"（亚里士多德语）的古训告诉我们：道德教育对德性的作用当然就无从谈起。因此道德教育的原点或出发点就在于儿童身上的"社会性文化心理结构"的遗传存在。正是有此"性善"的成分存在，道德教育才不至于成为一种针对无机物的机械运动。故我已一再说明"新性善论""不是说道德教育不重要，

① 《孟子·公孙丑上》。

而是说它提供了我们道德教育的可能性”。换言之，道德教育的重要性只能从它作为个体道德成长的环境的重要性中去加以确认。

马克思主义哲学的另一个基本原理是社会存在决定社会意识，具体说来是：实践第一，意识第二。“新性善论”鼓吹“社会性文化心理结构”的遗传存在，这表面上是一种唯心主义的“先验论”。但是如果我们将个体身上的上述先验存在转换一个角度——从整个人类的整体社会实践的角度看——则会得出完全不同的结论。因为由于有了千百万年人类整体社会实践的作用，人类个体的心理结构已经有了完全不同于原始人类的积淀（“社会性文化心理结构”）。正是有此先天积淀，不仅德育，而且智育、美育、体育等全部学校教育才有了基础。对于德育来说，正是有了道德心理积淀的存在，道德教育才有可能性。所以“新性善论”不仅不违背，而且完全符合辩证唯物主义的精髓。强调“新性善论”“不是说道德教育不重要，而是说它提供了我们道德教育的可能性”的重要内涵实际上是要说明：我们所言的“性善”实际上只是指个体在道德心理的形式（或道德心理图式）方面具有先天性的社会性遗传因素，个体道德心理的内容方面或德性的真正生成还需要后天通过社会实践去获得。因此“新性善论”是“唯物”而不是“唯心”的。

从心理学的角度看，我们需要说明两点：第一是“新性善论”具有一定的心理学依据；第二是我们必须考虑心理学证明的边界问题。

为什么说“新性善论”具有一定的心理学依据？我们可以先从一些移情实验开始——

“移情是一种先天性的利他主义的动机系统，人们对出生三四小时的婴儿和两天的婴儿的研究表明，新生儿对于其他婴儿的哭声的反应要比同音调、同音量的其他声音的反应强得多[①]。墨菲也发现，远在儿童的道德控制得到牢固的建立之前，就可以观察到移情的发生[②]。”[③] 不难看出，移情实验

---

① J. L. Carroll，J. Rest. Moral Development. In Handbook of Developmental Psychology（Ed. B. B. Wolman，et al,1982）；Sagi，M. Hoffman，Empathic Distress in the Newborn. Dev. Psy.，1976（12）：175－176；M. L. Simner. Newborn Response to the Cry of Another Infant. Dev. Psy，1971（5）：136－150.

② L. B. Murphy. Social Behavior and Child Personality，1937.

③ 李伯黍．品德心理研究［C］. 上海：华东化工学院出版社，1992：137－138.

所证明的实际上就是“恻隐之心，人皆有之”的古老猜想。

认知学派说的图式、格式塔学派的格式塔理论从一定意义上说也能帮助我们说明“新性善论”。“图式”（schema）最初是皮亚杰提出的一个概念。皮亚杰认为，个体所以能对刺激做出某种反应，是由于个体具有能够同化这一刺激的心理图式，因而能够做出相应的反应。而“图式最初来自先天性遗传，一经和外界接触，在适应环境的过程中图式就不断变化、丰富和发展起来。”① 因此至少最初的图式是与遗传具有相关性的。格式塔理论认为，学习是整体的，知觉的组织律适用于学习和记忆。由于组织律决定知觉的构造，所以它也决定了留在记忆中的信息的结构。认识活动中个体如果能够将当前情景与大脑中原先储存的类似“知觉痕迹”相联系，就会产生所谓的“顿悟”现象。格式塔理论本身并没有说明最初的“知觉痕迹”和知觉的组织作用是否有先天性，但是逻辑上我们可以问：当人类个体的顿悟水平大大超过个体以前的知觉经验水平时，格式塔是如何发生的？事实上后来的认知学派的心理学家们也的确得出了知觉经验组织作用归因于大脑的先天本能的结论——尽管受到了人们的“唯心主义”的指责②。

马斯洛讲的超越性需要理论则较为明显地强调了人具有先天性的价值心理的一面。马斯洛认为，人的高级需要是一种“似本能”（instinctoid）的需要。这一需要“是一种在种系上或进化上发展较迟的产物……越是高级的需要，就越为人类所独有”。同时“越是高级的需要，对纯粹的生存就越不迫切……就越容易永远消失”，因此“柔弱的似本能需要一个慈善的文化孕育它们”③。但是这一需要又是天赋的，如果长久地忽视它的存在，个体就会出现虚无、憎恨、枯燥等人格上的病态④。正是因为高级需要是“天赋的”，所以高级需要及其满足才是似“本能”。

以上是几种心理学理论对道德心理图式先天性存在的一些直接或间接的

① 朱智贤．心理学大词典［C］．北京：北京师范大学出版社，1989：683.

② 陈琦，刘儒德．当代教育心理学［C］．北京：北京师范大学出版社，1997：80.

③ 马斯洛．动机与人格［M］．许金声，等译．北京：华夏出版社，1987：114，98.

④ 赫根汉．人格心理学导论［M］．何瑾，等译．海口：海南人民出版社，1986：444－455．马斯洛关于“似本能”的观点可以在他的《动机与人格》《人性能达的境界》《存在心理学探索》（均有译本）等著作中找到更多的说明。

"证明"。当然我们需要强调的是我们必须考虑心理学证明的边界问题。因为心理学的实证化倾向使得心理学到目前为止能够说明的人的心理现象少得可怜，而且主要局限在一些低级的心理现象上。而许多有解释力的理论包括图式、格式塔、似本能实际上仍然是没有得到彻底证明的理论假设。对道德心理图式先验存在这样的高级心理现象的说明既要借助于心理学的证明，又不能迷信心理学的证明。对于高级心理活动的说明除了心理学之外最有力的证明只能是人类的哲学理性。

三、我为什么要主张"新性善论"

之所以要鼓吹"新性善论"，最主要的理由可以概括为一句话："新性善论"是现代德育的基础。

何谓"现代德育"？只有从它所处的社会存在那里才能得到明晰的说明。现代社会与古代社会在时代性上存在许多不同点。其主要不同在以下几点：

首先，现代社会是一个不断变革的社会。

其次，现代社会是一个民主化的社会。

概括地讲，现代德育首先是讲主体性的德育。虽然"德育主体性"概念的内涵与"教育主体性"一样丰富多彩因而我们难以予以完全、准确的界定，但主体教育思想在德育中落实的最根本的要求是德育对象道德价值与规范学习之主体性的充分发挥。而德育对象主体性发挥的根本前提是承认德育对象是道德生活与学习的主体。所以我们不能不考虑德育对象有没有接受道德教育的可能的问题。关于德育主体性，我们需要问的问题有：第一，学生是不是道德生活的主体，如果是，从什么时候开始才"成为"道德生活的主人？第二，德育对象与"外在"的道德价值与规范体系之间是一种什么样的关系？

有一种观点认为，德育对象一开始没有或没有多少主体性，主体性是到了一定年龄后才慢慢具有的。也就是说，儿童一开始并不是道德生活的主体，只是到了某一天他突然成了道德生活的主体。但是，这种观点有一个致命的逻辑问题，那就是：从零里是长不出任何东西的。此外，他们也无法回答儿童什么时候才突然成为道德生活的主体这样一个问题。

事实上道德生活的起点并不是零，儿童从一开始就是道德生活的主体。简而言之：由于人类整体社会实践的作用，祖先们无数次的道德操作实践会在文化心理的道德形式方面有所遗传，形成孟子所讲的不思而虑的“良知”和不学而能的“良能”或“善端”。这种先天的心理图式的存在决定着即使是零岁的婴儿也不等于道德上的“白板”，德育对象一直是道德生活的主体，一直以自己的方式生活于道德之中，理解、掌握、运用着道德规范。不能说儿童在什么时候突然变成了道德生活的主体。因此教育工作者必须承认儿童具有先天的道德禀赋，德育过程或价值引导情境中儿童道德的学习过程并不是由外而内，而主要的是由内而外的过程。换言之，道德教育有表象或形态上的“转化”问题，但本质上却是内发和生长或建构的过程。道德教育的原点或对于德育对象而言的道德教育的可能性就是对这一道德学习个体“生长”、“生成”或“建构”过程本质的承认。当然我们应当同时说明的是，文化心理的遗传只解决了道德心理的形式方面。一个具体道德的学习过程必须使这一心理形式与特定的道德文化相结合，即实现道德学习主体对特定价值环境的操作，以完成其道德心理的真正“建构”。

“新性善论”是德育主体性得到发挥的前提之一。因为我们一旦承认道德教育的对象一开始就是道德生活的主体，我们就可以比较轻松地回答第二个问题——德育对象与“外在”的道德价值和规范体系之间的关系，就只能是主宰与工具、生长着的主体与其生长环境之间的关系。德育所能做的事情其实很有限，它只能提供一种有利于道德生长的价值引导环境而已。

从表面看，任何人都不会否定德育对象主体性发挥的重要性，但德育对象主体性发挥的前提乃是首先承认他是一个“主体”。所以中国德育尚须在德育过程观上实现从“转化”理论到“生长”或“建构”理论的范式变革。在这一前提下，我们要做的主要工作有两个方面：第一，作为道德生活的主体，儿童道德生活及其发展的具体内容是什么？对此我们必须有透彻的理解。从皮亚杰到科尔伯格的主要贡献在于将道德教育的原则建立在儿童道德认知或道德判断的发展水平之上，贡献巨大但又远远不够。如果道德生活不只是认知，那么道德的教与学就不能止于道德认知。了解不同年龄段学生作为道德生活主体的生动特性乃是因材施教、发挥其主体性的最大前提。第二，我们必须努力清除“转化”或宽泛意义上的“灌输”理论留下的障碍。这些障碍首先包括：(1) 内容上，必须对德育内容进行清理，清除那些没有任何证据的“教条”(doctrine)，还德育对象一个开放因而可以自由选择的价值空间；(2) 方法上，摒弃强迫和反理性的教育方式，让德育对象依据自己的理性做判断，而不是越俎代庖代做结论和排斥学生的道德批判，以“消灭异端”为快。

第四节　德性、德性生活的实存和历史

在正式进入有关讨论之前，有必要进行一个方法论问题的研讨——应当区分“本原”和“本质”这两个范畴。

本原问题即从最根本的意义上回答世界是一元还是多元、唯物还是唯心的问题。比如人的社会性，在马克思主义者看来，就是一个本原问题。离开物质资料生产，离开社会关系谈人的任何问题都会在本原上走向唯心主义。本质问题则是在本原问题的基础上反映事物特性或特殊矛盾的范畴。本质问题虽离不开本原问题却不可与之相混淆。比如人的本质，马克思曾有过两段十分著名的论述，一是在《关于费尔巴哈的提纲》中说的：“人的本质不是单个人所固有的抽象物，在其现实性上，它是一切社会关系的总和。”[①] 另一是在《1844年经济学—哲学手稿》中说的：“一个种的全部特性、种的类特性就在于生命活动的性质，而人的类特性恰恰就是自由的、自觉的活动。”[②] 对比这两段话，不难看出，前者是从本原出发，后者是从本质出发的。人的本质存在于、落实于“社会关系的总和”之中，与“人的类特性”(本质) 本身在马克思那里本来就是作为两个问题展开论述的。只不过马克思的后继者们一度将其关于本原问题的论述取代了关于本质问题的论述而已。故既要将本质问题与本原问题联系起来讨论，又不可混为一谈。

在教育理论界，本质与本原问题的区分还是一个现实的任务。比如谈教

---

① 马克思恩格斯选集：第1卷［M］. 3版. 北京：人民出版社，2012：135.

② 马克思恩格斯全集：第42卷［M］. 北京：人民出版社，1979：96.

育的主体性，有人就会反问：教育是否受社会因素的制约？谈德育的享用性和超越性，有人就立即提出德育要不要讲功效性、适应性的问题。实际上当然没有离开客体性的主体性，没有脱离功效性、适应性的享用和超越。人们提出主体性、超越性的命题，原本并非着眼于本原问题，人们亦不应该用本原问题的圭臬去苛求本质问题的讨论。同样，人们在讨论本质问题时也不可僭越到本原问题领域，否定本原问题的基本制约。

一、道德在生活中的“存在”

道德在生活中有两种存在状态：一是表现为道德主体的品质，可称之为“德性”（品德）；二是表现为道德主体的行为，可称之为道德生活、道德实践或者“德性生活”。道德在生活中的存在问题因此就是德性在人性、德性生活在生活中的存在问题。

对于人性，在中国古代就有性善、性恶、性无善无恶、性有善有恶、性三品说等不同的解释。但是总体上进行分析，矛盾的焦点仍然在于对善与恶两端点的认识上。西方人则另有一种解释，即人是半神半兽的动物。许多人从《圣经·创世记》中找到根据，认为人的始祖本可以吃生命之树上的果实得以与神等同，然而他们却错误地选择了善恶树上的果实，只获得了一半的神性，又被耶和华逐出伊甸园来到尘世。对人性善恶的区分与对神性、兽性[①]的分析异曲同工，都指向了人性的二重性。一方面人有与一般动物相同的求生的本能，有原本是赤裸裸也无所谓善恶的本能的物质欲望；另一方面人又有在物欲追求和满足方式上不同于一般动物的特点，同时又有物欲满足后的超越物质需求的意义需求，这就是所谓的“神性”、精神性，马斯洛称之为“超越性需要”（meta-needs）。实存的人性都不过是前者和后者以不同比例进行的组合。这一组合中联结神性（精神性）与兽性（生物性）二维，形成一定态势，保持一定张力而统一表现出的人格特性即现实的人性。实存的这一人性是一元的，从道德的角度看即所谓的“德性”。德性即具体人的具体人性，不同的人表现出不同水平的德性。从社会的角度看，德性的水平

① 这里所谓的神性、兽性，均系描述性概念，并无褒贬，分别指人的精神性和生物性。

在乎这个人的人格在多大程度上赋有人的精神含量，其生物属性是否超出了一定社会所允许的限度；从个体自身看，就在于他多大程度上领会了人之为人的精神本质，多大程度上通过物质需求的满足而实现其价值目标。因此德性既可以被理解为人的精神性和生物性的综合，又可被理解为基于生物性的求索精神性的人格的中介环节。将上述两个方面结合起来考虑，德性就是在人的生物性存在中实存的精神性。精神性依赖于生物性而存活，而存活了的精神性又绝对走向对这一基础的无限超越。修养德性实质上是这一超越性的实现过程。

人性表现于人的生活。人性中即有生物性和精神性的双重性质或冲动，人的生活亦可二分为物质生活和精神生活（意义生活）。一方面，人与动物一样寻食、筑巢、休养生息。所谓“饮食男女，食色性也”，即讲的是生物性的生活，即物质生活。虽然人的物质生活方式具有文化性因而大不同于动物，但二者在生化功能上却无本质不同。另一方面，从物质生活方式上的“文明”或“文化”性开始，人又有不甘物于物欲的精神祈求。人不断地要求自己合理地解释世界、解释生活，人亦不断地要求自身有限性的突破，寻求、表现和实践生活的意义。人为活着而生活，同时人更为有质量或更有价值的生存而活着，而这一点正反映了人类及其生活的本质。因此人的生活也是二重的，即物质生活和意义生活二重性。同人性相似，生活的实存状态并不是二元分离的，而是一元统一的。物质生活和意义生活在不同人的生活中含量不同地实存着，彼此内在地对立统一，形成一定的张力并表现为统一的个体生活，即“德性生活”。当然，正如人性从一个角度看就是德性，但人性并不完全等同于德性一样，德性生活是从道德维度对生活的观照，并不等于人的生活只有道德属性。人的德性生活也因其物质生活和意义生活的含量不同而水平不一。有偏重精神生活而表现崇高的生活；有实现了物质和精神生活的中度（中和、中庸）的优雅的生活；也有重物质生活而忽视甚至放弃意义生活的卑劣乃至兽性的生存。由此可见，德性生活实际上是物质生活、意义生活的综合，也可以说是由物质生活到精神生活的中介环节。

说德性是神性、兽性的综合，德性生活是物质生活和精神生活的综合，意味着人格和人的生活的二重性的二元存在与统一。而说德性是人格的中介，德性生活是物质生活到意义生活的中介，则意味着兽性、神性，物质生活、意义生活在人性和生活中并非完全对等的关系。可以这样来概括“中介”所表达的意味：人性中生物性（兽性）不足以使人区别于一般动物而表现出“类特性”或“类本质”，而神性和精神性则使人从动物界超越出来，成为真正的“万物之灵”，因而精神性或“神性”更本质地表达了人性。同理，物质生活是起码的、必然的——本原性的，是德性生活的基础。但人的生活的本质并不在于物质生活，人的物质生活永远服从于一定的生活目的（或意义），生活的本质并非人的肉体的存活，而在于活着的肉体实现自身认可的价值目标。因而人的生活是从物质生活走向精神生活，或者从物质生活跃向、升向意义生活的。因此，人性中兽性是基础但只是人的工具性；生活中物质生活层面是前提但也只是生活的出发点。而“神性”则是人性的目的性，意义生活是生活的归宿。有意思的是，兽性、物质生活虽然应该有其目的和归宿，但其本身并不直接指向意义与归宿。所以一方面兽性与神性、物质生活与意义生活需要在人性、生活中保持各自的独立性，保持一定的张力；同时另一方面又必须通过现实化了的德性、德性生活去实现人及其生活的意义指归。

德性、德性生活的综合和中介属性揭示了道德在生活中的综合和中介作用。道德作为一种价值体系和规范体系既是兽性、神性，物质生活、精神生活的综合和平衡，具有调节人性与生活的实用功能，又是由兽性而神性、由物质生活而精神生活的中介，具有人性与生活的提升功能。道德的实用功能使人过现实性的道德生活，而提升功能则使人的德性生活的实质得以实现。只强调实用功能或提升功能，或者只强调道德生活所中介的两个方面的任何一个方面，都会导致对道德生活和人类社会的破坏。故关于人性及道德生活、道德教育本质可以做这样的概括：人性固然是生物性与精神性的统一，但人的本质却是对于精神性的企求。道德生活与道德教育有多方面的功能，但其本质或本质功能却只有一个，那就是对于人的生活意义的求索和生存质量的提升。

近年，在德育理论界展开过关于道德教育的超越性和适应性争论。在笔者看来，道德及道德教育的适应性和超越性本不应构成对立的双方。问题出在方法论的僭越上——将本原问题与本质问题搅在一起，各说各的道理。持适应论者着眼于道德、德育的实用性功能、适应现实的性质并不错，然而这一功能和性质只能说明道德生活和教育的本原或基础，而不能说明其本质。超越论者本没有否认这一基础，只不过在承认此一基础和前提的情况下将重心放在对道德生活和道德教育的本质的阐释上而已，所以有人说“对话的语境还未形成”[①]，这是一语中的的。

二、精神家园与道德生活

人的生活是从物质跃向精神（或意义）的，而意义生活又是多层次的。其最高的层次乃在于对终极价值或精神家园的寻找。

人的精神性及其在生活中的实现，其实质或核心乃是一个对精神家园的寻找问题。“所谓‘精神家园’只是一个比喻的说法。家园是人始终不离的场所，是人生存的最切近的处所。人不仅是一种物质存在，也是一种精神存在，精神是人超越于其他动物的根本特征之一。所谓精神家园也便是人所确信不移的精神努力目标，是人的终极关怀，是被人认作自己生存之根本的精神理想”。“构成人的精神家园的努力目标必须是超验的目标，精神的目标”[②]。精神家园给人以价值方向和精神寄托，有了这一家园，人的生活就是有航向有目标、有“神性”的，反之就有一种空无感、疏离和价值无根感。故人的神性，实际上是对精神家园的向心力，人的精神生活虽不能完全归结于斯，但精神生活的核心和目标却肯定是指向精神家园的。换句话说，精神生活是朝向价值目标的生活，没有精神家园、没有价值目标，就会失去精神生活。人性和人的生活的提升就是一句空话。所以，雅斯贝斯曾经在讨论“超验存在”（transcendence）时正确地指出：超验存在不仅是存在的，而且今天人类如果要为自己立安身立命之本就不能不在一个崭新的基础上重建关于超验存在的学说[③]。道德生活是物质生活到精神生活的中介，实际上这种说法可以转换为：道德生活是物质生活到精神家园的中介。这是因为所有的道德规范系统及行为系统实际上都有一个最终极的价值目标做后盾。故

① 吴亚林．漫议与鲁洁教授对话［J］．教育研究与实验，1995（4）．

② 卢风．人类的家园：现代文化矛盾的反思［M］．长沙：湖南大学出版社，1996：2．

③ 方朝晖．重建价值主体［M］．北京：中央广播电视大学出版社，1993：78．

孙志文（Arnold Sprenger）说“伦理的根在宗教信仰”[1]。霍尔海默（Max Horkheimer）也说“凡与道德有关的事物，分析到最后都要归依在神学，而不可能归结于世俗的原因”[2]。我们当然不能苟同把终极目标等同于神学目标与宗教信仰，但“终极目标是伦理生活的根”，这样的结论却是成立的。终极目标不仅使道德生活的主体因为有了最后的价值前提而理直气壮，而且使道德主体体验到一种超越有限和世俗生活的意义，而这一意义体验乃是伦理生活的根本动因。故终极目标是伦理生活的根，“根”既意味着根据、理由，更意味着根本、动力。有根的伦理生活有两个显著特点：一是伦理生活主体有充实感或意义感；二是伦理生活主体的行为是发乎自然的。所谓充实感或意义感，在于主体体验到了有限生活中的无限，世俗生活中的永恒，即人找到了西田几多郎所讲的“更大的生命”。“砍柴担水，无非妙道”。砍柴担水的日常生活如无妙道寄寓，或主体体悟不了妙道，则这一日常道德生活的意义就无从品味。反之，有了根即有了“妙道”及其体悟，伦理生活就是有意义的，主体就会有实现价值的充实感。人有了“更大的生命”就等于有了更大的生命的需求，他计算生活质量的标准就远高于物质利害。道德生活要求人超越物质利害的计较，如果人只是物质生活中的人，这一超越就无法真正实现。而“有宗教信仰的人，自己受艰难困苦，相信是天降大任于斯人所加的特殊折磨训练。因此不怨天，不尤人，不自沮丧，不陷于消极怀疑。假如自己事业成功、幸福，则相信是天意的潜助天恩的赐予，常常卑谦为怀，不敢自矜己功。因而养成困苦不怨、成功不居之美德”[3]。道德使人超越于利害是因为有比这一物质计较更为高远的目标。夏明翰的“砍头不要紧”的潇洒缘于其“只要主义真”的自信。由是可知，真正确立了自己的终极价值的人，其日常生活实质上只不过是这一价值目标的自然延伸和落实。“发乎自然”实乃发乎终极价值矣！

在人类社会早期，人们曾经有过原始、质朴但却完整或完满的人性和道德生活。那一时期神性与兽性、物质生活与意义生活接近某种程度上（不自

---

① 孙志文．现代人的焦虑和希望［M］．陈永禹，译．北京：生活·读书·新知三联书店，1994：148.

② 孙志文．现代人的焦虑和希望［M］．陈永禹，译．北京：生活·读书·新知三联书店，1994：95.

③ 贺麟．文化与生活［M］．北京：商务印书馆，1988：93.

觉）的中度。其道德生活与信仰（宗教）生活也基本上是同一的。约翰·S.布鲁柏克在他的《教育问题史》中这样记述："远古时期人们的道德教育是民俗性的或者习俗的品德教育……希腊时期的宗教在人们心中留下的美感要多于敬畏，它在教育上的影响力与其说是教条性的或者道德性的不如说是仪典性或调解性的。"① 由于道德生活、道德教育本身与宗教生活、宗教教育是二而一的东西，故希腊人所代表的那个时代的人们曾经在道德生活中一定程度地掌握了神性与兽性的原初的平衡，并从物质生活中充分体悟了生活的精神本质。有精神家园的希腊人的生活就像那些不朽的艺术品，不仅成为文艺复兴、启蒙时期人类的理想，直到今天仍然被许多人所推崇。那种生活与其说是善的不如说是美的，尽管它处于文明之光初现的时期，尽管生活的质量总体上很低，有权过优美生活的人是那样的少。

然而，平衡很快就被打破。中世纪的欧洲、封建时代的中国都不约而同地选择了用精神性来压抑生物性因而扭曲了人性、用意义生活取代物质生活因而扼杀生活的道路来建立自己的道德生活模式。从方法论上来分析，这一时期的思路错误乃在于用本质思考取代了本原问题。在欧洲，哲学、艺术、史学统统成了神学的奴婢，人的尘世生活完全被贬低为一种通向天国的工具性生存。在中国，没有形成真正意义的宗教，但中国社会一样拼凑出了"天道""天理"等概念，让人为存天理而去人欲，直至走向"以理杀人"的极端。

这一时期德性生活的优点在于其保留并张扬了先人所具有的神性、精神生活。尽管人们拥有的精神家园有许多经不起推敲的漏洞，但人们仍然以它为精神或价值的根基，不惜扼杀生机也要走向精神或价值的终极。道德生活牢牢地把握了它的方向，但是其走向终极的道路却是错误的（因为反理性）。这一时期的道德生活模式显而易见的缺点是：第一，缺乏人间基础；第二，压抑人性。前者使道德生活变成难以接受的东西，要么使人伪善，要么使人反叛。后者则使人性失去生动，道德主体"心如死灰"，道德生活索然无味，道德教育成为强制灌输。故无论中世纪的西方还是古代中国，尽管思想家们

---

① 约翰·S.布鲁柏克．教育问题史［M］．吴元训，译．合肥：安徽教育出版社，1991：298.

绞尽脑汁，却因没有跳出固有的思维范式而始终没能找到走进真正道德生活和道德教育的方略。针对这样一种错误的思路，弗里德里希·包尔生曾经指出："我们必须反对一种错误的精神化倾向。感观的甚至动物性的功能也有它们的权利。"一个民族"需要它的母亲真诚慈爱地抚育它的孩子；最后，也需要那些街上玩耍的孩子本身。所有这些属于这个民族，它们不仅是没有它们精神生活就不可能存在的外部基础，也是这个民族生活的一部分"①。由此可见，古代伦理生活的缺陷实际上是只看到了道德生活是物质生活到精神生活的中介的一面，而未看到它又是两者的综合这样一面。企图用精神生活去压抑或取代物质生活，用精神性去取消生物性的结果是内部张力消失从而导致生活的失败、人性的扭曲。简言之，用本质追求取代人的本性存在实际上是一种对于人本质的虚幻的追求。

精神家园本身并不直接等同于实际生活。所以中世纪的道德理论与生活模式遭到了启蒙运动以来无数近代思想家的无情、彻底的清算。由于压抑人性的动力源在于神性、压抑物质生活的原因在于精神家园的片面强调，故思想家们完成的一件伟大的工作就是将人性从神性中解放出来，将德性生活从天上拉到了人间。这就是近代史上发生的所谓"世俗化"（secularization）运动。借助近现代实验科学的巨大发展，这一运动的目标已近乎大功告成。然而令人遗憾的是，人们起先并未发现中世纪的错误在于：神性—兽性、精神生活—物质生活这两端点中，人们对德性和德性生活的理解偏于前者而忽略了后者。批判这一理解的人并没认识到不能反其道而行之，偏于后者而舍弃前者。由于近现代社会物质主义、唯科学主义、片面的人道理论，人类用自己的理论"杀死了上帝"，但同时也遗失了人性中的神性、生活中的精神或价值层面。人们终于发现我们拒绝片面时也走进了片面："上帝死了"，精神家园也不见了。尼采曾经这样描摹了对这一历史进程的内心感受："我们杀死了上帝，我们是他的谋杀者"。"太阳已经被消灭了，夜已降临，天越来越黑，我们在无尽的虚无中犯错。地球松脱于太阳，我们被剥除了所有坚固

---

① 包尔生．伦理学体系［M］．何怀宏，廖申白，译．北京：中国社会科学出版社，1988：238.

的支撑，我们前仆后跌，步履踉跄。”①

三、现代伦理生活的危机及未来克服

古代人只考虑伦理的中介性，否定德性是精神性与生物性的综合，阉割了生活。世俗化运动借口综合，实际上只是以生物性等同于全部人性，从而消灭了其中的神性，进而将伦理生活等同于物质生活，并声称这样做是合乎“理性”“科学”的，从而失去了人的本质追求。“过去反对信仰，是为了解脱精神枷锁，是反对非理性的东西；它表现了人对理性的信仰，表达了人根据自由、平等、博爱原则建立一种新的社会秩序的能力。今日缺乏信仰则表现了人的极度混乱和绝望”②。实际上新的片面性所带来的现代生活的危机正是从缺乏信仰开始的，因为“如果上帝不存在，一切都是容许的”③。

由于对人性和生活的片面理解，现代人已陷入这样的困境：首先，人既认定生物性为人性的根本，人只是无毛两足的“人猿”，人已不知人为何物，人何以区别于一般动物。其次，没有一个终极的价值标准，“一切都是容许的”，人已不知道何为道德因而无法选择合乎真正理性的伦理生活，多元价值世界中，人茫然失措。最后，人既同终极目标相分离，就无法领悟生活的意义，无意义感成为现代人的普遍特征。孙志文曾在《现代人的焦虑和希望》中讨论了“一方面既贪求权力，而另一方面又极其软弱；一方面傲慢，另一方面又绝望灰心的现代人的真面目”④，指出现代人已经处于三重疏离即“和自然的疏离”、“和社会的疏离”及“和上帝的疏离”之中。

现代人的伦理危机在于，人在人群中却仍处于异乡，因为“他人是自我的地狱”，“人对人是豺狼”。这就是所谓的人和社会亦即人与同伴的疏离。这种疏离实质上是由对神性（对利己权衡的超越性）的摒弃而误将生物性当作人性所导致的个人主义、功利主义直到利己主义的必然结果。现代人的伦

① 孙志文．现代人的焦虑和希望［M］．陈永禹，译．北京：生活·读书·新知三联书店，1994：80.

② 弗洛姆．为自己的人［M］．孙依依，译．北京：生活·读书·新知三联书店，1988：184.

③ 萨特．存在主义是一种人道主义［M］．周煦良，汤永宽，译．上海：上海译文出版社，1988：12.

④ 孙志文．现代人的焦虑和希望［M］．陈永禹，译．北京：生活·读书·新知三联书店，1994：82－83.

理危机还在于，自然界已无神秘可言，自然界只是运动着的分子、原子，只是满足人类个体或全体欲求的纯粹的工具。人对自然界发出命令而缺乏对自然界的聆听。于是人对自然界表现出前所未有的“聪明的野兽性”，而大自然也毫不客气地以生态危机来警示信奉人类中心主义的现代人。人们第一次发现不光曾经有过的精神家园不见了，就连人赖以生活的生存空间也已不再安全了。人与自然间的敌对关系是人和自然的疏离。而这一疏离的根源人类中心主义只不过是放大了的利己主义，同样是终极价值丧失的结果①。

雅斯贝斯说“人是一个在他与上帝的联系中的存在”②。如果将“上帝”改换成终极理想，则这一命题就是完全正确的。伦理生活看起来只是一种“水平关系”（人与他人，人与自然）的处理问题，但实际上，水平关系处理的原则乃是来自“垂直关系”（终极理想如上帝、天国、共产主义等与人的关系）的处理。西田几多郎说过：“所谓道德的义务和法则，其价值并非存在于义务或法则本身，相反是基于大的要求而产生的”，“正是因为有着非追求不可的更大的要求，才产生抑制较小的要求的必要；只是一味地抑制要求，却反而违背了善的本性”③。因此摆脱现代人伦理与生活的困境、危机的出路只有一条：重新构建属于现代人的精神家园，进而重新审视和构建现代人的德性与德性生活。

之所以需要从重构精神家园或终极价值体系开始谈重塑现代人的德性和德性生活，除了历史与逻辑演绎的必然性之外，还有一个重要的论据来自对于未来社会的前瞻。

未来社会中有两个人类必须面对的课题：一是物质生产的信息化和自动化，二是由此所导致的大量的时间闲暇。前者意味着同过去的时代相比，大多数人几乎不需要脑力和体力的投入就能从事生产，满足自身的物质生活需求。但与此同时，个人周围人化的世界实际上是机械和人造信息的世界，这个世界甚至对制造它们的少数专家来说都将是陌生的，更不用说芸芸众生只能按照设计好了的程序去生存了。这样，人将在人造的世界中被奴役或异化

① 孙志文．现代人的焦虑和希望［M］．陈永禹，译．北京：生活·读书·新知三联书店，1994：83.

② 雅斯贝斯．智慧之路［M］．柯锦华，译．北京：中国国际广播出版社，1988：44.

③ 西田几多郎．善的研究［M］．何倩，译．北京：商务印书馆，1965：108.

的可能性比以往任何时代都要大。人要避免成为“机械心”所组装的“工匠人”（孙志文语），不为大众化、世俗化、平均化、理性化、规范化、一般化潮流所淹没，就必须找到意义世界。未来人类社会的第二个特征是生产力解放所导致的大量的闲暇时间。在直到目前的所有文明社会中，人类以两种不同的方式应付对于精神家园的本能需求。极少数人（哲学家、人文学者等）以专家的身份思考、构造从而供给某种终极价值即“生产”出精神家园；而另一部分人，即绝大多数“劳动者”，则依靠给定的终极价值体系生活在某种为专家们所制造好了的精神家园中。生活之所以这样分工，是由于过去较低的生活力水平以及统治阶级有意识的精神控制。最根本的是由于这一生产力状况，社会不允许绝大多数人拥有苦思冥想的时间。看得见的未来社会则不然，人们将从物质生产的高度自动化、信息化中获得过去不可能奢望的大量闲暇。故一百年前马克思所描述过的闲暇时间的课题在一定程度上将是现实的课题。有了思考的时间，人人都不会放弃思考的权利。因此对于终极价值和精神家园的寻找将不再是少数贵族的特权。而是像普选权出现一样，人人都将拥有思考终极价值的普遍权利。因此从这个意义上也可看出，塑造完美的人性，实现人的全面发展，引导学生寻找自己的生命意义，体悟人生应有的价值追求，这些教育目标将首先成为全社会的文化课题。

约翰·S. 布鲁柏克在其《教育问题史》的第十一章“宗教教育和道德教育”的结尾部分有这样一段发人深省的话：“十九世纪新教徒们几乎是坚定不移地一致支持公立学校中排除宗教教育，然而到了二十世纪，他们却不能再保持统一意见了。”在欧美，宗教教育和道德教育的理论和实践领域中都已经有人提出了“回到宗教教育”的口号。这一口号如果从其固有的宗教性质来说当然是反动的；但如果从其所代表的道德生活对于信仰的呼唤来看，又不能不说是有重要的、合理的价值的。

克服现代生活的危机，迎接未来的挑战，都需要我们重新审视德性及德性生活的综合和中介特征。讲综合，就要看到德性中人的精神性和生物性、德性生活中人的精神生活和物质生活两个层面，反对中世纪式的对于德性、德性生活之人间性、生动性的否定，建立道德生活和教育的现实基础。讲中介，则主要是要反对近现代生活对德性及德性生活中精神性的否定从而导致的对于道德生活和教育的贬低。精神性或价值性是道德生活与教育的本质，而精神性的核心是精神家园或终极价值的不可或缺性。因此，时代给当代道德教育的课题其实是道德教育的真正完成——它需要同信仰教育的实现联系起来。

第五节　当代伦理与教育中的“阿伦特困境”及其出路

汉娜·阿伦特（Hannah Arendt）在《过去与未来之间》中曾经表述过现代社会一个普遍性的问题——“现代世界的教育问题在于这个事实：教育本质上不能放弃权威或传统，但它又必须存在于一个既非权威所建构，又无传统可维系的世界里。”①

我以为，阿伦特实际上表述的不仅是某种“现代世界”的社会事实，更重要的是，她揭示了当代伦理与教育的一大困境——我们几乎可能否弃一切，但是伦理生活与道德教育却一刻也离不开某种确定性的前提。这，就是本节所谓的“阿伦特困境”。而如何理解、应对“阿伦特困境”，已经成为当代社会与教育必须直面的一大课题。

一、阿伦特困境的现实表征

在现实生活中，上述“阿伦特困境”最为具体、突出的表征，可以描述为如下两个方面：

1. 个人生活领域：传统伦理规范的全面颠覆及其纠结

在传统的道德生活中，个人自觉或者不自觉地遵守某些确定性的伦理规范。比如中国社会曾经长期遵守过的五伦：“父子有亲，君臣有义，夫妇有别，长幼有叙，朋友有信”（《孟子·滕文公上》）。与之相应，中国古代许多思想家，特别是儒家也特别重视人伦的教育。据孟子说，古代设立校、序、庠，“夏曰校，殷曰序，周曰庠，学则三代共之，皆所以明人伦也”（《孟子·滕文公上》）。但是现代中国已经不存在君臣关系，其他四伦的原有规范

---

① 汉娜·阿伦特．过去与未来之间［M］．王寅丽，张立立，译．南京：译林出版社，2011：181.

也已经被颠覆殆尽。比如夫妇关系，如果今天我们与一位处在谈婚论嫁年龄的都市青年讨论这一议题时，他会反过来问我们：为什么一定要结婚（一定要有“夫妇关系”）？我们会一时语塞。

当代社会这一“礼乐崩坏”的现象并非中国独有。放眼全球，同性恋、双性恋及其婚姻已经被越来越多的人“宽容”或者接纳，即便是吸毒等毁灭自身的生活方式也被一些哲人认为属于个人自由的范畴，应当“去道德标签”。

道德生活及其教育的基础在当代社会已经处在“地动山摇”状态。但是人类生活又不能没有基本规范，道德教育也不能不教给儿童任何道德，或者采取类似于价值澄清理论曾经有过的思维——只帮助孩子澄清他们自己拥有的价值（因为那样只是回避而非解决了问题）。这正是当代人最为纠结的矛盾状态之一。

2. 社会生活领域：传统政治认同的彻底质疑及其困扰

所谓传统的政治认同，可以简单划分为两大类型：政治制度认同与民族国家认同。前者基于政治意识形态，后者基于血统与文化。目前这两大政治认同都已经遭遇了空前的不确定性的危机。

在世界范围之内，虽然资本主义意识形态的话语霸权惯性仍然存在，但是无论是现实生活中诸如“占领华尔街运动”、世界范围的经济危机（实质上是政治体制的危机），还是后现代思潮对于资本主义意识形态确定性的普遍怀疑，都意味着启蒙运动以来的确定性或绝对化的乌托邦思维已经逐渐式微。于是“稀薄的民主”以不同的方式（政治冷漠、不参与，或者狂暴性、破坏性参与）存在于不同的社会。在民族国家认同维度，以“玫瑰革命”思维为代表的特征其实是政治认同优先于国族认同，问题在于民族国家的苦难终将反过来否决某些简单、激进的政治意识形态选择。对于这一点我们不难在中东、东欧的一些国家的“政治革命”中找到证明。在大中国的范围之内，这一矛盾表现得更为彻底：一方面作为民族国家，中国的发展已经处于近百代来的最强盛时期，另一方面，“台独”“港独”“疆独”“藏独”的声音却不时喧嚣尘上。更为荒谬的是，在香港、台湾地区，一些人已经不再仅仅是在政治上反对共产党、社会主义，他们干脆反对“中国”“中国人”“中国文化”等民族认同本身。

以上两个维度对于传统政治认同的否定既是教育的因，也是教育的果。故如何走出困境，既该是教育的责任，更有待全社会的努力。单就教育而言，道德生活的实质无疑是要恰当解决人的自处以及与他人、社会的关系问题。如果个人身份难以确认，个人与政治制度及民族国家的关系高度紧张和不确定，则道德教育的许多基础性问题（如谁来教、教谁的价值、教育谁、培育怎样的人格）如何回答？这就是“阿伦特困境”的第二种表征。

二、阿伦特困境的社会根源

上述阿伦特困境的社会根源或者根本症结，其实可以归结于当代社会的“动态社会”特征已经成为社会的常态这一时代特征。

在人类历史发展过程中，始终存在诸如春秋战国、五代十国、法国革命之类的“动荡时期”，这一时期的社会也可以被视作某种“动态社会”。但是这种“动荡时期”意义上的“动态社会”，在性质上常常只不过是两个稳定发展时期的过渡环节。与此截然不同的是，在当代社会，无论经济基础还是上层建筑，“动态社会”却已经成为常态，或者已经成为一种稳定存在的社会或者时代的特征：一些延续千年的传统产业迅速消亡，另外一些过去闻所未闻的新兴产业迅速产生；一种人际关系尚未稳固，新的人际关系已经产生；一些传统观念已经被彻底颠覆，而新生的价值观念本身却同时充满不确定性……由是观之，前述个人生活领域对于传统伦理规范的全面颠覆以及社会生活领域对于传统政治认同的彻底质疑，其实只是“动态社会”已经成为常态的表象之一而已。

社会“动态”的另外一面，就是所谓的“多元”。或者我们也可以说，“动态”与“多元”其实是互为因果的关系。既然价值是变动不居的，不同选择就都具有某些存在的合理性。一个世纪前杜威等人对于道德规范的经验主义解释，就既解释了人类生活的“动态”，也暗示了经验不同所可能产生的价值“多元”。

于是，对于当代教育和社会生活来说，最为迫切的问题在于：在“动态社会”已经成为常态的情况下如何面对“阿伦特困境”？许多有识之士的回答是教育要“教会选择”，包括提倡道德教育，确立开放的精神、民主的作风、反思的意识等等[①]。不过，“开放的精神、民主的作风、反思的意识”等抽象的原则主张虽然正确，却没有彻底、有针对性、较为具体地回答如何在动荡不居的当代社会“教会选择”的问题。

三、伦理与教育的可能出路

承上所问，当“动态社会”成为常态，伦理与教育的可能出路到底在哪里？道德教育既是“道德”又是“教育”。故逻辑上，我们可能需要从伦理建设与道德教育两个维度寻找出路。

1. 综合而非单一的伦理判断

在人类历史上的某些特定历史时期，由于社会本身是稳定的（即便“动荡”也是稳定的过渡），因此某一类思潮就可以最大限度地适应社会发展的需要。比如儒家伦理曾经成为几千年中国社会的主流文化，自由主义的政治哲学、义务论伦理学对于资本主义文明的建立发挥过价值上的主导作用。也是因为如此，以先知、圣徒的名义启蒙大众曾经是许多思想建构的本质性功能追求。

但是由于当代社会“动态社会”成为常态已经导致了流变、多元与复杂伦理的局面，许多价值问题已非单一价值判断所能解决，因此综合判断就成为面对流变、复杂局面的必然选择。比如在伦理抉择上，我们就特别需要义务论、功利主义及美德伦理学等长期相互批判的伦理思维的综合。我们既需要从义务论出发保持对于“绝对命令”的敬畏与遵从，也需要借用功利主义伦理学对于道德结果的充分评估；而无论是绝对价值的坚守还是道德结果的评估，都需要道德行为主体具有某些公认的美好德性。从政治哲学角度看，自由主义、共和主义、社群主义等政治主张在长期相互对立之中既相互揭示了对方的不足，也解释了综合看待公共生活的合理性。政治生活的当代建构既需要自由主义、共和主义、社群主义智慧的结合，更需要充分考虑社会主

① 吴康宁．教会选择：面向21世纪的我国学校道德教育的必由之路：基于社会学的反思［J］．华东师范大学学报（教育科学版），1999（3）．

义政治主张的历史合理性。唯有如此，才能更有效地解释与改造社会。

一个有趣的例证也许是对中国政治制度的研究。许多西方政治学者，尤其是“自由原教旨主义者”，一般都视社会主义制度的中国为“极权主义的恶魔”，但同样是在西方学术界，也有人如约翰·奈斯比特（John Naisbitt），公开宣称中国正在发展一种“垂直的民主”（vertical democracy，即奈斯比特认为中国的政治决策正在努力以“自上而下”与“自下而上”相结合的方式反映民意），民主的形态绝非西式的以三权分立、相互制衡为特征的“水平的民主”（horizontal democracy）一种[①]。而要应对空前复杂的当代社会及其发展的课题，在奈斯比特意见的基础上，也许中国未来还需要努力做到“垂直的民主”与“水平的民主”的结合。对所谓“中国道路”其实也可以理解为基于复杂现实的一种政治哲学上的“综合判断”。

总而言之，在价值选择上那种以上帝的姿态去布道唯一真理（单一判断）的时代已经过去，考虑各种不同思维方式，并且兼顾理论正确与现实可能等因素的综合判断是应对社会流变、多元发展的合适价值的选择方法。当然，所谓“综合判断”不仅具有空间，同时也具有时间上的开放性，即便是已经考虑到现阶段最大复杂性的综合判断本身也必须考虑不断增加的时代变量。具体到德育内容的选择上，只有向年轻人开放、与之对话，并形成具有确定性的价值共识，道德教育所教授的“道德”才能为新一代所真诚接纳。

2. 建构而非破坏的教育逻辑

在道德教育的“教育”或者形式层面遵循建构而非破坏的教育逻辑，和在德育的道德内容上做出综合而非单一的伦理判断一样重要。

由于当代社会“动态社会”成为常态，道德教育乃至全部教育都应该以“教会选择”为使命，培育“批判性思维”（critical thinking）成为全球教育的共同选择。但是由于人们对于“批判性思维”的误解，教育生活逐步形成了一种破坏性的教育逻辑。这一点从对伦理规范的无节制否定导致的价值虚无、到处都是“愤怒的公民”的政治生活现实以及不同政治主张非此即彼、你死我活的精神状态中都不难得以确证。

---

① John，Doris Naisbitt. China's Megatrends：Pillar 2. NY：Harper Collins Pubulisher，2010：41 - 66.

十多年前，已故英国教育哲学学会主席、伦敦大学教育学院教授特里·麦克劳林（Terry McLaughlin）曾经在中国的一次演讲中特别指出：批判性思维本身需要依据一定的标准，故如果我们试图对所有标准提出怀疑或挑战，则批判性思维无以成立。因此，批判性思维不等于只有否定，批判性思维应当有某种文明的底线，批判性思维应当在否定、挑战既定结论的同时具有建设性创新。教育过程中如何发展完整的批判性，即如何促使学生以主人或者成熟公民的身份而非奴隶或者冷血他者的身份，自主、审慎、建构地思考与实践十分重要。一些教育工作者认为应当将“critical thinking”中译为“慎思”或者“审慎性思维”的道理也在这里。

对“批判性思维”的完整理解不过是建构而非破坏的教育逻辑的例证之一。建构而非破坏的教育逻辑是一种理念，应被落实在所有教育环节。同是在《过去与未来之间》一书中，其实阿伦特自己也从教育维度对当代伦理与教育的困境做出了有建设性的回答：“我们必须坚决地把教育领域和其他领域分开，尤其是和公共领域、政治生活领域分开，以便单独在教育领域中运用一种与教育相符的，但已不具有普遍有效性，也不应在成人世界中要求普遍有效性的权威概念和对待过去的态度”①。尽管她同时强调“教育的要义在于，我们要决定我们对世界的爱是否足以让我们为世界承担责任，是否要让它免于毁灭，因为若不是有新的、年轻的面孔不断加入进来和重建它，它的毁灭就是不可避免的”②。

约翰·奈斯比特特别欣赏托马斯·库恩的一个论断：“你无法用旧范式中的那套话语来理解一个新范式。”③ 我认为库恩的这句格言也适合我们对于当代社会及其道德教育的理解：我们显然也无法用过去任何一个稳定或者动荡时期的思维经验去解释动态已经成为常态的当代社会及其道德教育了。尽管更为具体、确当的答案尚需更多、更深入的努力，但理解、应对“阿伦特困境”，需要发展与当代社会特质相适应的伦理思维与教育逻辑，却是确定无疑的原则。

---

① 汉娜·阿伦特．过去与未来之间［M］．王寅丽，张立立，译．南京：译林出版社，2011：194.

② 汉娜·阿伦特．过去与未来之间［M］．王寅丽，张立立，译．南京：译林出版社，2011：195.

③ John，Doris Naisbitt. China's Megatrends：Pillar 2. NY：Harper Collins Pubulisher，2010：5.

第二章
道德教育的形态与边界

第一节　德育形态的历史演进与现实意义

在中国，一直存在德育概念内涵混杂、边界不清的问题。因此很长时间以来，教育学界一直致力于更为严谨的德育概念的建立。但是以往对于德育概念的讨论较多集中于“德”字的分析上，即将较多的精力放在对德育内容范围的界定、解释上——争论的焦点在于，德育到底是“道德教育”（小德育），还是“思想、政治、道德、心理健康教育”（大德育①）？这一分析当然十分重要，但是在逻辑上却是残缺的。因为“德育”不只有“德”，还有“育”。亦即对德育概念的完整把握既需要对内容及其范围的分析，也需要对外在教育形式或者形态的分析——所谓“德育”在形式上到底指称哪些类型的教育实践？只有形式和内容的分析都完成了，人们对于德育概念的认识才能全面和准确，德育实践也才能更有实际成效。

一般来说，对德育形态的分析可以从时间、空间两个维度展开。我们不妨首先从宏观的时间维度分析德育的三种形态——原始社会的德育、古代学校德育、现代学校德育，而后再分析三种现实的德育形态——直接德育、间接德育、“隐性课程意义上的德育”。在此基础上，再逐一讨论德育形态分析的理论价值和实践意义。

一、德育的历史形态及其重要意义

德育的历程在不同的民族或文化中演绎的轨迹并不完全相同，但如果我们做粗线条的描绘，则德育的历史形态大体上包括以下三种：

（一）习俗性德育

习俗性德育首先是指学校教育产生以前，原始社会中存在的德育形态。

原始社会的道德教育的主要特点有二：第一，在原始社会，维护民族、部落的团结或存在是整个社会的最重要的任务之一，道德教育成为维护社会存在的重要的组成部分，因此当时的道德教育是教育的核心内容，同时具有

① 檀传宝．学校道德教育原理［M］．北京：教育科学出版社，2000：2－5.

人人参与的全民性。第二，由于劳动、生活、教育是一体的，道德教育是在习俗中存在，并且是以习俗的传承为主要内容的。儿童通过日常生活以及参加宗教或节庆的仪式、歌舞、竞赛等形式接受道德教育；德育以培养年青一代对神灵与首领的虔敬、对年长者的尊敬、对氏族与部落的责任的理解、对原始宗教仪式的掌握以及形成其他被社会习俗所鼓励的道德品质等为主要目标。例如在史诗《伊利亚特》和《奥德赛》中，希腊人歌颂了诸如虔敬、好客、勇敢、节欲、自制等品德，而其中最受重视的是虔敬和对父母的孝顺。

习俗性的德育形态在学校教育产生之后仍然以不同形式得以延续。美国教育学家约翰·S. 布鲁柏克曾经指出："古罗马的道德教育同样是一种民俗性或习俗性的品德教育……那些强化道德品质的宗教仪式主要以家庭中的守护神和家神为主要对象，由于这类要求都十分严格，因而家庭中的宗教教育对儿童的影响很大。"[①] 与此相似，中国的先秦时期学校教育中所开设的课程"六艺"——礼、乐、射、御、书、数中，与道德教育关系密切的礼、乐之教实际上也具有非常浓重的仪式、习俗的色彩。《周礼·地官司徒》中记载，国学要教国子以"三德""三行"。其中"三行"是："一曰孝行，以亲父母；二曰友行，以尊贤良；三曰顺行，以事师长"。乡学中则实行父子、兄弟、夫妇、君臣、长幼、朋友、宾客等七项人伦之教。不难看出，这些都是出自日常生活习俗的内容。在当代社会，肇始于原始社会的习俗性德育也以"民间德育""生活德育"的形式而广泛存在。比如家庭生活及其故事对儿童的自然德育，庙会、节庆等群体性活动及网络游戏中的德育影响，等等，都带有习俗性德育的显著特征。不过，由于人们往往将较多兴趣聚焦于学校德育，"民间德育""生活德育"等习俗性德育形态常常为教育研究所忽略。

习俗性德育或者原始德育的突出特点就是它的"生活化"。由于它与生活的一体、一致，其潜移默化的德育效果往往是体制化的现代学校德育所难以望其项背的。与此同时，习俗性德育往往非常生动，不少活动具有生活的美感。正如约翰·S. 布鲁柏克所说："希腊时期的宗教在人们心目中留下的

① 约翰·S. 布鲁柏克. 教育问题史［M］. 吴元训，译. 合肥：安徽教育出版社，1991：298.

美感要多于敬畏，它在教育上的影响力与其说是教条性的或道德性的，不如说是仪典性或调解性的。"① 在中国，西周教育以礼教为中心，但也是礼、乐互补，实行所谓"乐所以修内也，礼所以修外也"（《礼记·文王世子》）的美育策略的。今天在节庆、聚会中实现的德育也同样具有生活化和生动活泼的特点。因此"有效""有趣"，是习俗性德育的突出优点。但是这一形态的道德教育的缺点也是十分明显的，而且缺点也恰恰来源于它的"生活化"特点。除了德育的自觉性、系统性较差之外，习俗性德育的缺点主要是实际上的强制性和非批判性。由于习俗道德是道德教育的内容，它具有全社会认同、"天经地义"的性质，所以它是不容置疑的。在古希腊，智者们受到排挤、打击，苏格拉底甚至因"煽动青年"的罪名被处死就是明证。除了不容许批评之外，对那些不合规矩的行为的惩罚被认为是理所当然的。"尽管宗教并没有令人敬畏的性质，然而希腊人却毫不犹豫地把敬畏与肉体惩罚当作了一种有益的手段，借以帮助人们使个人符合道德的社会准则。"② 所以，习俗性德育只能算是德育发展的一个原初的起点。

（二）古代学校德育

这里的古代学校德育是指奴隶社会、封建社会的学校德育。这是一个具有神秘性、等级性、经验性的德育发展阶段。

神秘性是指学校德育或多或少所带有的"宗教或类宗教特性"。所谓"宗教或类宗教特性"首先是指包括德育在内的全部学校教育在世界的许多地区完全从属于宗教组织。在欧洲，"随着基督教成为官方宗教，最终它拥有了这样的权力：可以使异教学校要么关闭，要么被纳入到教会系统中来"③。在印度，在伊斯兰世界，学校德育的情况基本相似。古代中国是一个例外，但人们也已将孔孟之道神圣化，将儒学变为儒教，有"类宗教"的一面。"宗教或类宗教特性"还指道德教育在内容和方式上的宗教性。由于学校教育受制于教会等宗教势力，将信仰与道德联系起来，因此在信仰的前提下谈道德学习成为这一时期学校道德教育的特征。在欧洲，世俗道德教育

① 约翰·S. 布鲁柏克. 教育问题史［M］. 吴元训，译. 合肥：安徽教育出版社，1991：298.
② 约翰·S. 布鲁柏克. 教育问题史［M］. 吴元训，译. 合肥：安徽教育出版社，1991：298.
③ 约翰·S. 布鲁柏克. 教育问题史［M］. 吴元训，译. 合肥：安徽教育出版社，1991：304.

的目的是要使人完善，为进入天堂做好准备。在中国，人们将道德规范的合理性归结于“天理”，道德教育最终成为一种“存天理，灭人欲”的事业。所以在德育方式上古代的道德教育具有某种神秘性质。一个有趣的例子是中国的大儒王阳明，为了“明天理”而到了“格竹致病”的程度。正是觉得格物的路子不对，王阳明才毅然另辟蹊径走向“复归本心”的心学理路。但心学同样具有神秘的性质。

等级性的意思首先是，在古代社会，学校德育从教育者、受教育者到整个教育目的、教育过程都是受制于上流社会或统治阶级的利益需要的。由于生产力低下等原因，这一时期的学校教育的主体、目的和内容都属于统治阶级。只有上流社会的子弟才有受教育的权利；只有属于统治阶级的僧侣、官员或从属于统治者的知识分子才有施教的权力；教育目的就是培养神职人员和官员等“治才”，教育内容也围绕这一目的去组织。等级性的统治秩序维护的需要，以及个人德性在统治效率上的作用（号令天下与表率天下正相关），导致了对道德教育的高度重视。其结果是，古代教育几乎等同于道德教育。在基督教世界，教育的目的是皈依上帝和人性的救赎，读、写、算等只是修养以及与上帝沟通的工具；在中国，德性始终是学校教育的首要主题，极端的时期还出现过“举孝廉”的例子；在印度，一个儿童能否被古儒接受取决于孩子的德性——因为只有品德优良的人才有条件学习《吠陀经》……

经验性指两点。第一，从德育实践的角度看，这一时期的道德教育较多采取不成规模的师徒授受方式进行，道德教育的内容也主要是对宗教或圣贤经典思想的解释、理解与实践。第二，从教育思想的角度看，由于其中心理学、教育学时代尚未到来，有关德育的思想虽然很多，但是其中理念、猜想的成分很多，缺乏“科学”的证明。加上“第一是信仰，第二才是理性”[①]的特性，这一时期的学校德育有更多的专制色彩，而逐渐失去了习俗性德育原本存在的生动性。儿童往往被认为是“欺骗上帝的小滑头”，因此“为了不让孩子堕落，把他们的意志彻底粉碎吧！只要他刚刚能够说话——或者甚

① 约翰·S. 布鲁柏克. 教育问题史［M］. 吴元训，译. 合肥：安徽教育出版社，1991：305.

至在他还根本不能说话的时候——就要粉碎他的意志。一定要强迫他按命令行事，哪怕因此而不得不连续鞭打他十次”①。因此牺牲理解、强调记诵是全部教育也是这一时期德育的主要特征之一。

（三）现代学校德育

现代学校德育主要是指18世纪西方资产阶级革命完成以来的学校德育。现代学校德育具有世俗化、民主化、科学化的特征。特征的表述之所以都带了一个“化”字，主要的原因在于这些特征是一个不断进步的动态进程而非已经完结的静态结果。

学校德育的世俗化主要是指宗教教育与学校德育的分离。在中世纪或古代教育中，学校德育往往受制于宗教势力。道德教育的目标、内容、方法等都带有宗教性质。近代以来，一方面由于资产阶级政治革命导致政教分离的产生，国家夺回了对于教育的控制权；另一方面的原因是宗教本身。在欧洲和美国都存在着基督教的不同流派，促使宗教与学校教育分离的部分原因起源于不同教派的冲突。就像政治上的公民教育不允许偏向某一个政治团体一样，为了避免教派冲突对学校教育的干扰，欧美各国的公立学校在不同程度上实行了宗教与教育的分离——其实质性的内容之一就是宗教教育与道德教育的分离。道德教育与宗教教育的分离对于学校德育具有划时代的意义。学校德育无须再到上帝那里去寻找根据；原罪说等宗教意识对德育的消极影响也有了被削弱的可能性。这为学校德育的民主化与科学化提供了重要的基础。

学校德育的民主化与整个政治的民主化、教育自身的民主化是联系在一起的。近代以来教育的重要特征之一是学校教育的普及、高等教育入学率的不断提高、终身教育体制的建立等等，即宏观上作为宪法中政治民主的重要内容之一——平等受教育权的落实。此外，德育的民主化还包括教育过程之中的微观民主的实现，即对于学校德育目标、内容、方法、途径等方面民主化的追求。后者促进了平等受教育权等宪法权利的具体实现。现代教育的培养目标已经不是以上层阶级——神职人员、管理人才等等为主了，而是民主

① 约翰·S. 布鲁柏克. 教育问题史［M］. 吴元训，译. 合肥：安徽教育出版社，1991：308.

社会的全体公民。参与教育活动的主体——教与学双方都已经平民化、平等化。教育的依据不再是天命或者上帝，而是社会发展、个体成长的现实需要。从卢梭、裴斯泰洛齐、福禄培尔到杜威，许多教育家都为这一进程做出了杰出的贡献。人们最终认识到，民主政治应当比任何一种社会更热心道德教育。这是因为：(1) 一个民主的政府，除非选举人和被统治者都接受过良好的教育，否则民主政治将无从实现；(2) 民主不仅是一种政府的组织形式，更是一种联合生活的、一种共同交流经验的生活方式①。

科学化是真正自觉德育时代的必然前提，对于德育的历史发展具有划时代的意义。学校德育的科学化的内涵主要有三条。第一是由于学校德育的世俗化，德育的合理性、德育理论的依据避免了神学化的命运。道德教育成为人们关心的现实领域，不再具有古代社会的神秘性质。第二是指伦理学、心理学、社会学等近代科学的发展为学校德育问题的解释与解决提供了崭新的思路与可能，德育成为科学实践的组成部分之一。学校德育的组织化则是德育科学化的第三个表征，主要是指以班级授课制为代表的近代教育体制给德育带来的影响。以班级授课制为契机，学校德育不仅在效率上比过去的“学校”教育有了较大的提高，而且使学校成为一个与家庭和社会都不相同的学习集体生活的特殊场所。这为道德教育带来了积极社会化的意义，但也带来了德育忽视个性、过度理性化的危险。

(四) 德育历史形态分析的重要意义

德育历史形态的分析具有重要的理论与实践价值。

首先，对原始社会就开始的习俗性德育形态的深入研究具有重要价值。

与学校德育相对，原始德育及其当代形态——“民间德育”“生活德育”实际上是范围更广、意义更为深远的德育形态。将习俗性德育与学校德育进行认真的比较分析，在学术上有利于完整追溯学校德育发展的理论与现实的源头，解释学校德育的许多内容、现实选择的历史与现实依据。因此，开展民俗学、文化学意义上的德育研究理论意义重大。

此外，如前所述，习俗性德育有其实际上的强制性和非批判性等明显的

---

① 杜威．民主主义与教育［M］．王承绪，译．北京：人民教育出版社，1990：92.

缺陷，与体制性的学校德育相比较，其教育的科学性、系统性也存在很多问题。但是习俗性德育也同时具有生活化和美感的特征，或者“有效”“有趣”等突出优点。当代社会，各国学校德育普遍面临如何克服体制化、唯智化、呆板化等缺点的时代课题。对习俗性德育形态的深入研究显然有助于当代学校德育从历史和现实的习俗性德育中吸取生活气息与教育灵感，扬长避短，提升其实际效能。在当代社会，世界各国还普遍面临学校德育与社会德育、家庭德育结合的诸多困难。而如果我们能够对习俗性德育这一形态有深入的理解，则学校德育与社会德育、家庭德育机械、强制的结合方式（如勉强成立家校合作委员会、社区德育委员会，强制性开展德育合作）就应当转化为学校德育对社会德育、家庭德育资源更为自然的衔接、发掘和开发利用（比如采取措施帮助孩子批判性地回归社会习俗生活即可）。因为校园之外，家庭、社会生活中的德育本来就一直存在，始终发挥着习俗性德育的教育影响。

其次，对学校德育古代与现代形态的比较分析意义重大。

如前所述，古代（奴隶社会、封建社会）学校德育具有神秘性、等级性、经验性特征，现代社会的学校德育则具有不断世俗化、民主化、科学化的特征。现代社会实际上并存着资本主义、社会主义两种社会形态，资本主义国家和社会主义国家在意识形态上存在尖锐对立，因而资本主义、社会主义德育形态也存在巨大的差异。但差异再大，也有共同性。不断实现世俗化、民主化、科学化就是所有现代学校德育形态及其发展的共性。

中国是一个发展中的东方国家，儒家伦理等传统文化积累深厚。同时，中国共产党和中国政府又致力于建设中国特色社会主义。这些因素都使得中国当代德育形态具有独特个性。但是现代化仍然是中国德育和整个社会没有彻底完成的一个重要任务。而教育和德育现代化的关键和必然趋势就是：从神秘性逐步走向世俗化，从等级性逐步走向民主化，从经验性逐步走向科学化。由于传统中国社会基本上是一个世俗化的社会，信仰宗教者不占人口的多数，所以中国德育虽然也有世俗化的任务，但与西方国家相比，其现代化更为突出的任务就是实现德育的民主化和科学化。虽然中国德育在民主化、科学化的道路上已经取得了不小进步，但是更高程度的民主化、科学化仍然是今后中国德育发展的努力方向。近年中国政府明确提出“加强公民意识教育，树立社会主义民主法治、自由平等、公平正义理念”①，就是对德育民主化方向的准确把握。而笔者和一些同道近年呼吁推进的“教师的德育专业化”② 则是进一步推动德育科学化的努力之一。

二、德育的现实形态及其重要意义

如果说德育历史形态的分析是从纵截面的分析，则现实形态的分析就是从横截面的分析。由于横截面的当下性，德育现实形态的分析就具有更明显的现实意义。但是现实的德育活动丰富多彩，我们对其进行形态分析可以有很多视角。这里拟以德育活动的作用形式为标准，将德育分为直接德育、间接德育和隐性课程意义上的德育三种。

（一）直接德育

所谓直接德育就是指教育者的德育意图明显，受教育者明确知道自己在接受教育的德育形态。换言之，只要德育意图是直接呈现的教育就是直接德育。因此，不仅直接德育课程、主题德育活动、师生之间德育性对话等属于直接德育，而且各科教学、校园文化等教育形式也都可能是直接德育形态。一般认为，德育课程以外的各科教学、校园文化中的德育影响应该属于间接德育形态，其实并不尽然。比如数学课教学中教师对学生遵守课堂纪律的直接劝谕、在讲述数学家的生平故事之后号召学生学习数学家勤奋学习、不怕困难的道德品质等就是直接德育而非间接德育。同理，学校的校训、宣传美德的校园海报等的德育意图也是十分明显的，也属于直接德育形态。

在中国和许多东亚国家，直接德育形态一直受到高度重视。主要的原因除了儒家文化圈对于人伦的高度重视这一文化传统之外，也因为直接德育形态本身具有间接德育所不可能具备的优势，即直接德育能够清楚明白地解释道德价值、行为规范存在的理由和应用的策略，使受教育者直接受益。如果没有直接德育，许多人就可能因为在道德上的无知而犯错。直接德育对于未

① 国家中长期教育改革和发展规划纲要（2010—2020）[N]. 北京日报，2010-07-30.

② 檀传宝．再论“教师德育专业化”[J]. 教育研究，2012（10）.

成年阶段的学生来说尤其重要。中国有句老话叫作“话不说不明”，苏格拉底也曾有“美德即知识”的论断，都是这个道理。

一些国家特别是美国在历史上曾经对直接德育有过十分过激的批评，认为道德教育是“私事”，德育任务应该交给家庭和教堂去完成，或者认为进行直接德育就有“洗脑”、“灌输”、妨碍思想自由等风险。否定直接德育的另外一个理由是认为专设直接德育课程有可能让不担任此类课程的其他老师推卸其德育责任。而健康的教育体系中应该“人人都是德育工作者”。因此20世纪中期许多美国学校曾经取消过直接道德教育课程。但是十分有趣的是，从20世纪80年代开始的品德教育运动（character education），又使得直接德育形态在美国重新得到了较为广泛的强调。品德教育运动的代表人物托马斯·里考纳（Thomas Lickona）就明确指出：在文明冲突价值多元的社会中，仍然存在普遍认同的价值，除非我们承认正义、诚实、文明、民主、追求真理等价值观，否则价值多元是不能成立的；民主社会尤其需要品德教育，因为公民需要承担作为民主公民的责任；没有无标准的道德教育，问题不应当是“要不要教价值观”，而应当是“教哪些价值观”和“怎样教这些价值观”；传授正确的价值观过去是、现在仍然是文明之举，在社会普遍忽视德育的情况下，学校德育尤为重要，否则对良好品德的敌视很快就会弥补道德教育的真空①。他的观点基本上代表了许多品德教育领袖人物的观点，也代表了美国教育界对于直接德育课程形态经历了否定之否定的历史过程之后的重新肯定。美国教育对于直接德育课程形态的认识历程证明，尽管直接德育可能存在许多缺点，但是简单、绝对地否定直接德育课程的价值于事无补。

（二）间接德育

一般否定直接德育形态而又承认德育本身重要性的思维一定会将对于直接德育的兴趣转向间接德育形态。而所谓间接德育，就是指教育者的德育意图并不直接和明显、受教育者通过间接途径接受道德教育的德育形态。在日

---

① Thomas Lickona. Education for Character：How Our School Can Teach Respect and Responsibility [M]. New York：Bantam Books，1991：20－22.

常教育生活中，最为常见的间接德育形态主要是那些以其他教育任务为直接目标，间接发挥德育作用的课程、活动、校园生活等等。间接德育的最重要形式当然是直接德育课程以外的各科教学。以下重点以各科教学为例说明间接德育形态的存在方式。

实际上所有科目的课程都包含着间接而重要的德育因素。托马斯·里考纳就认为，各科教学对道德教育来说是一个“沉睡的巨人”，潜力极大。不利用各科教学进行道德教育是一个重大缺憾。里考纳还列举了各科教学中可以利用的一些价值因素。例如：数学和科学课中科学家的生平业绩、生活和治学态度；语文课中文学上的榜样人物的道德作用；历史课中历史伟人的德行与自律精神；在体育与健康课中展示的适度自我控制对个人健康和品行的重要性；等等①。十多年前笔者也曾经有过一次关于间接德育形态认识的震撼教育经历：当时素质教育运动在中国刚刚开始，笔者和一般社会人士一样非常简单地认为家长非要孩子考 100 分是没有道理的。但是一位小学数学特级教师十分严肃地纠正我说：考试完毕孩子没有得 100 分固然不宜苛责。但每次考试之前，至少小学数学这个学科就必须要求孩子争取考 100 分。原因很简单：小学数学本身并不难，6 年时间不过学一个四则运算而已，而考试成绩 100 分则意味着孩子没有坏的学习习惯，100 分等于一丝不苟的学习态度，100 分等于科学精神！很显然，数学考试 100 分似乎与德育无关，但其实那就是间接德育的重要结果与象征。

需要说明的是，各科教学中存在的德育影响并不等于间接德育形态。比如对里考纳所说的“数学和科学课中科学家的生平业绩、生活和治学态度”的教学处理，教师如果只是在讲述数学知识发展历程时一般介绍某位数学家的生平，其德育影响当然就是间接的。但是如果该老师在讲完故事之后还进一步，号召同学学习数学家的优良品质，则德育形态就由间接变为直接——因为这一做法与直接德育课程中讲述榜样人物的故事以塑造学生品德的教育方式并无不同。教师在各科教学中因势利导、恰到好处地开展直接德育是值得肯定的，但各科教学都有各自教学的直接目标，过多和勉强的直接德育不

① 袁桂林．当代西方道德教育理论［M］．福州：福建教育出版社，1995：254.

仅影响课程直接目标的实现，也可能使教学出现过度“德育化”的倾向。这样的思路并不可取。

以德育意图间接呈现的标准来看，隐性课程中的德育影响，或者隐性课程意义上的德育其实也属于间接德育的一种。不过，间接德育属于具有间接德育意义的显性课程，而隐性课程意义上的德育则指向各课程教学的组织形式等对于人格发展的影响。此外，由于隐性课程中的德育影响“隐藏最深”，是“间接里的间接”，一般不被教育实践者所关注，所以为了凸显其重要性有必要将它独立出来，做专门的分析。

（三）隐性课程意义上的德育

关于隐性课程的概念理解，一般认为其主要特征有以下几点：(1) 从影响结果上看，隐性课程是指学业成绩之外的非学术的影响，更多地体现在对学生的价值、情感和意志等方面的影响上。(2) 从影响环境上说，它是一种潜存于班级、学校和社会中的隐含性、自然性的影响。(3) 从影响的计划性角度看，隐性课程是非计划、无意识和不明确的影响。(4) 从影响的效果上看，由于隐性课程是一种潜移默化的影响，所以它的影响虽不是立竿见影的，但却具有“累积性”“迟效性”“稳定性或持久性”①。总的说来，隐性课程是学生在学校学习生活中完整经验的一个有机组成部分。作为一种教育影响，它主要通过教育组织形式、师生互动方式等非学术、隐含性、非计划、潜移默化的方式得以实现。

隐性课程并不等于隐性的德育影响，它也可能发挥智育、美育、体育等方面的潜在影响。因此我们只能说“隐性课程意义上的德育”，而不能说“隐性课程德育”。但是，隐性课程概念本身与道德教育却有着内在、天然的联系。这是因为隐性课程从本质上是一种价值性的影响。这一点，从早期隐性课程研究者菲利普·W. 杰克逊那里就可以得到证明。杰克逊认为，构成学校班级生活的有三个重要的隐性课程因素。第一是“群体”(crowd)，班级中充满了各种规则、规定、常规，学生必须在满足的延迟、欲望的打消、工作的中断中才能理解和适应它；第二是“表扬”(praise)，即班级中教师

① 戚万学，杜时忠．现代德育论［M］．济南：山东教育出版社，1997：362.

的评价、学生之间的评价等使得学生尽力与教师和班级所要求的价值保持一致；第三是“权力”（power），班级中的权力结构和差距是班级社会结构的重要组成部分，学生对社会的适应首先从适应班级的社会结构开始。从杰克逊的分析中可以看出，学校是社会规范同化最有力的场所，社会化、价值学习等是隐性课程的核心内容。杰克逊是社会功能学派的代表，该学派的特点是对班级、学校中的社会化做了正面或积极的说明。与社会功能论者相对立的是社会批判论者。他们的观点是认为“教育组织的主要方面，就在于再生产经济领域中统治与服从的关系”①。因此隐性课程具有较明显的阶级性。但是社会批判论者的观点只不过从另外一面证明了隐性课程所具有的价值本质。我国台湾学者陈伯璋教授将隐性课程概括为常数和变数两个部分。其中“常数”部分是指散播于学校教育各个层面的“社会意识形态”和教师的期待、教学内容中包含的未预期的意义、教室内移动方式、谈话流程等“教育工作者分析合理知识以及界定其运作概念的方式”。“变数”则是指组织教学、能力分组、升留级制度等“组织变数”，学校气氛、领导作风、师生之间等人际关系等“社会系统变数”，信念系统、价值观念、认知结构、意义等社会向度或“文化变数”②。但无论是对“常数”还是“变数”，我们都可以看出，隐性课程中的德育影响成分是最大的。

如前所述，隐性课程意义上的德育其实也是间接德育形态的一种，是指通过教学流程和组织形式、学校人际交往方式、教育空间安排等教育途径与形式隐蔽地实现的德育影响。隐性课程虽然与显性课程相对，但是其存在范围往往远远超过学校正式课程。因此与其说隐性课程是一种“课程”，还不如说是全部校园生活的隐性教育影响。隐性课程意义上的德育虽然存在范围甚广，但由于其突出的隐蔽性，常常容易被人忽略。

（四）德育现实形态分析的重要意义

将德育分为直接德育、间接德育和隐性课程意义上的德育三种形态不仅对于德育理论的完善意义重大，而且具有十分明显的实践价值。德育现实形

---

① Bowls，S，Gintis，H. Schooling in Capitalist America：Educational Reform and the Contradictions of Economic Life，1976：12.

② 陈伯璋．潜在课程研究［M］．台北：五南图书公司，1985：330－339.

态分析的实践价值主要表现为以下三个方面：

第一，德育形态的分析有利于教育工作者明确、认同自己的德育使命。如果我们承认德育不仅包括直接德育，也包括间接德育和隐性课程意义上的德育，则我们自然可以得出一个十分重要的结论："人人都是德育工作者"乃是一个教育的事实，而非简单的价值主张。在实际教育生活中，教育者只有做一个好的或者坏的德育工作者的选择，而没有做或不做德育工作的自由。因为从间接德育角度看，即使你只是教授数学、物理、化学等纯粹的自然科学知识，也间接完成了某些自然观和世界观的培育、学习态度与习惯的养成等任务。而从隐性课程角度看，则无论你从事何种学科的教学，你总要说话、与学生交往和互动——而说话的方式、师生交往与互动的形式又都会对学生的人格发展产生潜移默化的德育影响。因此，只要你在校园生活，作为德育影响的事实就一直存在。全面认识和把握德育形态显然有利于教育工作者发自内心地明确和认同自己的德育角色与使命。

第二，德育形态的分析有利于教育工作者开阔德育思路，全方位开展德育活动。在不对德育现实形态做全面分析的情况下，人们开展德育活动的思路往往流于十分狭隘的"加法"思维——加强德育等于安排更多直接德育课程与德育活动。而由于直接德育有需要占用一定时间、需要某些物质条件支持的特点，而学校资源总体上是有限的，只做"加法"的思维是没有出路的，因为学校不可能将所有时间、所有资源都用于直接德育。此外即便学校愿意将更多的时间与资源投入直接德育，如校本德育课程开发、主题德育活动开展等等，过分"德育化"的学校生活也可能使受教育者产生对于德育的逆反心理。因此最为明智的做法肯定是三种德育形态并举，特别是高度关注间接德育和隐性课程意义上的德育。后两种德育形态在中国被称为"无言之教"，几乎是"无本的买卖"——不需要为此另找专门的时间、资源。当然做好这一"无本的买卖"的前提是教师对于德育形态的全面把握以及教师具备专业化的德育能力。因此，实现教师的德育专业化是全方位开展德育的重要基础。

第三，德育形态的分析有利于教育工作者依据德育形态的实际开展更有成效的德育。三种德育形态实际上都有各自的优势与不足，教育工作者需要努力的就是分析这些优势和不足，以扬长避短。比如直接德育，其优点是将价值与规范向学习者做专门、系统、正面、明确的解释，方便学习者做理性、系统的吸收。但是直接德育也有需要占用一定时间、需要某些物质条件的支持、过多的直接德育说教容易引起逆反心理等明显缺陷。教育工作者开展直接德育时首先要思考的应当是如何扬长避短，既开展直接德育，又能使得这一德育形态具有较高质量或者“可欣赏性”①，以克服直接德育可能产生的逆反心理。对于间接德育，教育工作者要特别注意的是保持其“润物细无声”的间接性特点，切忌将间接德育生硬地转化为矫揉造作、效益低下的直接德育。在中国最新一轮课程改革中，国家课程标准明确要求将“情感、态度、价值观”作为每一节课的教学目标之一。许多教师因片面理解这一德育目标实现的途径（如每节课都要讲科学家的故事）而痛苦不堪，其痛苦的根源就在于对德育形态的误读。如果考虑到间接德育、隐性课程意义上的德育的存在，落实“情感、态度、价值观”的教学目标就根本不需要每节课都去寻找伟人故事，教师只需要尽职尽责地完成自己各科的教学即可。关于隐性课程意义上的德育，教师也需要有较为专业的关注。如前所述，隐性课程虽然与显性课程相对，但是其存在范围往往远远超过学校正式课程。隐性课程意义上的德育实际存在于全部校园生活。因此隐性课程的自觉意识十分重要。一旦教师自觉意识到隐性课程的真实存在并自觉开展对隐性课程的适当优化，则隐性课程意义上的德育就可能是一头苏醒了的雄狮，德育效能就会极大发挥出来。总而言之，就像对学生的教育应当因材施教一样，教师的德育活动原则之一应当是依据德育形态的不同开展德育活动的设计。

以上从时、空两个维度展开的德育形态分析，只是一种抛砖引玉式的尝试。因为时间的维度不仅仅需要宏观分析，也包括微观分析，即我们需要细致讨论任何一种德育活动在时间上是如何展开的课题。空间维度的分析也不会只包括类型的宏观分析，德育活动的环境、场景、要素及结构等具体形态分析对德育活动的成功开展也都有重大意义，需要更为精致的分析。对于德

① 这是本人论述“欣赏型德育”时的术语，意即德育内容和形式具有美感。檀传宝．让德育成为美丽的风景：欣赏型德育模式的理念与操作［M］．合肥：安徽教育出版社，2006.

育形态的分析，是一个任重而道远的课题。

第二节 道德教育的边界

“道德教育的边界”问题，实际上主要涉及两个方面的问题：一个是道德教育与周边概念的关系的问题，另一个是德育目标、内容选择上的高低上下问题。这里我们不妨以前者为主线谈一谈如何处理两方面道德教育的边界问题。

德育概念里面有许多值得厘清的问题。概念的问题其实就是观念的问题。中国的德育效果不甚理想，与德育概念的混乱有着非常密切的关系。20世纪90年代开始，我比较集中地关注到的、我认为必须处理好的德育概念之间的关系问题大概有以下几个方面：

一、道德教育与心理（健康）教育

小的或者狭义的“德育”实际上是“道德教育”或“品德教育”的缩写。“大德育”则包罗很广。中国对德育概念的界定最突出的毛病有两个：一是大而无当；二是泛政治化（或者“过度政治化”）的倾向。在“大而无当”的关系里面，最突出的问题之一是对道德教育和心理健康教育关系认识上的误区。

社会上大多数人，甚至在政府颁布的有关文件中，都是把心理健康教育划归德育范畴内的。最常见的就是将“思想政治、品德、心理健康教育”并提。我认为这是非常不妥、迟早要予以纠正的。因为心理健康教育不能归于德育领域。

为什么说心理健康教育不能归于德育领域呢？主要是因为这样的分类突破了一个基本的标准：德育应当是一种价值教育。思想教育、政治教育都具有这种价值教育的属性，所以“大德育”尚可以包括思想、政治教育，但心理健康教育却不具备这样的性质。心理健康教育中涉及的许多问题都是中性的问题，无所谓善恶。比如，患自闭症、抑郁症的人就不应当被认为是一个“坏人”。所以不能将心理健康教育和德育混为一谈，无论这个“德育”概念是大或是小。当然，这不是说心理健康教育和德育没有关系，二者是有关系，甚至是非常密切、内在的关系。但是，这种关系是属于两种不同范畴之间的联系。将德育与心理健康教育混为一谈不但不能得到教育学界的普遍认同，心理学界同样也无法认同。许多从事心理健康教育的学者都认为不能将二者混为一谈。比如有心理专家就曾经分析说，面对离婚过程中的心理压力，心理咨询主要不是对它做道德判断，而只是负责解决离婚过程中的相关心理问题、达到舒缓压力的效果，它基本不担负对心理咨询事件中的相关道德问题做价值判断的责任（虽然这一问题常常有道德及其教育的层面）。

概念之间的混淆会导致教育实践的误判、误诊，导致危险甚至不必要的悲剧。如初中生的叛逆问题。叛逆期的孩子的想法、做法和成人世界的期待常常不同，甚至截然相反，孩子的行为往往悖逆成人的期待。但其实从心理发展角度来讲，孩子的叛逆是值得成人社会欢呼的事情——因为这一现象证明孩子已经发展到了一个比“乖宝宝”更高级的阶段。很多家长将孩子的叛逆行为完全看成了道德领域中的问题（是“忤逆”），于是就很想将孩子的叛逆行为矫正过来，结果往往适得其反。实际上如果能够将这一过程看作是孩子积极的心理发展过程中需要做适当调适的问题，家长和孩子能够静下心来以非家长制的心态平等对话，孩子自然会欣然接受成人的善意规劝，矫正自身的某些不适当行为。而成人如果继续判断失误，将积极的心理发展现象看作消极的道德表现，摆出一副家长的神圣不可侵犯的权威面孔，强制向孩子施加自己的“道德教育”，结果是可想而知的。这样下来，最起码的亲子关系也会受到影响，酿成不必要的悲剧。又比如，青春期的“早恋”问题。我认为青春期几乎必然存在“早恋”问题。而“早恋”十之八九不是德育问题（或“道德问题”）。因为在孩子生理上成长的同时，心理上必然也要跟着成长——《少年维特之烦恼》中说的“那个少男不善多情、少女不善怀春”就是这个道理。青春期的“早恋”与“叛逆”都是成长的表现，是一样的道理，成人社会应该欢呼“花季”（青春期）的到来。只有在这个前提下，再去考虑帮助孩子解决与“早恋”有关的心理与行为问题才可能有效。

由此可以看出：心理健康教育虽然重要，虽然是与道德教育密切相关的一个领域，但是心理健康教育与道德教育并不属于同一个范畴。

二、道德教育与政治教育

德育概念的泛政治化、过度政治化，对中国的德育来说，无疑一直是一个非理性的顽症。1949 年以后，德育观范畴越来越大的趋势之所以难改变，最主要是因为德育中包含着政治教育这样一个“敏感”领域——一个人如果过于强调德育的道德教育属性似乎就会有放弃社会主义政治教育的嫌疑。这乃是德育概念厘定的主要禁忌和问题所在。中国历史上对德育概念的划分曾经是比较清晰的：新中国成立前的三民主义教育、公民教育、训育、群育等都不属于德育的范畴。蔡元培等先生提出五育并举的时候德育指的就是道德教育。现在，在国外，所谓德育也仅指道德教育。那么为什么中国的德育会将政治教育吸收进来，甚至会产生泛政治化的倾向呢？大致上可以归结出三个原因：教育学上的原因——新中国成立以来，我国的教育学受苏联影响极大；文化传统上的原因——道德的政治化、政治的道德化倾向符合中国人的传统思维模式和追求全面的所谓“辩证”逻辑；而最重要的原因，则是现当代中国政治发展的逻辑使然。

考察历史我们不难发现：新中国成立后的德育概念泛化（尤其是政治化）并不是国民党遗留下来的历史遗产，而是从根据地革命与建设的实践中承袭而来的。在红军时期、抗日战争和解放战争时期，由于根据地处在老少边穷地区，交通不便，经济落后，中国共产党要想与装备精良的国民党以及日本军队抗衡，取得战争的胜利，就必须动员一切可以动员的革命力量，以全民参与的心态来面对战争。在教育上则无疑需要绝对地加强根据地的思想政治教育。根据地教育中所说的“德才兼备”里的“德”，其实首先是对政治立场的要求。所以在那个时期，德育政治化的倾向有其历史合理性。实际上根据地时期的教育在很大程度上也并不属于正常的“国民教育”，而主要是指面对根据地的党、政、军、群的成人教育，真正的国民教育的比重很低。根据地教育的目的是为政治或战争服务，培养革命所需要的各类人才。新中国成立后，政治教育当然也需要，但是显然应当“转型”。在基础教育领域，政治教育更应该受到慎重对待。尤其是对初中以下的低龄儿童而言，过多涉及政治教育（初高中可以适度涉及）并不符合儿童的年龄特征、生活实际和心理发展的规律。另外，根据地时期和新中国成立后的教育目标也不同。根据地时期培养的是革命需要的特定政治人才，新中国成立后的国民教育的目的是要培养所有国民成为共和国的公民，而非某一类人，这就决定了学校德育概念变动的必要。其实教育政策上早在 1956 年中共八大提出将国家工作的重点从阶级斗争转移到经济建设上来的方针时就应该注意将政治教育和道德教育的关系明晰化。从这种角度讲，德育概念的变革被推迟了至少半个世纪之久。可喜的是德育概念的这种转变已经开始了。2004 年中共中央 8 号文件就叫《中共中央国务院关于进一步加强和改进未成年人思想道德建设的若干意见》，“思想道德建设”的概念取代了过去“思想政治教育”或“政治教育”那样的表述。对德育概念的理解正在往正确的方向发展。

实际生活当中，政治与道德的关系基本上有三种：(1) 纯政治问题，这类问题无关乎道德和道德教育；(2) 纯道德问题，这类问题无关乎政治和政治教育；(3) 既属于政治又属于道德的问题，这类问题同时关乎道德教育与政治教育。在战争中，政治上是敌人的敌我双方，在道德上有可能是无法只依据敌我区分好坏的。一方士兵在埋葬对方英勇战死的士兵时可能是带着崇敬的道德心情的，因为战死的士兵虽是政治上的敌人，可是在道德（忠、勇）上却可以是值得尊敬的。这是政治教育与道德教育可以分离的典型例证。而有的时候，政治教育与道德教育又是无法分离的。比如说爱国主义教育，既是政治教育又是道德教育，是二者的交叉融合。因此，国民教育尤其是基础教育，应当在加强道德教育的基础之上谈政治教育——如果个体对做人的基本道德尚且不知，那么如何能够担当治国平天下的使命呢？政治教育与道德教育正确的逻辑顺序应该是：首先，基本的品德教育是政治教育的基础。这也符合道德教育自身发展的阶段性，早期的道德教育力图解决的是具体的生活课题而不是那些政治上的比较抽象的问题。其次，政治教育本身是重要的，是需要科学化的，不能因为基础道德教育的重要就忽视、否定政治教育的重要性。无论是国内还是国外，都有所谓的“政治教育”、“公民教育”或是“民主教育”，虽然叫法不同，但是都是重要的。因为从理论上说，所有的人都要过政治生活，如同每一个个体都要过经济生活一样。就比如，在投票选举的时候，只有三种可能性存在——赞成、反对或弃权，没有第四种可能。任何人都必须有一种选择，而每一种选择都必然代表一种政治态度，都会产生会影响每一个人的政治结果。所以健康的教育必然担当着培养具有理性政治行为能力的青年人的责任，学校有责任帮助孩子们顺利完成他们的政治社会化的任务。

在处理二者关系方面，我觉得一个特别需要强调的问题是：在中小学教材的编写工作上应该慎之又慎，非经典的知识应该尽力排除在中小学教材之外（可以列为参考资料、用作讨论的话题），鲁莽而为的结果是很可能摧垮孩子对某一学科领域的信心，贻误对其进行道德教育、政治教育的最佳时机。尊重发展和教育的规律，可以避免基础教育走弯路，使我们的德育更健康，也更容易被接受。

三、道德教育与经济教育

经济教育在中小学教育实践中的比例正逐渐扩大，这是由于实际生活的需要。但是道德教育和经济教育还是有很大区别的，主要由于道德规则和经济规则有很大的区别。

人类的生活在分配各种利害关系的时候有不同的准则。道德准则和经济法则是最基本的规范尺度，但是二者也是极易被混淆的。比如，很多人主张德育要适应社会主义市场经济的需要，这本来是对的。但是这一说法往往会慢慢地被误解为只要经济规则，一切道德的要求都是“假、大、空”的东西，是在唱高调。正是因为这种思想影响，一些地方曾经在前几年将“勤劳”“节俭”等基本德目从《中小学生守则》等文件中剔除了。其实“勤劳”“节俭”等概念是与时代同步发展的，所以“节约中国”与“提前消费”并不矛盾。日本教育家小原国芳就曾在日本经济迅速发展的时候针对性地提出过“富”的教育——既要教会学生努力创造财富，又要教育学生正确对待财富，有正确的财富观。我们今天也特别需要这种“富”的教育，以便让学生更好地驾驭财富，让财富帮助他们而不是毁了他们。因此，如何在逐步走向富裕的生活中把握好自己，是经济教育和道德教育应该共同关注的问题。但是倘若将二者等同或是混淆，就极容易陷入“道德教育即经济教育”的思维陷阱，这样就在无形中消解了德育的概念。

形象地说，道德规则就像是南方的游戏“抵棍子”（利他，彼此将利益推出去），而经济规则则遵循“拔河”（利己，将利益拉过来）的规则。经济规则讲究使自己的利益最大化，人们在寻求利益最大化的博弈过程中调整个人和社会、他人的关系，达到利益平衡，因此它的出发点是利己的；但是道德规则在调节人际关系中却始终是超越或者利他的，用限制自己甚至利他的方式解决利益冲突。对于所有个体和社会而言，我们需要的是经济规则和道德规则的统一。缺失经济规则的个体虽然具备了某些道德品质却可能丧失了道德行为的能力基础。因为做一个道德的人并不是单单具备道德品质就足矣，过去批判没有济世之才的人只能“临危一死报君王”就是这个道理。而仅仅服从经济规则，则会导致生命质量的降低，产生心理学家马斯洛所说的“超越性病态”，即一个人的生活水平富裕到一定程度以后，如果没有相应高一级的道德追求和其他真善美的追求，就会失去生存的意义感，感觉生活寂寞、枯燥、无意义。这也是导致许多生活物质条件很好的个体自杀的原因之一。

德育唱高调固然是不足取的，可是现在学校德育面临的问题是我们的德育在“唱低调”，学校德育常常对社会的负面道德现象保持缄默，同时误视诚实、勤劳、节俭等基本、传统的德目为“高调”，这是缺乏理性思考的，是非专业、不负责任的教育观念。就是说道德教育固然要“从天上回到人间”，但是“回到人间”可不是“回到狗间”[①]！

所以，教育领域内的经济教育和道德教育都是不可缺失的，若我们把道德教育等同于经济教育，道德教育就有被消解的危险。这种思维在建设社会主义市场经济过程中是极端危险的。人们视学校为社会的良心，学校不应该脱离实际生活（包括经济生活）太远，但是“德育回归生活”也要求学校教育实事求是、理直气壮地弘扬正气、培育良知。

---

① 这里的“狗间”一词只是为求行文生动而作的隐喻，而非脏话。

四、道德教育与法律教育

社会上很多学者（尤其是一些法律工作者）认为："不要搞什么德育，只要法治教育就可以了"，法治教育完全可以代替道德教育的功能。这种观点似乎有其合理性的一面，但是也有严重问题存在。

法律和道德有相互交叉及相互区别的关系。但是总体而言，法律和道德在本质上是同一的。从某种意义上说，法律教育就是道德教育，二者并不是对立的。每一条法律的背后都暗含着"你不能做……"这样的道德律令，法制也是道德的约束。实际上我们可以说法律其实是界定了人类行为的最低道德底线：在这个行为底线以上的属于人们一般认为的道德问题，而在这个底线以下就是触及了法律（表面上属于法律的范畴，但其实是更严重的道德问题）。

如果学校教育只进行有关法律的教育的话，那么约束人类行为的底线就降到最低了，这样的教育肯定是有残缺的，是一种极其保守、消极、危险的教育。而道德教育的意图是保证个体行为一直处于法律的底线之上，是一种"取法乎上"的积极姿态的法治教育。一个道德高尚的个体，违法的可能性极少。所以在学校教育中，既需要消极的教育，同时也需要积极的教育。在现代文明和法治社会中，无论对于社会或者个人，法治教育当然很重要，但不能因为说法治教育重要就可以让法治教育取代道德教育的地位和角色。如果那样，法治教育本身也搞不好。比如学法的目的本应当是守法，而一些德行恶劣的人学习法律的动机未必就是守法。他可能是研究如何钻法律的空子，比如学税法是为了偷税。法治的精神（实际上就是道德精神）不在，当然就没有真正意义上的法治教育。这时就连法治教育本身都需要道德教育来补充单纯法律知识教育的不足，以便规范人们的思想和行为，达到真正守法的目的。

几年前江泽民提出"以德治国"后，很多人曾经将"以德治国"和"依法治国"对立起来，好一番争论。其实，毋庸置疑的结论只能是一个：我们同时需要以德治国和依法治国。同理，就学校德育的话题来说，中国社会急需法治教育和道德教育的结合，二者形成相互帮助、互相协作的关系。

五、道德教育与习俗教育

习俗教育并不是教育界热衷的话题，但我仍然认为有必要提一提。

俗话说“入乡随俗”，习俗教育是道德教育的一个非常重要的实践策略。道德交往中对人的尊重总是以一定的文化形式如习俗表现出来的，这种形式因为文化的不同而有所不同，比如握手、拥抱等礼节，各个国家、地区各有不同，常常没有对错之分。在人与人的交往中，一个人必须了解他人或另一个国家、地区的习俗，否则很有可能冒犯他人。习俗使用不当往往会得到事与愿违的结果，在外交场合尤为禁忌。2005 年卡米拉访美，就由于忽视习俗问题引起过一场又一场的风波（比如穿大红衣服去凭吊“9・11”罹难者）。同时道德行为本身也应当关注自身与习俗的关系，因为习俗的背后常常隐含着道德，或者，道德愿望总要在一定的习俗形式中表达出来，比如握手、拥抱、贴面等就是表示对他人的欢迎和尊重的价值观念。如果抛却习俗，道德就失去了表达的形式和载体，因此，从某种意义上讲，相关习俗教育也是道德教育的一个重要组成部分。

在教育实践中，处理不好道德与习俗的关系就可能导致误解的产生，反过来说，道德和习俗适当的分离也是很重要的，即不必把具体的规范看得过于重要。以前的小学课堂里，学生必须双手交叉放于背后，挺胸收腹。这样的坐姿让小学生上课时身体高度紧张，教学效果并不理想，可是却因为一些“道德”的理由（比如“遵守纪律”“集体主义”等，其实与这些无关）坚持了几十年。后来我们发现完全没有必要，现在说改也就改了过来，且并无什么不良反应。所以文化上的差异造成的习俗的差异本身是不能直接被拿来做道德高下上的判断的。

与习俗教育密切关联的一个问题是礼仪教育问题。礼仪教育近年比较热。但礼仪教育要做好，就既要教儿童“洒扫应对”的功夫，又要教他们“明心见性”的真谛，让他们知道“礼由心生”的道理。做一个内心善良、彬彬有礼的人，这才是完整的教养的目的！

因此在道德教育过程中，有两个值得注意的倾向：一是一概否定规范、习俗的教育。或者，如有的学者那样，认为“规范、习俗的教育不是德育”！

其实不然，没有规范、习俗，道德就失去了表达的形式。因此规范、习俗教育可以也应当是德育的一部分，只是不能对其做机械化和刻板化的理解。二是把习俗问题看得过于严重。将规范的问题看得过于绝对，就失去了理性的一面。其结果是教育变成了僵死的规定、机械的训练，而习俗本身却会因时因地流变不止。习俗教育和道德教育的关系是交叉又很密切的关系：道德教育包含一些习俗教育的成分，而习俗教育既包含道德的成分也包含非道德的成分。对于二者区别和联系的适当理解，对于从事道德教育的人来说是很重要的。

六、道德教育与私生活

现代社会的重要价值观念或者生活原则之一就是：在某些时候，对私生活不能做过多的道德判断。在某些时候道德教育不能侵入私生活的空间，在中小学基础教育中尤其应该这样。这就是说，道德教育要有时间、空间的限度，适可而止。因为过度就意味着侵权，侵犯了个体的隐私和尊严，限制了属于个体的自由，等等。在社会生活中，每个人都担任不同的社会角色，在不同的场合需要变换不同的社会角色，因此道德生活的存在不能过度侵占属于个体的私生活的空间。因此确认私权观念、调整教学行为、让道德教育成为最人道的事业是当代德育工作者的重要任务，而其中的关键就在于“调整教学行为”。其实只要你能“确认私权观念”，教学行为的调整也不难（总会有办法）——比如语文老师不要批改学生的日记，代之以批改“每日一练”！

但是需要说明的是，除了个体享有私生活的自由权利需要保护之外，对私生活的价值及品味问题也需要严肃思考，最起码，私生活不能以伤害自己的尊严、健康为代价。有些个体抱着尝试的心情体验某些极端消极的私生活形式（如吸毒），往往会带来无法弥补的后果。现在，社会上很多糜烂的东西、腐朽的东西往往就是在“私生活自由”“个体权利”的包装下肆无忌惮、光明正大地走进并且侵蚀人们的生活，其结果不但伤害了自己，更给整个社会带来了不必要的纷扰，导致社会文化的畸形发展。学校教育要做的首先是要保护学生的私生活自由和相关权利，但这并不意味着学校教育可以在学生的私生活问题上无所作为、完全放任。教师可以通过诸如和孩子讨论如何处理自己的私生活空间以及以怎样的态度对待私生活是相对正确的等等，承担教育的使命。

关于道德与社会习俗的不同、道德与私生活领域的关系，国外的许多专家均有研究，例如美国的拉瑞·纳希（Larry P. Nucci）教授在他的《道德领域的教育》（*Education in the Moral Domain*）一书中也有十分精彩的论述。有兴趣的同人不妨读读。

以上的讨论虽然是道德教育的概念问题，却是和教育实践密切相关的。分析、厘清这些概念之间的关系，虽纯粹是哲学、逻辑的功夫，但对教育实践却是很有益处的。我一直认为，教育学并不是玄之又玄的东西，教育学是具有强烈实践性的学科，真正的教育学知识应该在指导具体教育实践上做出应有的贡献。

以上的讨论主要是在概念间关系的厘定上进行的。但是这些厘定并不完全是前后左右的关系问题。其实这一讨论已经涉及了我们开头言及的德育的高低、上下问题。以下我们以“德育回归生活”为例简要讨论一下德育的高低上下问题。

最近几年，“德育要回归生活”的口号非常响亮。但是德育要回归什么样的生活呢？是任何生物都具有的自然生活，或者泥沙俱下的现实生活的全部，尤其是人的向下沉沦的生活层面吗？如果这样，人和其他生物就没有根本的区别，这样的对“生活”的理解显然是不完整的。因此，“道德教育回到人间”的这个“人间”是要回到真实的人间。真实的生活当然包括柴米油盐，但其中也包括物质需要和欲望以外的东西，包括那些使我们人类高尚、伟大的东西。我们以前的道德教育的不完整之处在于将生活的高尚精髓从生活中抽离出来，将之看成是生活的全部，其结果是德育的“假大空”。而今天道德教育又有将生活全看成是低俗样态的危险，将“德育回归生活”看成回归低级、向下沉沦，如此一来，“道德教育回到人间”实际上不是回到“人间”，而是回到了“狗间”，道德教育在逻辑上也没有存在的必要了。将道德教育等同于法治教育、混同于经济教育，也有将德育目标定位太低的危险。所以，对于德育的“天上”和“人间”的关系问题需要做出适当的解释和处理。这一问题涉及德育目标的制定、德育内容、德育方式的选择等等。

倘若处理不当，就会出现一些不可小视的问题。

总而言之，“道德教育的边界”包含两层意思：过左或过右不行，过高或过低也不行。厘清道德教育的边界对于我们正确地理解、有效地实施德育肯定是有重要帮助的。

第三节　教师的德育专业化

2007 年，《教育研究》曾经邀约蓝维、易连云、迟希新、王小飞及笔者一起在该刊上专门展开过“德育专业化问题笔谈”[①]。之后，笔者继续利用与北京市教委的合作项目（北京市中小学德育专家资源库建设）、香港田家炳基金会合作项目（学校德育推进计划）的机会不断思考、实践“教师德育专业化”这一命题，并已公开出版了与这一命题直接关联的项目成果《教师德育专业化读本》（教育科学出版社，2012 年）、《走向德育专业化——学校德育 100 问》（华东师范大学出版社，2012 年）等。但是与笔者的热切期待相比，“教师德育专业化”迄今还远远没有引起教育理论界、有关决策部门及教育工作者的应有关注。而作为一个德育专业工作者，笔者一直希望对“教师德育专业化”的倡导能够引起更多、更广泛的关注。这不仅仅是因为个人的学术兴趣，更多的是因为这一命题实在关涉德育实效的提升、教育本质的保障，以及教育现代化的真正和完整的实现。因此，笔者再次抛砖引玉，集中讨论为什么要提出“教师德育专业化”的命题、“教师德育专业化”应有的维度与内涵是什么、如何实现“教师德育专业化”三个子命题。

一、为什么要提出“教师德育专业化”的命题

我们可以从教育根本性质的保障、教育现实问题的解决、教师专业化概念的缺损三个维度来讨论“教师德育专业化”命题提出的必要性与重要性。

（一）教育的本然：没有德育就没有教育

教育应当具有“教育性”，这是一个公理性命题。

① 蓝维．教师德育专业化笔谈［J］．教育研究，2007（4）．

对于这一本然命题进行卓越论述的教育学家数不胜数。这里不妨枚举一中一外两个例子。一个是著名教育家赫尔巴特的论述，他关于“道德是教育的最高目的”以及“没有离开教育的教学，也没有离开教学的教育”[①] 的论述在世界范围内一直为人们所津津乐道，就是因为他对德育与教学的关系、德育对教育根本性质的保障作用做出了卓越论述。另一个是我国台湾学者陈迺臣的论述：“教育应该包含有教导和学习的因素在内，但反过来说并不一定为真。亦即有教有学的行为或活动，不见得就是教育。这是因为教育本身也是一种价值性活动”[②]。因此，“教育是一种善意（良善之意向）的活动”[③]。赫尔巴特与陈迺臣的论述都是对教育之“教育性”（价值性）公理的肯定，也是对德育之于整体教育性意义的有力确证。

但人类一个非常荒谬的特征乃是，我们承认的公理常常得不到我们应有的尊重。在教育领域没有人否定过教育的价值属性，但是人们日常生活中对“教育”形态的认知常常又狭隘到只包括教师对学生的知识、技能的教学等。换言之，尽管教育的价值性毋庸置疑，教育的价值性需要通过德育系统的具体存在得到落实或者保障也毋庸置疑，但是真正考虑落实教育的价值本性的教育制度设计与教育实践安排却一直曲高和寡。

与之相联，现实的问题是：当教育的“教育性”保障无法实现的时候，反教育的“教育”就会产生。这一点，只要看一看世界范围之内反道德的教育诸病象就不难理解。因此，如果德育的概念得到专业、理性的界定（如德育并不仅限于专门的“德育课”），所有从教者作为德育工作者的天命就必须通过“教师德育专业化”等具体途径去实现。没有德育就没有教育，因此没有“德育专业化”当然就没有完整、健康、科学的“教学专业化”、“班主任专业化”、“校长专业化”和“教育专业化”概念。而抽掉“教师德育专业化”，教育领域其他的专业化就失去了灵魂，就会变质。

因此，“教师德育专业化”在这个意义上说不是一个现时代的新命题，而是一个具有普世性、永恒性的教育之规律性要求。

---

① 张焕庭．西方资产阶级教育论著选［C］．北京：人民教育出版社，1979：259－260，267.

② 陈迺臣．教育哲学［M］．台北：心理出版社，1990：223－224.

③ 陈迺臣．教育哲学［M］．台北：心理出版社，1990：223.

（二）时代的呼唤：教师专业品质的建构需要德育维度

如前所述，当教育的“教育性”保障无法实现的时候，反教育的“教育”就会产生。因此，从比较迫切的教育现实问题的解决入手，我们也不难看到“教师德育专业化”的必要性。

我们不妨从对中国德育、教育的一系列负面现象的观察、分析入手。2011年“绿领巾”事件①刚刚出现时，笔者就曾和同事笃定说：如果我们的某些东西不变，“绿领巾”事件就一定会以别的形式重现。果然一语成谶，几天之后就出现了“红校服”事件②。两个事件，一个是“激励后进生”，一个是“奖励优秀生”，故事情节不同，但不同症候背后的教育病理却完全一样——罔顾教育的基本伦理、违背德育的基本规律。

十分吊诡的是，哪怕现实的教育再畸形，我们仍然不能说当事的学校、教师是不关心学生的品德“成长”、学业“进步”的。事实上，在中国这样一个“伦理型”文化中，许多教师不仅在意学生的品德，而且恰恰是在千方百计地用经验上、自我感觉上“可能正确”的方式去不断努力“提高德育的实效”“促进学生的成长”而屡屡“好心办坏事”的。问题的症结在于：由于缺乏德育专业化教师培育，教育工作者有关德育的教育观念、专业能力不足。所以，即使某一次课、某一个现象我们注意到了，并努力防止再次“出事”，可是因为教师队伍的德育专业能力没有建设上去，有一天问题就一定还会在另外的地方以另外的形式出现。所以从对许多教育病态的观察与分析中，我们不难觉察到一个非常重要的命题，那就是当古代经验型教师要向现代专家型教师转型时，德育作为一个专业的维度必须被明确地提出来。否则，不仅德育会出问题，而且全部教育都会病态化。像“绿领巾”事件等就不单是德育的局部问题，而是事关整体教育品质的大病症。

如果说应对德育的现实问题是“教师德育专业化”必然要求的一个消极维度，那么主动回应当代社会发展对于教育品质的更高需求则是“教师德育

---

① 马丽．“绿领巾”事件：到底是什么“变色”了［EB/OL］．http：//hlj.rednet.cn/c/2011/10/19/2403313.htm.

② 张玥．中国网事：优等生被广告，包头一中学“红校服”引争议［EB/OL］．http：//news.xinhuanet.com/society/2011-10/28/c_111131339.htm.

专业化”历史必然性的另外一个积极维度。以中国基础教育为例，人们已经从让孩子“有学上”的阶段逐步过渡到让孩子“上好学”的阶段。越来越多的家长希望学校和教师能够重视、呵护、促进孩子的精神成长，使之成为品德优秀、精神强大、具备幸福生活能力的一代新人，而非仅仅能够进行简单读、写、算，或者仅仅能够进入大学学习。虽然世界各国的发展程度不尽相同，但是对教育品质的更高需求已经逐步成为全球当代教育的主要趋势。与这一教育需求的历史性变革相对应的，当然必须是教育的历史转型——从量的扩张到质的追求，进而是教师的历史转型——教师必须从一个经验型的“教学”工作者逐步发展成为具备德育等更全面的专业能力的专家型“教育”家。

因此，在全球范围内，依据社会发展对当代德育现实的迫切需要，以及教师专业化的发展趋势两个方面的分析都不难得出这样一个结论——从现在开始的教师专业化新阶段的最突出特征是对“教师德育专业化”的强调。简而言之，教师专业品质的建构对德育专业维度的诉求是一种时代的呼唤。

（三）概念的缺损：两类错误的假设

尽管人们对于教师的工作是否为一种“专业”存在不同的意见，但是我们仍然可以说教师职业的专业化是人类历史上一个重要的里程碑。但是“教师专业化”又是一个远未完成的历史任务。这是因为迄今为止的教师专业化概念还是一个未完成的残缺概念。这一概念的缺损至少表现在以下两个十分重要的维度上：

第一个概念缺损是指“教师专业化”的范围只限于教师，而没有扩展到与教师工作有关的全部教育领域。2003 年，在联合国教科文组织有关教师专业标准的研讨会（上海）上，笔者曾经建言，希望用“教育专业”的概念取代“教学专业”或“教师专业”。因为后者的一个致命的缺点在于只要求“士兵”（基层教师）专业化而忽略了“将军”（高层教育官员）的专业化。笔者曾经直接与来自威斯康星大学（UW-Milwaukee）的一位美国同行交流：即使在发达国家如美国，也没有完整的“教育专业”概念——因为美国只有“教师资格证书”“校长资格证书”，却没有对高于校长和教师的教育官员和公务员提出教育专业要求的资格证书制度。毫无疑问，这种只要求“士兵”却不要求“将军”的“专业化”概念不仅不公平，而且十分危险——在包括德育在内的任何一个教育领域，如果决策没有实现专业化，则具体工作绩效越高往往越危险——就像如果指挥员指示瞄准的方向有误，则士兵枪法越准损失越大。

第二个概念缺损是指“教学专业（化)”或“教师专业（化)”常常不包括德育的成分。迄今为止，除日本[①]等少数国家之外，大多数国家的教师专业化的重点都是教学的专业化（虽未明说)。如果说对德育维度有所关注的话，教师专业化也仅仅关注了与德育相关但并非德育本身的教育专业伦理(或教师伦理）维度。人们仅仅从一般“专业”标准中必有“专业伦理”的逻辑出发推演出了教育专业伦理或教学伦理范畴，却无视德育本身也需要“专业化”的现实要求与教育规律。这就使得迄今为止的“教学专业（化)”或“教师专业（化)”等概念因为德育这一必要内容的缺损而成为一个未完成的残缺概念。然而，教育的现实情况是：一方面，教师们大学毕业拿到教师资格证书时基本没有学习过如何做德育，在继续教育过程中对德育的学习也是偶然和不系统的，故几乎所有教师都在以“摸着石头过河”的方式从事德育；另一方面，现代教育与心理科学已经在德育理念、德育基础理论、德育策略与技能、品德及德育心理等许多维度累积了十分丰富的研究成果，但这些成果只在各大学教育科学学院内部即教育研究者圈子里面循环，而几乎与一线教师和其他实际教育工作者绝缘。

因此，“教师专业化”概念的缺损也是论证“教师德育专业化”概念建构必要性的一个重要维度。如果我们再不做最迅速的改变，则不仅这个概念本身是有缺损的，更危险的乃在于现实的教育病态很难得到根除。所以，基于教育的本性、基于时代的需要、基于对“教师专业化”概念本身缺陷的弥补，在更广泛的范围内确立“教师德育专业化”的命题，无疑是教育界十分必要、迫切的任务。

---

① 日本小学、初中的所有学科的教师在取得相关教师资格证书时有学习两个学分的道德教育（讨论如何做德育）课程的明确要求。

二、"教师德育专业化"应有的维度与内涵是什么

由于"教师德育专业化"命题本身尚未得到应有的关注，这一概念的内涵与外延当然都是一个待构建的对象。笔者将从以下三个维度列举一孔之见：

（一）类型："教师的德育专业化"与"德育教师的专业化"

德育从形态上说可以划分为直接德育、间接德育、隐性课程意义上的德育三大类型，如果将后两者合并，也可以说是直接德育和间接德育两大类型。因此，假定我们完全认可所有教育工作者都是德育工作者这样一个观点，教师仍然可以划分为两个类型：专门的德育工作者和非专门的德育工作者。前者指所有专门或者直接从事德育课程、活动的教师，如承担思想品德等课程教学的德育课教师以及班主任、德育主任等，德育是他们的专职或主要工作之一；后者指承担一般文化课教学或其他学校教育工作的教师，他们的主要工作首先是某些非直接德育课程的教学和服务等。基于这一认识，"教师德育专业化"当然就有针对非专门德育工作者、专门德育工作者两个不同类型教师提出的不同专业化，或称"教师的德育专业化"和"德育教师的专业化"。

首先，关于"教师的德育专业化"，即非专门德育工作者的德育专业化要求。如果我们认可所有教师都是德育工作者，那么反过来对非专门德育工作者的专业要求也可以理解为对所有教育工作者的德育专业要求。无论在学校工作的哪个岗位上，由于教育本身的价值属性或者"德育性"，所有教师，不管是数学、物理、化学还是音乐、美术、体育课教师，都负有德育，尤其是间接德育的责任。因此，每一个教师就不仅要自觉遵守教师的专业伦理，还必须责无旁贷地像了解、掌握本学科教学法一样去了解、掌握必要的品德心理及现代德育的基本理论，具备对学生进行合适的间接德育（含利用隐性课程开展德育），甚或适时开展某些必要的直接德育的专业能力。故"教师德育专业化"的第一步，应该是尽快建立对所有教师的德育专业素养标准。

其次，关于"德育教师的专业化"，即专门德育工作者的德育专业化要求。鉴于德育是专门德育工作者或"德育教师"直接和主要的工作责任，故

对他们的德育专业素养的标准或者专业要求显然应当大大高于对一般教师（非专门德育工作者）的要求——就像心理咨询师在学校开展工作所需要的专业能力标准应当大大高于一般教师所应了解、掌握的心理健康教育的专业水平一样。非常遗憾的是，迄今为止专门德育工作者的“德育专业化”水平也处于十分低下的状态。在中国，小学“品德与生活”“品德与社会”的科任教师一般是由语文、数学教师（或班主任）兼任的，新教师在入职的时候只是语文、数学教师，一般没有接受过与德育课程直接相关的教育专业训练。而中学政治课（“思想品德”“思想政治”）教师，则基本上是由各师范大学的思想政治教育专业培养的，而这类师范生培养的主要课程设计与数学、物理教师的培养模式并没有实质上的不同——主要课程仍然为学科专业课程（像数学系学数学一样，政教专业的主要课程是哲学、经济学、政治学等）、公共教育学和公共心理学、学科教学论（或教学法）、教学实习等几个固定模块。前述德育课程教师的培育模式没有充分考虑德育课程与教学的特殊性，德育心理学、德育基本理论、学校德育实务、班主任工作等专门德育专业课程的学习基本没有涉及。这就说明，现行德育课程教师的培养存在一个前提性错误——人们将专门德育师资（德育教师）当作非专门德育师资（一般学科师资）去培育了。就是说，人们假定直接德育课程教学与数学、物理等一般文化课程教学的性质是一回事。德育教师的培育完全无视德育的特殊性、规律性的现象表明：与非专门德育工作者相比，“德育教师”的“德育专业化”发展在教育现实中的缺失可能还要大得多。

总而言之，“教师德育专业化”最主要的维度可以表述为“教师的德育专业化”与“德育教师的专业化”两个方面。目前这两个方面的德育专业化都尚未真正开始。

（二）内涵：专业伦理、专业知能

除了“教师德育专业化”的类型或者维度，“教师德育专业化”概念的具体内涵也是一个亟待研究的课题。如果我们撇开教师素养中应该包括的一般文化素养、相关学科素养，仅就与德育直接相关的“教育专业素养”而言，“教师德育专业化”的内涵至少包括专业伦理和专业知能（知识与技能）两个方面。

专业伦理实际上又存在两个维度：一个是在经验型教育阶段就已经存在的教师职业道德；另一个是在德育专业化阶段有更高要求的教师专业伦理。人类几乎从有教育活动开始就知道教师与德育的自然关联，因而自古各国都有“身教”之说。但是在古代社会尚未实现专业化的经验教育阶段，人们对教师的职业道德要求只限于抽象的“以身作则”。而到现代社会，教师的“专业伦理”取代“职业道德”概念不仅意味着对教师的伦理要求更加“科学”(师德规范建立在伦理学、教育学、心理学、法学等现代学科知识的基础之上)，而且意味着这些伦理要求更加规范、具体，具有可操作性。比如，1975 年美国国家教育协会通过的《教育专业伦理守则》除了在前言部分言明教育工作者的一般伦理原则之外，还分别提出了 8 条具体的“对学生的承诺”和 8 条“对专业的承诺”[①]。我国香港地区 1995 年由“教育人员专业操守议会”通过的《香港教育专业守则》则明确了教师对专业、学生、同事、雇主、家长以及公众的义务共 74 条，以及教师的一般权利、作为专业工作者和雇员的权利共 25 条[②]。如果考虑“教师德育专业化”，则教师的专业伦理又将发展到一个更高阶段——就是说，许多现在没有明确的教育责任与权利都将进入专业伦理的要求；而一些与德育专业化相抵触的现行师德规范则必须做相应的调整。比如，当人们知道任何一种教学方法或者师生互动方式都会在价值上构成潜在的德育影响（隐性课程）的时候，在经验教育阶段因为没有认识到而不被指责的许多不规范行为都会被新的教师专业伦理所明令禁止。果如是，则“绿领巾”事件就会在最广泛的范围之内从根子上杜绝。一句话，未来“教师德育专业化”将与教育专业伦理建设形成相互支撑和共同发展的态势。

至于“教师德育专业化”的德育专业知能（知识与技能）方面，虽然待研究的课题甚多，但是我们至少可以以现在已有的认识基础展开讨论。在《走向德育专业化——学校德育 100 问》前言、《教师德育专业化读本》序言中，笔者曾经分别提出过“德育理论、德育流派、德育实务的学习及德育热

① 檀传宝．教师伦理学专题：教育伦理范畴研究［M]. 北京：北京师范大学出版社，2010：174－176.

② 檀传宝．教师伦理学专题：教育伦理范畴研究［M]. 北京：北京师范大学出版社，2010：177－185.

点问题的研讨”4个知能模块和“德育观念、德育实务、德育理论流派”3个知能模块的一般“教师德育专业化”的课程内容设计。两种设计，尤其是第一种设计，不仅兼顾了德育理论与德育实务，而且为了确保德育理论知识学习的开放性和德育实务技能学习的实践特性，还引入了德育流派的学习、德育热点的研讨等维度，是一个相对全面的模块设计。但是这两种设计都是基于不同的实际任务而做的针对性工作，既基于我们的专业判断，又有相对局促的一面。我们可以设想，在有关“教师德育专业化”的知能学习设计上，除了德育原理、品德心理学这类已经稳定的教育专业课程之外，德育哲学、德育社会学、德育美学等理论课程，以及班主任工作、德育课程与教学、德育活动的组织与设计、师生关系与德育等实践性知识的学习都应该进入未来“教师德育专业化”训练的课程体系。我们可以对专门德育工作者与非专门德育工作者提出不同的课程要求，但是具备从事现代德育工作的专业伦理、德育观念、德育专业知识与实践能力等，应该构成“教师德育专业化”的主要目标并成为未来新型教师专业化概念的核心内涵。

（三）过程：专业发展与德育专业化

无论是对“教师德育专业化”的类型还是内涵的讨论，都不应该局限于一种静态的分析。因为无论是教师整体还是教师个体的专业化都是一个历史发展的过程（“化”字本身就有过程的意味）。因此，关于“教师德育专业化”也应当从教师作为德育工作者的历史进程和每一个体教师专业发展的生涯阶段去展开讨论。

就教师整体而言，迄今为止教师作为德育工作者的历史可以粗略划分为两个阶段。第一个阶段是德育工作者的未分化时期。其对应的是经验型教育阶段，突出特征是教育几乎就等于德育，教师即人师或所有教师都是当然的德育工作者。这一阶段的长处是教育工作者高度重视德育，其缺陷是德育与全部教育一起均处于经验教育阶段。而这意味着这一时期的德育在“学科专业”（哲学、伦理学、政治学等）、“教育专业”（教育学、心理学等）上都处于发展水平极低的古代状态。第二个阶段是教师逐步分化为“专门德育工作者”和“非专门德育工作者”的阶段。与之对应的是近现代专业化教育阶段，其突出特征是由于近代哲学、伦理学、政治学等相关学科的分化与发展，德育的“学科专业”成为现实，德育逐步成为专门的课程与活动，承担德育课程教学与教育活动者成为“专门德育工作者”，许多德育议题、内容在“学科专业”（尚非教育专业）的解释上比以前更为专业。但与之相应，这一阶段的缺点是一般科任教师（非专门德育工作者）常常会误解工作分工，将德育工作的责任完全推给所谓的“德育教师”。同时由于专门德育工作者和非专门德育工作者应有的“德育专业”（有关德育的“教育专业”）标准尚未建立，教师在实现“教学专业化”的同时并未同步实现“教育专业”（教育学、心理学等）意义上的“德育专业化”。因此，未来教师专业化水平的更高阶段发展的主要任务、方向就应当指向完整的教育专业意义上的“教师的德育专业化”。

就教师个体的专业发展而言，专业化与职业生涯是一对相关概念。就是说，教师专业化不仅意味着静态的教师专业伦理、学科与教育专业素养、教育实务能力的建设等，而且意味着以上教师专业内涵的建构应当与教师的专业发展阶段（与教龄相关的发展实际）建立内在的联系。这就是严格意义上的教师资格证书制度——不仅包括在教师的准入阶段候选者必须获得从教资格，而且包括在岗教师也必须通过定期进行规定课程的学习来不断更新自己的资格证书，以确保资格证书在专业上持续有效（实质上意味着教师专业知识与能力的与时俱进的更新）——需要被建立的主要原因。显然，一个新手教师和一个成熟的专家型教师相较，二者所具备的专业经验、心理需求等差异甚大。故有效的教师专业伦理建设、德育专业能力建设的课程设计与学习安排都应该与教师的专业生涯特点相适应并促进其发展——这意味着社会应当设计、开发针对不同专业发展阶段的“教师德育专业化”的培训课程；不同教师个体则应当努力自觉寻找与自己专业发展阶段实际相一致的德育专业化的自主学习的内容与形式。

综上所述，“教师德育专业化”是在现代教育转型及教育科学高度发展的基础上针对所有教师提出的德育专业素养转型的时代要求与变革过程。其内涵、类型及实现过程都是需要认真研究的理论课题。“教师德育专业化”既是时代发展的必然要求，更是现实变革的强烈和迫切的需要。教育理论与实践工作者都应该对这一命题保持高度的关注，并努力促进这一人类教育史的伟大进程。

三、如何实现“教师德育专业化”

如何实现“教师德育专业化”，同样是一系列待研究的“教师德育专业化”重大课题之一。以下仅从教师专业能力建构的几大主体的角度阐发一些初步的设想。

（一）政策主体：政府可以做什么

作为教师教育和教育工作的管理者，各级政府及教育的领导者应有的努力首先是对“教师德育专业化”重要性的体认。没有对“教师德育专业化”对德育实效的真正提高、教育整体品质的内在保障的深入认识，就很难有政策和制度上进行变革的真正动力与意志。就政策的具体行动而言，至少应该努力进行以下两类变革：

第一，建立与“教师德育专业化”要求相配套的政策与制度。中国教育应该借鉴并超越一些发达国家（如日本）的做法，成为世界“教师德育专业化”的良好示范。最主要的努力应该包括教师资格证书制度的调整和教师教育安排的变革。关于教师资格证书制度的变革，应当通过仔细研究，尽快明确规定新教师在入职前必须完成有关德育的专业课程的学习才能获得教师资格；同时在教师资格定期更新时也应有针对在职教师的德育专业化的明确、具体要求，以促进教师德育专业方面的终身学习。关于教师教育的要求，则除了要保障提供与教师资格证书制度变革所要求相一致的全体教师德育专业化的学习条件（如建立“教师德育专业化”课程体系、培育基地等），还应该对目前“德育教师”培育模式普遍存在的重大失误采取坚决的针对性措施，大幅度提高对于直接德育工作者的“德育”专业要求。

第二，建立更完整的“教师德育专业化”政策体系。这里所谓更完整的“教师德育专业化”是指，德育专业化的主体——不仅包括教师，也包括教师的领导者，即从校长到教育局长、厅长、部长——都应有德育专业知识的学习安排，或者说，应该有针对各级教育部门公务员、教育部门领导人的关于德育专业化的明确、具体的要求。除了德育专业化本身的要求，教育系统本身的专业性也是这一要求的重要理由。教育系统与科技系统、卫生系统、国防系统一样，是一个专业要求较高的工作领域。这些部门的公务员岗位不能被视为可以不顾专业性而随意调动的职位。所有教育的领导者都应该是教育的内行，而非教育的外行；同理，所有德育的领导者都应该有对德育专业的足够了解和尊重。换言之，“教师专业化”的概念应该拓展为“教育专业化”。

（二）教育主体：大学可以做什么

这里所谓的“教育主体”当然是指教师教育的主体——大学。虽然随着终身教育制度的建立，大学也许不再是唯一的教师教育的机构，但是它至少仍然会是教师教育最重要的承担者之一。那么承担教师培育工作的大学应该对“教师德育专业化”承担哪些责任呢？

第一，应当大力加强对“教师德育专业化”的学术研究。时至今日，“教师德育专业化”还是一个尚未被普遍认可的命题。这就意味着不仅其重要性未得到广泛认可，更重要的是其具体内涵、类型、实现过程等核心问题都处于“待研究”状态。承担“教师德育专业化”任务的培训机构不应仅仅是类似于后勤机关那样的“管理机构”，而应首先是开展“教师德育专业化”研究的学术实体，大学教育学科的相关研究者更应加大对于“教师德育专业化”的研究力度。只有将“教师德育专业化”的诸多问题在理论上讲清楚，才能更有效地加快“教师德育专业化”的实践进程。在一定意义上说，德育研究本身也有一个专业化的问题，而且德育研究的专业化是所有德育专业化的前提。鉴于目前中国德育研究薄弱的现状，有关大学应该大力推进德育研究的专业化，或者大力推进真正德育学术的发展。

第二，要努力探索“教师德育专业化”的教育实践模式。在“教师德育专业化”研究中，德育专业化教育实践模式的探索尤为重要。在中国，我们需要努力完成教师教育的两大转型。一个转型是教师教育应该从较为封闭的、速成式的“师范模式”转为向所有符合条件的教育机构开放的、确保教师“学科专业”与“教育专业”水平同步提升的“后大学教师教育模式”，即使那些愿意投身教育事业并已经完成本科专业学习的大学毕业生再通过系统的教师资格证书课程的学习，成为具有较高“教育专业”能力的新型教师。“后大学教师教育模式”的建立对于德育专业化十分重要，不仅是因为人们对于教师专业包括德育维度的认识深入的可能性更大，更重要的原因是在后大学教师教育阶段，人们不必因为陷于“专业+师范”的窠臼而失去实现“教师德育专业化”的基本条件（如特定课程安排所必需的课时等)。另一个转型就是在前述转型的同时努力将对“教师德育专业化”的最新认识落实到教师教育的实践中，实现从经验型德育工作者培育到专业型德育工作者培育的历史转型。后者虽然可以理解为前者的一部分，但是由于迄今为止这一维度没有引起足够和广泛的重视反而具有特别的现实意义。大学或承担“教师德育专业化”任务的其他高等教育机构都应该对“教师德育专业化”的课程设置、教学安排、与国家相关的教育政策密切关联等现实问题做出认真的回应。

（三）实践主体：中小学及其教师可以做什么

相对前两种主体而言，中小学校尤其是中小学教师在德育专业化方面既处于消极、被动状态，又可以处于积极、主动状态。说他们处于消极、被动状态，是因为宏观政策、制度安排方面的变革对具体的学校、教师来说始终是一种外在的、不能操之在我的客观因素；而说他们处于积极、主动状态，是因为在各自自主的范围之内，学校、教师对“教师德育专业化”的推进实际上都是可以大有作为的。

第一，学校可以探索建立“教师德育专业化”的校本模式。学校如果认识到实现“教师德育专业化”的重要性、迫切性，就不能坐等宏观政策的调整。学校完全可以探索符合学校实际的校本“教师德育专业化”模式。比如“读书交流计划”“经验分享计划”等。所谓“读书交流计划”，指的是学校制定长期规划，每一位或者每一组教师按照学校整体规划在一年或一学期之内认真阅读一本德育专业著作，而后在适当时间向全校同行做阅读心得汇报。以有 100 位教师的一所小学为例，如果组织得当，3 人一组轮换，每月只需 1 组做 1 次阅读汇报，则 33 个月以后同一组教师才再轮到一次。这样，各组教师的阅读负担并不重，但是由于汇报对象是全校同行，一个周期后全校教师都了解了 33 本德育专业著作的内容，每一位教师的德育专业化水准都一定会因此而得到大幅度提升。“经验分享计划”是另外一种基于本校德育专业资源利用的计划，即以学校为平台，定期请教师以工作坊（workshop）形式分享各自德育工作的经验、得失，共同面对德育问题的挑战。

以上两种建议能够克服许多学校将“教师德育专业化”等同于那种单一、被动地接受外来专家培训的狭隘理解。其最主要的优点是实用、经济，具有较为普遍的可行性。

第二，教师应当自觉做自身德育专业化的主人。如果学校都能成为积极的角色，那么“教师德育专业化”的直接主体——教师的主体性、主动性显然就更大。而且如果没有教师个体德育专业化的主体性、主动性，中小学校、大学、政府部门等的“教师德育专业化”努力也自然就失去了起码的根基。教师除了可以主动寻求校外学习的机会、积极参与校本模式的德育专业化活动之外，应该也完全可以基于自己的实际设计各自德育专业化的自我发展路径，如设计完全适合自己的发展计划、学习内容、学习方式等。教师自我德育专业化路径十分重要，因为任何组织或集体性的继续教育安排都无法完全具体关照到每一个个体的专业发展需求、职业生涯实际等。每一位教师都应该有十分清醒的德育专业化自觉，基于终身学习的立场果敢行动。

第四节　经济教育与道德教育

改革开放特别是我国确立发展社会主义市场经济以来，学校教育尤其是学校德育如何适应社会经济生活就一直是教育理论和实践必须面对的时代课题。

2003 年 11 月，《德育报》记者曾经在一次专访中就某市教育委员会在《中小学生守则》中删去“勤劳”“节俭”两德目征求笔者的意见。笔者毫不犹豫地回答：这种做法肯定是错误的。虽然随着知识经济、市场经济时代的到来，“勤劳”“节俭”等德目的伦理内涵发生了变化，但是“勤劳”“节俭”等仍然是古今中外学校德育都应该培育的基本美德。就是说：虽然劳动概念中脑力劳动的比重在不断增加，但“勤劳”仍然是任何社会健康发展的根本；虽然必要的消费对于现代经济意义重大，“新三年，旧三年，缝缝补补又三年”的旧的节俭观已显过时，但是“节俭”美德本身对于当代市场经济社会的重要意义也前所未有地凸显出来了。

由许多类似问题诱发产生的一个根本思考就是：到底如何看待经济生活与道德教育的关系？道德教育必须坚守的底线在哪里？或者，学校德育应当如何适应社会主义市场经济的现实？

笔者认为，要正确处理经济生活与道德教育的关系，我们至少应该确立以下三大重要的教育命题：

一、高度重视“经济教育”

教育、德育与生活的联系，当然包括教育与经济生活的关系。在一个“负利率”时代，一个个体如果没有基本的理财能力，就只能听任自己的劳动所得为通货膨胀等机制所白白侵蚀。这不仅是个人生活的悲哀，也是一种社会公正的丧失。因此，如果我们的孩子对社会经济发展、个人经济生活一无所知，“财商”低下，他们的幸福生活能力怎么可能是健全的？因此，好的教育、好的德育在当代社会都必须高度重视“经济教育”这一时代课题，并予以正面、切实的回应。

这里所谓“经济教育”，包括两个方面的内涵：

一个方面是价值性较弱的领域——经济学知识的教育。银行、股票、债券等知识的传播，基本与其他文化课程没有实质区别，因此并不具有直接德育的性质。但是即便如此，这类经济教育仍然十分重要。毕竟经济不仅是社会发展的基础，也是个人幸福生活的重要基石之一。没有对基本经济学的学习，就等于放弃对社会经济生活秩序建构的现实发言权和经济生活的行动能力。这对于健康的德育来说也绝非好事。因此，从小学开始讨论零花钱、压岁钱的使用，一直到高中进行经济学的系统学习，都是十分必要的教育安排。

另一个方面是与价值直接相关的经济教育。这方面又可分为两个维度。一个是经济学的宏观伦理维度，比如发展经济学所关注的“有增长无发展”的课题。在就业、市场、生产、分配等每一个环节，都存在大量的社会正义和个人权利的捍卫的任务。如果教育者缺乏应有的与经济学有关的价值、见识和行动，学生的发展必然残缺。另一个则是个人经济生活的伦理维度。一个人既要有足够的智慧生活在市场经济中（比如在市场里与小贩讨价还价以求价格公道)，又必须在赈灾募款时毫不犹豫、挺身而出。这两个方面的教育都是教育的重要方面。

简而言之，理财能力的培育应当与正确的经济正义意识、正确的价值观、正确的财富观等一并成为经济教育的有机组成部分。而正确的价值观、财富观等又是当代德育应该予以特别关注的重要命题。以下有关“富的教育”的命题正是对这一维度的进一步展开。

二、努力强化“富的教育”

明确提出“富的教育”命题的是日本教育家小原国芳。

小原国芳曾经明确指出：“人类文化有六个方面，即学问、道德、艺术、宗教、身体、生活等。学问的理想是真，道德的理想是善，艺术的理想是美，宗教的理想是圣，身体的理想是健，生活的理想是富。教育的理想就是创造真、善、美、圣、健、富这六种价值。”[①] 小原国芳大力倡导“富的教育”不仅是基于其“全人教育”的理想，而且基于其对教育现实的敏锐观察和批判。他特别强调：“日本教育上的可怕缺点，就是为富而富，为赚钱而办教育，以及陷入物欲奴隶的惨状。被世界侮为经济动物。”因此“富的教育”所要强调的是“不是为富而富，而是为了支持尊贵的四个绝对价值（真善美圣）并使之发挥和弘扬之富”[②]。

小原国芳的“富的教育”涉及面非常广，但是最为核心的是有关富的意义、产业的“宗教化”、爱国心、劳资协调、职业生活意义等方面的教育。笔者认为，这些内容中最为根本的是“富的意义”的教育。因为企业精神、爱国主义、劳资协调、敬业精神培育等都不过是“富的意义”的具体实现。

而在当代中国，从社会主义核心价值观出发，笔者认为“富的教育”的实质，应该是劳动价值观念的再确立。社会主义核心价值观的重要内容应该包括“劳动创造价值”“劳动光荣”“不劳动者不得食”等等，这些价值观在

---

① 小原国芳．小原国芳教育论著选：下卷［M］．刘剑乔，由其民，吴光威，译．北京：人民教育出版社，1993：2.

② 小原国芳．小原国芳教育论著选：下卷［M］．刘剑乔，由其民，吴光威，译．北京：人民教育出版社，1993：34.

新中国成立后曾经是学校德育的核心内容。十分可惜的是，随着市场经济时代的到来，资本、交换的意义空前凸显，而劳动价值逐渐褪色，学校德育已经渐渐在这一领域弃守了阵地，一些过去为人所不齿的错误的价值观念已经悄然复辟。在今天的日常生活中，贫穷已经成为一种罪恶，嫌穷爱富、为富不仁已经成为一种现实的生活逻辑。这一局面的形成除了社会原因，一个重要因素当然就是教育的病态。比如今日的学校教育除了有意无意传播着"没钱就是没本事"的片面价值观念之外，劳动的价值尤其是体力劳动的价值几乎完全被教育所忽略。偶尔为之的"劳动教育"已经蜕变为"手工"的学习、身体的锻炼、枯燥学习生活的调剂等等，劳动教育中最核心的东西——劳动价值观教育早已不见踪影。这一学校和社会教育的共同作用的结果就是："地沟油""毒奶粉"等不择手段、为富不仁现象的大量滋生，不以为耻、反以为荣的富二代炫富现象比比皆是，普通劳动者子女学习的最大动力竟然就是不再像父母那样作为劳动者辛苦劳作一辈子。可以毫不夸张地说，无论是富有者还是贫穷者，许多人的现实生活都已经因此失去了意义与方向！

由上可知，小原国芳有关"富的教育"的思想不仅对于经济起飞时代的日本的教育与社会极具价值，对于当代中国社会而言也具有振聋发聩的意义。以劳动价值观念的再确立为核心目标的德育使命的回归乃是德育回归生活的最重要内容之一。

三、自觉承担道德教育的超越使命

与"富的教育"欠缺相对，关于经济学知识的教育在中小学教育实践中的比重正逐渐加大，这当然是由于实际生活的需要，也是健康的教育对于生活的积极回应。但是，我们在处理道德教育和经济教育关系时应该坚持的一个最重要的原则是：充分关注道德规则和经济规则的本质区别。

人类在处理不同利益关系的时候使用不同的准则。道德准则和经济法则是最基本的规范尺度，但是二者也是极易被混淆的。比如，很多人主张学校德育要适应社会主义市场经济的需要，这本来是对的。但是这一说法往往会慢慢地被误解为只要教育儿童在生活中一味服从经济规则就可以了，而正常的道德要求常常被指责为搞“假、大、空”、唱高调。正是因为这种思想影响，一些地方才在前几年简单地将“勤劳”“节俭”等基本德目从《中小学生守则》中剔除了。小原国芳关于“富的教育”的思想——既要教会学生努力创造财富，又要教育学生正确对待财富，有正确的财富观等，其实是倡导回归一种正常的教育（或正常的德育)。“富的教育”实质上是要让学生能够更好地驾驭财富，让财富帮助他们而不是毁了他们。因此，如何在逐步走向富裕的生活中把握好自己，是经济教育和道德教育应该共同关注的课题。但是倘若将二者等同或是混淆，就极容易陷入“道德教育即经济教育”的思维陷阱，这样就在无形中消解了德育的存在。

经济规则和道德规则的本质区别到底在哪里？形象地回答，经济规则遵循的是“拔河”原则（利己，将利益拉向自己)，而道德规则就像是南方的游戏“抵棍子”(利他，彼此将利益推向对方)。经济规则讲究使自己的利益最大化，人们在寻求各自利益最大化的博弈过程中调整自己和他人、个人和社会的关系，以达到利益的平衡，因此它的出发点是利己的。而道德规则在调节人际关系中却始终是超越利益或者“利他”的。用限制自己甚至利他的方式解决利益冲突、完成利益的分配和平衡乃是道德规则的特点。打个比方：在父子两人都口渴但他们之间只有一杯水的情况下，如果按照经济法则，父子俩则会像动物一样抢夺那杯水，最后两个人抢不动了，结果可能是一人喝一半。在完全经济的博弈中，没有父子之间应该有的伦理，而正常的父子伦理当然是“父慈子孝”——父亲将水推给儿子，儿子推给父亲。推到最后也可能仍然是一人一半。结果虽可能完全一样，但是调整利益关系的方向却是与经济法则完全相反的！

在现实的教育生活中，对于所有个体和社会而言，我们需要的是经济规则和道德规则的统一。缺失经济规则的个体虽然具备了某些道德品质却可能丧失了实际道德行为的实践能力基础。因为做一个道德的人并不是单单具备道德品质就足矣，过去批判没有济世之才的腐儒最后常常只能“临危一死报君王”就是这个道理。而仅仅服从经济规则的生活，则一定会导致生命质量的降低，产生心理学家马斯洛所说的“超越性病态”，即一个人生活富裕到一定程度以后，如果没有相应高一级的道德追求和其他真善美的追求，就会失去生存的意义感，感觉生活寂寞、枯燥、无意义。这也是导致许多生活物质条件很好的富有阶层人士自杀的原因之一。

德育唱高调固然是不足取的，我们也曾经吃过实实在在的苦头，可是现在学校德育面临的问题是我们的德育一直在“唱低调”——学校德育常常对社会的负面道德现象保持缄默，同时误视仁爱、诚实、勤劳、节俭等基本、传统德性的培育为唱高调。这是非理性、非专业、不负责任的教育观念。须知，道德教育固然要“从天上回到人间”，但是回到“人间”绝对不是回到“狗间”！

总之，超越性是道德教育不可缺失的本质。若我们把道德教育等同于纯粹的经济学规则的教育，道德教育就有被完全消解的危险。从社会分工的角度看，人们视学校为社会的良心，教育的使命就是要使人格健全、提升而非片面、沉沦。没有超越性，就没有道德生活，也没有完整的人的生活；没有超越性，道德教育更会失去存在的理由。学校固然不应该脱离实际生活（包括经济生活）太远，但是“德育回归生活”命题本身也要求学校教育能够实事求是、理直气壮地在社会生活中弘扬正气、培育良知。

一句话，学校德育适应经济生活的最重要方式之一正是自觉承担道德教育的超越使命。

以上三点是笔者对于学校德育如何适应市场经济的基本回应。除了上述观点的实质阐述之外，最后笔者想以一个方法论的反思作为小结。

当我们说教育要“适应”生活、道德教育要“适应”社会主义市场经济的时候，我们一定要清醒地认识到，“适应”的含义有静态、动态两个方面。静态的“适应”是指，我们要依据现实生活的状况去制定道德教育的目标、内容、方法等等。否则，道德教育必然会因脱离生活实际而陷于“假大空”、实效低下的泥淖。而动态的“适应”则是要前瞻性地看待生活，以避免刻舟求剑式的虚假适应。这就是说，德育之适应市场经济生活本身，就意味着教育必须采取道德的方式、超越的方式。静态的“适应”要求学校教育告别羞于言利的陈腐思维，直面经济生活的实际需要，提供充分、全面的经济（学）教育；而动态的“适应”则要求学校教育同时注意开展“富的教育”、自觉承担德育的超越使命等等。静态、动态两个维度互相诠释、缺一不可。

因此本节所论述的三大命题其实不过是试图表述对学校德育如何适应市场经济问题的完整回答而已。

第五节　“富的教育”及其实现

小原国芳（Obara Kuniyoshi，1987—1977）是现当代日本享誉世界的著名教育家。从 1918 年任教广岛高等师范学校附属小学开始，直到 1977 年去世，小原国芳以“死也不离开教坛”的坚守，塑造了自己作为日本现当代最伟大教育家的形象。其长期主持工作的成城学园、亲手创办的玉川学园这两大教育系统，均涵括幼、小、中、大学及研究生教育，至今仍然是日本私立教育界的翘楚。而中国许多近现代名人如蒋介石、蔡锷、陈独秀、吴玉章、欧阳予倩、苏曼殊等都曾经就读于这两大教育系统。

在教育思想的贡献上，其全人教育论、自由教育论等教育主张不仅对当时的日本及世界教育产生了重要影响，而且对今天的中国教育也有十分重要的启迪。特别是由于小原国芳“富的教育”（富育）思想产生的历史背景与当前中国社会的发展状况十分相似，其“富的教育”（富育）思想对于正在逐步走向富裕社会的中国极具现实意义。

以下介绍小原国芳的富育思想两个主要的组成部分：

一、为什么要有“富的教育”

为什么要开展富育？从小原国芳的有关论述看，主要理由有两个方面：

（一）“全人教育”与“富的教育”

“富的教育”是小原国芳“全人教育”思想的重要组成部分之一，或者说，富育理论的思想基础是小原国芳的“全人”价值论。

小原国芳认为：“人类文化有六个方面，即学问、道德、艺术、宗教、身体、生活等。学问的理想是真，道德的理想是善，艺术的理想是美，宗教的理想是圣，身体的理想是健，生活的理想是富。教育的理想就是创造真、善、美、圣、健、富这六种价值。”而“真、善、美、圣四种价值称为绝对价值，健、富的价值称为手段价值”[①]。而“教育的内容必须包含人类的全部文化，因此教育必须是绝对的‘全人教育’”。在小原国芳的价值论系统中，富的教育一方面是全人人格教育的组成部分，另一方面富育又是实现绝对价值、完成统一人格的重要途径之一。因此，小原国芳明确指出：“为了生活而需要面包。为了使精神有效地增强，就需要许多手段。”“轻视富的价值，则精神文明不能成立；没有精神文明的发展，也就不能指望物质文明的进步。”[②]

（二）社会乱象与“富的教育”

富育思想产生的一个重要基础是日本的社会实际以及小原国芳对于日本社会病态的敏锐观察和分析。

小原国芳曾经痛心疾首地描述过早年日本经济发展过程中曾经出现过的许多“耻辱”现象——“在关门海峡停泊的从外国回来的货轮，所载货物的三分之二据说是日本货。这是从上海、香港、新加坡、孟买、马赛等港，经海关检验与样品不符而被退回的不合格产品。‘日本制造’这个标签，在世界市场上成了劣等商品的标签。第一次欧洲战争时期，各国还来了许多订单。然而罐头里头掺石子；铅笔中心是空的，两端灌入少量的铅芯；鞋子的鞋底里夹纸板；以次充好谋取暴利的财阀也有。真正是日本的耻辱，国贼的行为”[③]。在对照富裕的英国人却将最好的威士忌卖给傲慢的美利坚之后，小原国芳批评道：“贫穷的日本人，过分崇拜舶来品。或者外出推销人员为了抢先立功，不惜破坏价格协定，争先出手自己的货物，在世界上信用扫地，无义至极。”[④] 在日本经济实现腾飞之后，小原国芳则指出：“现在尽管日本也被称为世界第二位的经济大国，但精神方面却没有相应地成长起来，

---

① 小原国芳．小原国芳教育论著选：下卷［M］．刘剑乔，由其民，吴光威，译．北京：人民教育出版社，1993：2.

② 小原国芳．小原国芳教育论著选：下卷［M］．刘剑乔，由其民，吴光威，译．北京：人民教育出版社，1993：11.

③ 小原国芳．小原国芳教育论著选：下卷［M］．刘剑乔，由其民，吴光威，译．北京：人民教育出版社，1993：197－198.

④ 小原国芳．小原国芳教育论著选：下卷［M］．刘剑乔，由其民，吴光威，译．北京：人民教育出版社，1993：198.

被人嘲笑为‘经济动物’！”[①] 而“日本教育上的可怕缺点，就是为富而富，为赚钱而办教育，以及陷入物欲奴隶的惨状。被世界侮为‘经济动物’”[②]。

因此，“富的教育”思想一方面缘于小原国芳的价值论体系、全人格教育的理论逻辑，另一方面则基于他对当时日本社会病态的敏锐观察——或者说，小原国芳认为正是诸多社会与教育的乱象确证了“富的教育”的迫切与重要。

二、“富的教育”应该包括哪些主要内容

在小原国芳看来，狭义的“富育”是指谋生的教育，又称“经济教育”“职业教育”[③]，而广义的“富育”，则包括产业、经济、交通、政治、军事、外交等方面的实务教育，又被称为“生活教育”。但无论广义还是狭义，富育概念的本质是通过教育让富的生活“合乎人格和道德”，“支撑尊贵的四个绝对价值并使之发挥和弘扬”，即确立正确的财富观和相应的人生观。具体说来，富育的主要内涵包括教育学生正确看待、使用、创造财富三个方面。

（一）如何看待财富的教育

健康财富观的确立首先必须有对于财富的正确认识。虽然“为了生活而需要面包。为了使精神有效地增强，就需要许多手段”，但是“富的价值归根结底还是手段价值”[④]。因此小原国芳十分欣赏“不为儿孙置良田”“不要为自己积攒财宝在地上……只要积攒财宝在天上”“施比受更为有福”等格言，并且认为“如果人类普遍有这样的心怀，世界会变成多么美好的天国”[⑤]。正确的财富观是一个人持有财富的主观条件。反之，“不能持有富的

---

① 小原国芳．小原国芳教育论著选：下卷［M］．刘剑乔，由其民，吴光威，译．北京：人民教育出版社，1993：4.

② 小原国芳．小原国芳教育论著选：下卷［M］．刘剑乔，由其民，吴光威，译．北京：人民教育出版社，1993：34.

③ 小原国芳．小原国芳教育论著选：下卷［M］．刘剑乔，由其民，吴光威，译．北京：人民教育出版社，1993：45.

④ 小原国芳．小原国芳教育论著选：下卷［M］．刘剑乔，由其民，吴光威，译．北京：人民教育出版社，1993：11.

⑤ 小原国芳．小原国芳教育论著选：下卷［M］．刘剑乔，由其民，吴光威，译．北京：人民教育出版社，1993：196.

败类们，如果持有超额金钱，将会污染国家和社会”[①]。

总而言之，“富是人不能超越道德和人格拥有和使用的东西”[②]。基于这一财富观，小原国芳希望父母留给孩子的“是教育而不是财产，是本领而不是金钱”。因为“留下了财产，同时也会留下依赖心、懒惰习惯和薄弱意志。以为对孩子好，其实有害，反而使他们依赖父母遗产，变成软弱无能之辈”[③]。而“在日本的学校中，只教给赚钱、攒钱，而不授予富的消费方法、富的真正含义”[④] 是令人遗憾的。

（二）如何使用财富的教育

小原国芳郑重申明：“我比任何人都承认富的力量，不，我要求有尽可能大的富以使人进行旺盛的精神活动。”[⑤] 因为“对富的本身来说，富是没有意义的。但被人掌握了的富，就会产生出价值来”。但“正因为很多人拥有超越自己力量的财富，所以社会及其本人都受其害。使用不当便会破坏社会公德，积蓄起来不用又会导致经济停滞。两者都不可取”[⑥]。

因此“富的教育”最重要的任务之一就是教育学生正确地使用财富：“应该教育孩子正确地使用财富。这比创造财富还重要。……为了吃饭，为了生存，就要想办法创造财富……但如何正确地、不违背道德地使用遗产，教育起来却是个难事。但愿有产阶级的孩子能正当地使用其遗产，有钱的人能正当使用其一切财富。”[⑦] “我们每一个人都是银行经理。如何使用财富固然是个人自由，但我希望大家做这样的总经理：遵照自己良知的最高命令，

---

① 小原国芳．小原国芳教育论著选：下卷［M］．刘剑乔，由其民，吴光威，译．北京：人民教育出版社，1993：35.

② 小原国芳．小原国芳教育论著选：下卷［M］．刘剑乔，由其民，吴光威，译．北京：人民教育出版社，1993：311.

③ 小原国芳．小原国芳教育论著选：下卷［M］．刘剑乔，由其民，吴光威，译．北京：人民教育出版社，1993：310.

④ 小原国芳．小原国芳教育论著选：下卷［M］．刘剑乔，由其民，吴光威，译．北京：人民教育出版社，1993：35.

⑤ 小原国芳．小原国芳教育论著选：下卷［M］．刘剑乔，由其民，吴光威，译．北京：人民教育出版社，1993：11.

⑥ 小原国芳．小原国芳教育论著选：下卷［M］．刘剑乔，由其民，吴光威，译．北京：人民教育出版社，1993：311.

⑦ 小原国芳．小原国芳教育论著选：下卷［M］．刘剑乔，由其民，吴光威，译．北京：人民教育出版社，1993：311.

把财富献给社会，为了世界，为了图书馆、公民馆的发展，为了充实学校的力量，为了前程似锦、寄托于未来的孩子们的教育，为了家贫的优秀生，为了学术研究，为了条件恶劣的医院，为了建设真正的学校……”①

（三）如何创造财富的教育

小原国芳是一位既强调教育的神圣性，又重视教育实践性的教育家。因此在“富的教育”思想中，一个重要维度是强调“创造财富的教育”。

小原国芳十分赞赏瑞士人的美德，号召国人“向瑞士学习”：“瑞士山连山，可就不出铁、金、石油。平原地少，所产做面包原料用的小麦只够三个月吃的。然而，瑞士人民在长期生活中培养了勤劳、努力、节俭、钻研、创造的美德。他们花钱从国外购进少量原料，用智慧和技术能够获得百倍、千倍、万倍的收入。那就是世界首屈一指的精密仪器、钟表、纺织品、药品和交通工具。”② 这与他对日本社会存在的为富不仁、唯利是图的赚钱之道的批判，形成鲜明对比。小原国芳发自内心的期望是：“愿神来支配产业，愿算盘打得干干净净，砸烂奸商的劣根性，祝算盘与圣经并存，经济与宗教并存。”③ 如果撇开浓厚的宗教情结，其强调财富的创造或者财富的取得也必须“合乎人格和道德”的原则是完全正确的。

正确地创造财富，就需要培育正确的职业观。小原国芳主张严肃对待职业与劳作：“‘不劳动者不得食’，这是人生的第一真谛。”④ 所谓职业，就是为社会发挥出自己的本领，就是自我价值的实现之道。“人生的目的必须同时是其职业的目的。……想真正地生活下去，想真正地对文明做出贡献，把人生目的作为自己的职业，是一种幸福，而国家应该期望出现大批这样的

① 小原国芳．小原国芳教育论著选：下卷［M］．刘剑乔，由其民，吴光威，译．北京：人民教育出版社，1993：312.

② 小原国芳．小原国芳教育论著选：下卷［M］．刘剑乔，由其民，吴光威，译．北京：人民教育出版社，1993：314.

③ 小原国芳．小原国芳教育论著选：下卷［M］．刘剑乔，由其民，吴光威，译．北京：人民教育出版社，1993：198.

④ 小原国芳．小原国芳教育论著选：下卷［M］．刘剑乔，由其民，吴光威，译．北京：人民教育出版社，1993：310.

人。”[①]“富的教育”的重要内容之一就是要使受教育者明了“职业的意义”：“人生观的极致如果和职业一致，无论如何会使当事者本人、社会、国家乃至世界都为之净化，为之铭感，为之明朗。”从事职业教育的教师应该特别注意“把实业的神化、产业的净化作为职业学科教育的眼珠看待”，而非“几乎大部光是训练技巧、牟利、取巧、贪婪”[②]。

综上所述，小原国芳对富育的必要性、主要内容、实现之道有十分系统、完整的论述。对于当代中国来说，富育思想的借鉴意义尤为突出。因为不难看出，小原国芳所指出的20世纪初日本社会存在的某些为富不仁的“国耻”行为以及“经济动物”的可恶表现正在当下中国的土地上大行其道。“毒奶粉”“地沟油”“二奶”“小三”“富二代”等丑恶现象层出不穷，“宁愿在宝马车后面哭，也不愿在自行车后面笑”已经成为一些年青人公开宣示的病态人生哲学。因此教育年青一代确立正确的财富观，正确看待、使用和创造财富是今日中国社会与教育的当务之急。正如日本经济整体上快于中国几十年一样，小原国芳的富育思想也明显先行于中国教育界的探索数十年甚至一个世纪。其突出的表征就是，虽然财富观引发的问题已经十分严重，但目前中国专门、系统研究“富的教育”的成果几近阙如。毫无疑问，借鉴小原国芳富育思想是我们解决同类社会和教育问题的捷径之一。

当然，小原国芳的富育思想也有其明显的局限性。具体表现在：其有关富育的诸多论述过多地与宗教论述联系在一起，虽然有赋予富育概念灵魂及神圣性的积极意义，但很显然，在日益世俗化的当代世界一些论述已经显得不合时宜。此外，虽然小原国芳对富育概念做出了较为全面、系统的阐释，但是对富育思想内涵的深入挖掘、富育实践途径与方式的具体讨论均明显不够。这些局限都有待于小原国芳的学习者在吸收其合理成分的基础上予以克服。

---

① 小原国芳．小原国芳教育论著选：下卷［M］．刘剑乔，由其民，吴光威，译．北京：人民教育出版社，1993：126.

② 小原国芳．小原国芳教育论著选：下卷［M］．刘剑乔，由其民，吴光威，译．北京：人民教育出版社，1993：199－200.

第三章
欣赏型德育的理论建构

第一节 何谓教育美育

近十年余，笔者一直在呼吁建立“教育美育”的理念[①]。所谓“教育美育”，就是利用“教育美”进行的美育，即通过建立审美化的教育活动而实现的存在于全部教育过程之中的一种大美育。教育美育既是美育理念的拓展与深化，更是新时代教育精神的宣示与体现。

一、为什么要提倡教育美育?

主要的理由有以下两点：

（一）教育实践的需要

教育实践对于教育美育的呼唤主要存在于两大方面。

第一，美育实践拓展与深化的必然要求。

目前我国教育理论界对于美育途径的说明，一般都是依据美学界对于美的表现形态的划分，即将美分为艺术美、社会美、自然美，而将美育的开展划分为艺术美育、社会美育、自然美育三个主要的领域。在这样一种美育理念之中，美育实践或者是一种狭隘的艺术课程的教学，或者是一种教室外面的“课外活动”。以《美育学概论》[②] 为例，其在美育途径上已经有所扩展，有专章论述“人文学科的美育”“自然学科的美育”等。但是这一拓展了的对“美育”的理解也不过仅仅增加了美育活动对于人文、自然学科之中既有的科学美、艺术美的发掘与利用，而不是指对整个教育活动，尤其是对全部教育过程本身的审美化改造。所以早就有学者正确地指出：“这些美育观，只是将教育所利用的外部对象的美放在自己的视野之内，而将教育自身的美遗漏在视野之外。”[③] 因此主张“美育就是那些遵循‘美的规律’，自身具有

---

① 檀传宝．德育美学观［M］．太原：山西教育出版社，1996；檀传宝．让德育成为美丽的风景［M］．合肥：安徽教育出版社，2006；檀传宝．美学是未来的教育学［M］．上海：华东师范大学出版社，2015.

② 杜卫．美育学概论［C］．北京：高等教育出版社，1997.

③ 陈建翔．教育是一种境界［J］．争鸣，1992（2）.

美的规定并且必然地能够产生出美的产品的教育的一种美称”[①]，“真正的美育是将美学原则渗透于各科教学后形成的教育”[②]。可惜的是对这一美育观念至今仍然少有认同，中国的美育实践因此也就只能在很小的时空中艰难地存在。

因此，美育事业的进一步和真正的拓展不仅在于艺术美育、社会美育、自然美育等常规渠道的落实，而且在于美育精神在全部教育活动中的渗透。美育实践水平的提升有赖于新的美育理念，也就是“教育美育”观念的确立。

第二，教育事业进步的要求。

众所周知，近年中国政府正在全方位积极推行素质教育的政策。与素质教育的基本追求近似的教育探索如“主体教育”“愉快教育”“成功教育”“挫折教育”实验等等也方兴未艾。素质教育运动和相关的教育实验实际上已经表明，中国教育，尤其是基础教育，为了迎接新世纪的诸多挑战，除了继续追求量的扩张之外，已经开始了对于教育质量的追求。从量的扩展到教育品质的追求的范式转换，其核心之一是要克服当前教育活动中教、学双方及其活动中出现的诸多异化现象。比如：教育理念上的功利主义，学生、教师、家长、社会“唯分是举”的做法与看法；作为学习主体的学生在学校教育过程中缺乏学习主体性，沦为学习的奴隶，学习过程等同于被“规训”的过程；教师失去太多自由创造的空间，对于教育生活充满疲惫从而无法体会教育生活的意义；等等。

梁启超先生曾经说过：“‘美’是人类生活一要素，或者还是各种要素中之最重要者，倘若在生活全内容中把‘美’的成分抽出，恐怕便活得不自在，甚至活不成。”“趣味是生活的原动力，趣味丧掉，生活便成了无意义。”[③] 可以这样说，目前中国教育实践中诸多教育异化现象虽然不能完全归结为“趣味”的丢失，没有按照美的规律进行教育，但是我们至少会认同的是，教育功利主义，教育中人和人的意义的遗失，与缺乏超越性，缺乏必

① 陈建翔．教育是一种境界［J］．争鸣，1992（2）．

② 滕守尧．美育：教育现代化的关键［J］．北京大学学报（哲学社会科学版），1995（2）．

③ 梁启超．趣味教育与教育趣味//饮冰室合集：卷39［M］．北京：中华书局，1989．

要的境界等美育精神有关。因此中国教育“质量化”的应有之义应当是教育的审美化。为此必须确立“教育美育”的观念。

（二）教育哲学的要求

所谓教育哲学的要求指的是必须建立评价教育活动的第三标准，即确认审美尺度对于教育生活的意义。

既往的教育活动一如整个人类实践的历史进程，其第一特征乃是人类的自觉性，也就是目的性。目的性使人的活动区别于动物活动并且不受客观环境的影响。因此，衡量实践活动的第一标准是“合目的性”的，亦即“善”的标准。作为教育活动的第一标准，人类最初教育的目的性标准使古代猿人代际的模仿和纯粹的学习活动与具有明确目的意识的自觉的教育活动区别开来，形成真正的“教育”概念。随着文明时代到来的便是具有阶级性的教育自觉意识的学校教育时代。于是人们强调的是教育应该适应社会发展的需要，教育应该促进个体的发展等更加鲜明的“合目的性”要求。直到今天，人们衡量教育活动成败的首要标准仍然是这种“善”的尺度。原始人在教育上往往出现自觉然而笨拙的特征是因为他们对教育的规律性把握不够；现代人片面强调教育的外在价值（即工具价值、满足社会或个体的当下需要的价值等等）导致教育活动内在价值或根本价值（育人价值）的相对丧失。

教育活动的第二个评价标准乃是“真”的标准。“真”的标准在原始社会中就已经原始地存在，但“真”的标准的突显是近代教育的特征。科学时代使教育活动和其他实践活动一样具有了求真的冲动、努力和丰硕的成果。从夸美纽斯将教育活动与生物生长条件的创造相类比，到赫尔巴特将教育学建立在心理学的基础之上，再到今天，“科学化”乃是教育理论和活动追求的始终不渝的重要目标。由于“真”的标准的存在，人们已经确立了教育活动应按教育规律办事的普遍意识。这已使现代教育具有了古代教育所难以企及的高效率。但是，整个时代的唯科学主义的弊端在教育活动中亦是明显地存在的。求真标准的片面化往往使教师成为一种分析思维的代表、分数的奴隶。现代教育活动在克服古代教育“合规律性”方面的不足的同时，很快丧失了古代教育的整体性和生动特性。因此，教育活动仅有“善”的标准、“真”的标准还远远不够。

美是自由的形式。自由的形式就是合规律性与合目的性的统一。评价教育活动的第三条标准是求善与求真的统一。人类实践和整体教育活动一直孜孜以求的真和善的统一目标就是美的境界。故第三标准就是“美”的标准。美的尺度从这个意义上讲显然是高于善和真的尺度。求美的冲动同样是贯注人类历史的始终的。然而在历史上它最初是简单或朴素的，后来又往往被单一的“善”的标准或“真”的标准所淹没。教育史上不乏达到美的境界的教育家，也不乏对教育美予以认真关注的教育思想家。但是，应该承认的是，直到今天，“美”的标准仍未真正地建立起来。

对于教育活动而言，第三标准确认的重要性主要表现在三个方面。其一是作为一种价值创造活动，教育活动本身有蕴含美的价值的可能性；同时也只有实现了美的价值，达到了合目的性和合规律性的统一这样一种境界，真和善的追求才是极致的。其二是美育活动和德育、智育、体育一样只是一种教育理论上抽象的和教育实践上相对分工的产物，实际上并没有脱离德育、智育、体育的美育，反之亦然，也不应该有脱离美育目标的片面、单纯的德育、智育、体育活动。因此，失去美的追求的教育实践和理论是不可思议的，而追求美的教育活动就必须有美的评价尺度。其三，同时也是最根本的一条理由是：整个时代的进步已使实践活动审美尺度的意义日显突出。功利主义已使人厌倦，片面的求真已遭到人性反抗。充裕的闲暇时间、富足的物质生活日益成为当代人类必须应对的精神课题。人类的心灵是一刻也不能空置的。审美、立美活动正是因为这一时代的原因已从狭窄的艺术空间迅速、自觉地渗透到了生活的一切领域。

在教育原理和教育哲学层次上确立教育活动的第三标准是中国教育理论建设的当务之急。过去我们曾从美育和教育美学的角度关注过教育活动的审美尺度。从美育的角度，人们已普遍认识到，美育不仅仅是艺术教育，而且应当包括社会美、自然美对学生的熏陶。人们也较为容易接受这样的命题——全部教育活动也都应当是审美和立美的统一。从教育美学的角度，人们已经注意到，教育活动的主体、对象、活动形式等都应有一个美的欣赏尤其应当有一个美的创造的追求。但是，由于美育研究的领域限制，容易使人认为美的尺度只在某一部分教育领域内存在；又由于教育美学研究的初创性质，其呼唤力度甚小，人们往往会抽象地承认教育活动应该是创美、审美的活动，而在具体教育实践中仍然一如既往地将美的评价尺度束之高阁。因此，必须在新的教育理论的最重要的学科基础——哲学、心理学之外加上美学；必须在整个理论体系上考虑审美尺度对于教育活动的意义，使之在教育本质、教育目标、教育实践和教育评价诸方面得到理论上的落实。从这一意义出发，“教育美育”范畴的提出就不仅具有实践意义，而且具有较高的理论价值。

二、如何进行教育美育的实践?

教育美育的实践实际上就是运用教育美去进行美育的实践。教育美主要包括教育活动的形式美、作品美和师表美三种主要的表现形态。因此我们可以依据教育美的三种主要形态去讨论教育美育的实践问题。

(一）教育活动形式美的创造与欣赏

教育活动的形式美①是教育美育最重要的内涵。因为我们认为教育美育不仅是对教育活动中既有的审美因素的发掘和利用，而且是全部教育过程的审美化。而美是“自由的形式”——合规律性与合目的性统一的形式。教育活动形式美的创造必须从以下两个方面入手：

第一，“呈示形式美”的创造，即寻找合适的美的呈示形式，向教育对象呈现作为“规律性”存在的教育内容的合目的性。应当正确处理我们的教育内容，使之充分地呈现出科学美、人格美、道德智慧美等特征。这实际上就是一个创造性的“呈示角度”的选择或寻找的问题。当我们只是理性地传授或命令时，教育内容对于教育对象来说往往具有“顽强的疏远性”（黑格尔语)。而当我们找到一种角度可以让学生在规律性的规定中看到目的性等“许诺自由”的性质时，教育过程就会纯粹成为一种欣赏人类的科学与人生智慧的“享用性”的过程，一种解放、升华的过程，而不是一个模塑的、奴役的过程。因此我们要呼吁的是，匆匆忙忙的教育工作者应当停下简单追求效率的脚步，努力成为人类文化智慧风景的导游——寻找合适的角度、介绍

① 檀传宝．对德育过程的改造：论德育形式美［J]．现代教育论丛，1997（3).

文化的风景。

第二，“活动形式美”的创造，即创造自由的教育活动形式，展现教育主体合乎教育规律地实现“目的性”的教育艺术。如果说教育内容的呈示形式是一种向教育对象“许诺自由”的形式的话，那么教育活动形式美的创造就是一种教师现身说法“施展自由”的过程。从教育模式、教育方法、教育手段的运用到课堂节奏的把握、声音的运用、艺术手段的添加等等，都应当追求“庖丁解牛”式的优雅。极端地说，所谓教育活动形式美就是一切能够展现教育主体——教师的教育自由的教育形式。教育活动形式美是日常教育活动在精神实质上审美化的结果，借用艺术手段等“借美”的方式是教育形式美的选择之一，但它并不是教育形式美的主要选择，更不是这一形式美创造的全部。相反，当教育主体生硬借鉴艺术手段时，主体往往由于受制于手段（失去自由）而呈现出东施效颦式的丑的形态。

教育活动形式美的创造与欣赏对于教育异化的克服，实现真正意义上的“愉快教育”，对于教师教育风格的形成以及教育生活意义的确证都有十分重要的意义。

（二）教育作品美的创造与欣赏

所谓教育作品美①就是教学双方共同创造的教育对象之美。学生个体或集体在德、智、体、美诸方面的表现与成长势态也都是人类本质力量的表现形式，当然是可以被我们欣赏的美的“作品”。教育作品美可以依据不同角度划分为不同的形式，这些形式是教育作品美创造与欣赏的目标。

教育作品美首先可以分为“个体美”和“集体美”两种形式。“个体美”和“集体美”分别指称学生个体、集体的良好表现与成长。他们是师生双方劳动的成果，也是两种现实美的表现。许多优秀的教育工作者都是卓越的“个体美”和“集体美”的欣赏家与创造者。比如孔子之所以能够做到因材施教，一个重要原因是他能够充分欣赏每一位学生的个体美。他欣赏子路的果敢，子贡的豁达，冉求的才艺，认为他们都是堪当重任的人物（《论语·雍也》）。苏霍姆林斯基曾经这样感叹过：“集体的温柔和善良的情感，集体

① 檀传宝．德育对象的塑造：论德育作品美［J］．教育研究与实验，1997（1）．

的关切——这是一种多么巨大的力量啊！它就像一股汹涌的急流，撼动着最冷漠的学生。"[①] 他希望学生"能够在集体所创造的成果中，看到自己本身的美，看到自己同志的美，看到自己集体的美"[②]。"个体美"和"集体美"的创造需要教育工作者真诚欣赏并且充分尊重学生的个性，支持、指导和帮助学生集体的发展。同时还应当注意发动师生双方尤其是学生自己对于"个体美"和"集体美"的欣赏，因为这不仅会让教师与学生在教育生活中获得意义感，而且最重要的是，"个体美"和"集体美"将成为一种能量巨大的教育资源，一种创造新的作品美的力量。

教育作品美也可以分为"成品美"与"情态美"两种形态。教育作品的"成品美"与"情态美"分别指称教育对象已经获得的成就和他们积极向上的势态所表现出来的美感。教师不仅应当为自己学生已有的进步而自豪，而且应当认识到教育对象成长的无限能量与开放性。正如一位美国教育家满怀深情地说过的那样："生龙活虎的学生一个个在我眼前成长起来，这就是一个教师永不停息的创造性劳动的结果。雕塑家虽然将人物造得栩栩如生，但毕竟不过是雕塑而已，而教师赋予这些'泥塑'以生命，还有什么比创造人类生命的工作更令人激动的呢。"[③] 苏联教育学家凯洛夫也曾经指出："教师站在人类未来专业的摇篮边。因为他是第一个能够看出和发展学生能力的人，他应当首先看清楚学生当中未来的设计师、飞行家、工程师、医师、工业和农业的劳动者或科学和文化的活动家。"[④] 所以，教师不仅应当看到学生目前的进步，而且应当在学生的勃勃生机中前瞻教育作品美的未来形态，使教学双方在欢欣鼓舞或审美创造的愉悦中实现自己的教育目标。

教育作品美的欣赏与创造是一个互动的关系。师生双方对于作品美创造的投入越多，则审美活动中的情感调动就会越充分，对于作品美的欣赏也就越深入。同时师生双方越能欣赏作品美，则作品美创造的动力越强。那种蔑

① 叶学良．教育美学［M］．成都：四川人民出版社，1989：217．
② 苏霍姆林斯基．让少年一代健康成长［M］．黄之瑞，译．北京：教育科学出版社，1984：238．
③ 贝德勒．我为什么选择教师职业［J］．外国教育动态，1987（3）．
④ 巩其庄．未来形象与学生的学习活动［J］．教育研究，1989（2）．

视个性、无视学生存在的异化了的教育方式也就自然失去存在的理由。

(三) 师表美的创造与欣赏

所谓师表美[①]即作为教育主体的教师的人格美。它包括“表美”、“道美”和“风格美”三种形式，是教育工作者心灵美与外在美的统一。

“表美”即教师的外在形象之美。“师者，人之模范也。”(《法言·学行》)为人师表首先有外在形象上的规定性。所以马卡连柯说：“从口袋里掏出揉皱了的脏手帕的教师，已经失去了当教师的资格了。”“高等师范学校应当用其他方法来培养我们的教师，如怎样提高音调，怎样笑和怎样看等细微末节。”[②] 许多教育工作者都注意到了教师的讲台形象的审美化问题。但教师的“表美”不仅表现在教室里，而且表现在日常生活中。可以这样说，选择做教师的人必须认识到自己在任何情况下都应当表现出应有的修养与品位，教师应当努力成为一道随处可见的文化风景线。这就需要教师将“表美”建设与作为精神涵养的“道美”修养结合起来。

韩愈说：“吾师道也”，“道之所存，师之所存也”(《师说》)。故“道美”即教师的精神美。教师在精神上必须具有崇高的道德境界，文化上必须具有广博且专深的科学智慧，生活上必须具有优雅和高尚的情趣与风格，等等。由于教育活动中教师是教育内容借以走向学生的中介，教师的精神与文化含量实际上是教育质量的关键因素之一。所以教师应当努力建设“道之所存”的心灵之美。

教师的“风格美”有不同的内涵。狭义的风格美是指教学风格之美。我们这里所谓的风格美指的是教师的职业风格，是“表美”“道美”的统一。当“表美”＝“道美”，即“表美”与“道美”在教师身上相对均衡时，我们可称之为“优美”的风格，因为其能够将精神与文化的内涵通过自己的外在形象充分地表达给教育对象；当教师的“表美”＞“道美”时，我们称之为“喜剧”的风格——有限的精神与文化内涵通过较为夸张的外在形式表现出来；而当“表美”＜“道美”时，我们称之为“崇高”的风格——因为虽

---

① 檀传宝．师表美的追求：对德育主体的改造［J］．教育研究，1998 (2).

② 马卡连柯．论共产主义教育［M］．刘长松，杨慕之，译．北京：人民教育出版社，1981：446，407.

然教师的外在形象不足以完全表现其精神含量，但是学生仍然能够通过教师较为质朴的“表”感受到教师身上隐隐然存在的人格与文化的厚重。当然，从审美的角度言之，“喜剧”“崇高”的风格都是有一定的“度”的规定的。当一个教师只有夸张的外表，毫无精神之美时，教师的人格是“卑劣”（或“虚伪”）的；当一个教师的精神之美完全找不到自由表达的渠道时，这当然就是一个作为教育主体的教师的最大“悲剧”。所以教师对于风格美的追求应以“优美”、“崇高”和“喜剧”为目标。

从以上论述中可以看出，教育美育不仅是一种教育的价值追求，更有实践的可能性。表面看来，教育美育似乎是一个十分专业的“美育”话题。但如前所述，教育美育概念的确立既是现代教育科学与哲学的需要，更是全部中国教育现代化实践的必然要求。因此，教育美育是一个需要全体教育工作者积极参与的伟大事业。

第二节 “德—美育”的理论建构

为什么要从美育的角度切入来研究德育，提出“德育美学观”和“欣赏型德育模式”？对于这个问题我过去也反复想过，大概可以将其归结为两个方面、三点原因。

第一个就是我个人经历的原因。我做过很长时间的文学青年，从大学时期开始发表了很多文学作品，也做过地方作协的会员，所以文学情结很深。原来我没有想要做学者，一直想当作家，所以阅读了很多文学作品，还有文艺理论、美学方面的著作。这样的阅读经历为我后来的治学道路做了一些不自觉的积累。我在做中学老师的时候，是教政治课的，但我的政治课有一个很大的特色，跟一般老师的政治课不一样，就是我的政治课非常受学生欢迎。而学生喜欢我的政治课的一个很重要的原因，就是我的课相对来讲比较有文学青年的特性，比如说激情、感性，某种程度上也可以说是有美感的。文学为我的课，也为学生的人格养成带来许多正面影响。这个应该讲是非常有益的一个经验。在我任教的那个学校，学生在成立文学社的时候，请的顾问是我，而不是他们的语文老师。这个荣誉不是官方授予的，而是我个人的民间威信的体现，也说明我的课本身有吸引力，学生确实喜欢。除了受学生欢迎的程度以外，还有一个比较“俗”的检验标准，那就是高考。我带的班没有哪一届在高考的政治考试中“失败”过。我们靠的并不是题海战术，之所以成功最主要的原因是学生喜欢我的课。我在高中教政治是从1983年到1991年，在那个年代，很少有学生不排斥政治课。所以这个经历给我的印象是非常深的。在我去读硕士和博士之前，我已经先有了这样不算很自觉的讲求审美的中学教学经历。至于后来我所思考的，比如说，教育活动的内容和形式应该具有某种可欣赏性，那是一种理论的反思的表达，但它起因于我最初的教学实践。

另一方面的原因是理论上的。理论上的原因可以分为两点，先讲第一点。我虽然从1993年开始攻读博士学位，但其实在1991、1992年，我还在北京师范大学读硕士的时候，就已经准备写类似“德育美学观”或“欣赏型德育模式”的论文，但是因为提前攻博而暂时放下了。然后我到南京师范大学读博，鲁洁老师问我未来三年希望做什么样的研究，我毫不犹豫地说，我要写一本“德育美学”。当时做这个研究的原因，一方面就是我前面讲的，在实践中我尝到过甜头，认为搞德育美的研究有可能吸引人，实效性会提高；还有一个很重要的方面，与我当时对德育的批判有关系。中国德育的最大毛病之一，当时在我看来，在于功利主义盛行。功利主义又分两种，一种可以说是国家和社会的功利主义，就是国家和社会在考虑德育的时候，虽然没有谁这么说，但实际上基本不承认德育有其独立运行的规律。每一次政治运动都要改变德育的教材，那就意味着德育的标准是可以随便更改的，完全不同于数学，数学是不可能被随便改的。那也就是说，德育的课程体系基本上被当作了一个工具，失去了自身运转的规律，其存在仅仅是为别的事情服务。这种国家和社会的功利主义，是长期以来中国的德育实效不能得到提高的一个很重要的原因。因为德育成为工具以后，其规律性就得不到尊重，那么形式主义的、强制灌输的东西就都来了。另外一种我把它称为个人功利主义。这主要是指，社会主义商品经济发展到一定程度以后，很多人用功利的东西来说明道德。他们认为之所以要遵守道德，主要是因为这对自己有好处。实际上我们也承认，从总体上讲，遵守道德的人获得幸福的概率会相对高。但是完全用功利去解释道德，这个道德就变成了相对主义的，与偶然性联系在一起了。因为它有一个前提是，如果没有这个好处就可以不遵守道德。实际上，当用功利去解释道德，或者用功利的刺激去增进德育的时候，会越来越远离德育和道德人生的本质。因为道德是有超越性的，它要用超越利害的方式去解决人与人之间的矛盾，这跟用经济的手段去处理利害关系是相反的。比如说，A、B两个经理在谈判的时候，A要从B那儿获得最好的条件，B则希望从A那儿获得更好的条件，他们每个人都把利益往自己这儿拽，拽得越多说明这个经理越厉害，这是经济的法则。可道德法则不同，我举过一个例子就是“父慈子孝”，父子两人都口渴的时候，父亲和儿子互相推那个杯子，都把水往对方那儿推，那才是道德。所以如果没有这种超越性的解释的话，道德就可能被庸俗化，最终被功利的逻辑消解掉了，那么就不再有真正的道德、不再有真正的道德生活存在了。那样的道德教育注定是没有效果的，因为道德最后被还原成了赤裸裸的交易。所以那个时候我就想，中国的德育之所以搞不好，一个很重要的原因就是功利主义盛行。而要解决这个问题，我之前的经历告诉我，一个非常重要的方法就是用非功利的东西来治理它。非功利的东西，在我看来，至少审美是其中很重要的一项。审美活动本身具有非功利性，它不是对物质的占有，它欣赏的是事物的形式方面——这在我以前长期性的阅读过程中给我留有深刻的印象。所以我要对付这个过于“功利性”的德育，就要去找“非功利”的药方，要从美学那儿，从审美活动那儿去寻找灵感。

还有一个重要原因，是我后来想到的，但事实上也可以作为我之所以要做“德育美学观”和“欣赏型德育模式”研究的理由。从德育本身来讲，如果在全世界范围内对它做一个分类的话，它的主要的问题是，要不就是“左”的，要不就是右的，或者说，要不就过分强制，要不就过分放任。要克服这两个弊端，唯一的办法就是在做价值引导的时候，不仅不要招致道德学习主体——学生的反感，而且要做到受到他们的欢迎。我把这个办法称为“中间的路”，其要点是让教育活动的内容与形式在经过审美化处理以后，具有美感。因为当学生在欣赏美好事物的时候，那个美好事物对他们的影响不是强制的。一个真正的审美活动发生的时候，它不仅不会强制，而且会引发强烈的主体性、主动性、积极性。

所以实际上，我的考虑基本上可以归结为两个方面或者三点内容。一是出于我过去的教育实践经验的考虑，我觉得用美育作为手段，可以增进德育的实效。二是我觉得功利主义的东西要用非功利主义的方法去处理。三是对德育自身那两个弊端要扬弃的话，就必须选择一条中间的路。这条中间的路在我看来，应该是通过德育活动的审美化改造，使德育活动具有美感，或者具有可欣赏性。一旦学生接受德育的过程变成一个欣赏德育美的过程，那么师生双方的紧张关系就被消解了。现在想来，前述三点并不是在一个时期内同步完成的，第三点是我做“欣赏型德育模式”研究的时候才认识到的。早先我就认识到两点：一个是从感性上讲，我觉得这个东西是有用的；另外一个就是，从理性分析的角度讲，我当时认为要克服功利主义，就要用非功利的药方。

第三节　德性在创美和审美活动中的作用

审美和创美活动的对象既包括艺术美也包括自然美、社会美。但艺术美具有更集中和典型的特征。所以本节拟以艺术美的创造与欣赏为对象，用“解剖麻雀”的方法研究德性在创美、审美中的作用。

一、艺术作品中的“道德存在”

毫无疑问，在审美与创美活动中，对象或作品是一个“纽结”。离开这一纽结，美的欣赏者和创造者就无以接受、寄托或表现。要讨论德性在审美与创美活动中的作用，首先要回答的问题是作品之中有无“道德存在”。

这里所谓的“道德存在”是指对象之中可能寄寓的（广义的）道德价值或意义。我们认为，由于审美与创美主体是当然的道德存在，所以审美与立美的对象或作品中的“道德存在”就是带有某种必然性的东西。问题只是：第一，作品中的这一道德存在是一种什么样的存在；第二，在艺术作品之中，道德具体可能存在于哪些领域。

首先，作品中的这一道德存在是一种什么样的存在？

对于道德在艺术作品中的存在在形态上必须有两点说明。第一，从道德存在自身的特点来看，它是一种广义的，隐性的、不自觉和非逻辑的存在。艺术中的道德是以一种对于人生、宇宙的感悟，一种对于生命意义的把握等综合的价值性的方式存在的。简言之，它是一种"意味"的存在。此外，这一道德存在是以极其隐蔽的方式存在的，以至于当我们在创作或审美时一旦直接地引入道德理念反而会败坏艺术美的创造和欣赏本身。第二，从作品的角度看，道德存在主要集中于作品的内容，而艺术的特质却在于它是通过形式去表达内容的，所以欣赏或创造作品中的道德意味的起点并不是内容而是形式。所有艺术形式也都是"有意味的形式"。正如宗白华先生所说："心灵必须表现于形式之中，而形式必须是心灵的节奏，就同大宇宙的秩序定律与生命之流动演进不相违背，而同为一体一样。"①

以上两点使艺术作品中的道德存在显著不同于一般伦理学或道德教育中以理性形式存在的道德。在后者中道德存在是直接的、理性的，内容第一的。

其次，如果具体分析，"道德"可能存在于艺术作品中的哪些领域？作品中的道德意味的存在主要表现在以下几个方面：

1. 题材

所谓题材实际上就是作品所表现的生活领域。大千世界，芸芸众生都可以成为创作的素材。但是题材并不是纯粹的生活。由原生态的生活到艺术题材的转化不可能是与价值无涉的。题材是艺术主题的载体、艺术家主体精神的体现。所以选择什么样的生活作为作品的题材，往往体现了创作者的主观情感和思想倾向，其中当然也包括了人生与道德的理想、生活趣味等等。比如创作了不朽之作《拾穗》《播种者》的画家米勒，他的大部分作品都是反映农民生活的。孤立地看，这似乎只是一种偶然的现象，但如果跟与他同时代的画家大都专注于王公贵族的这种总体取向相比，这种题材的选择不能说是与米勒对农民的理解、敬重等情感和态度无关的。同样，在我国京剧艺术发展史上，也有一个寻找京剧生命力的运动就是所谓的"现代京剧"运动。

① 宗白华．美学与意境［M］．北京：人民出版社，1987：109.

对于从才子佳人到普通民众的生活这一题材上的转变，如果撇开它曾经有过的过多的政治意味，也确实有一种对道德上的“公正”的追求与表达的意味存在。所以，虽然不能将作品做完全道德化的解释，要建构、理解作品，就必须与作品题材中的这种道德存在联系起来。

2. 主题

主题即作品中蕴藏着的思想、情感与趣味，艺术家希望表达的主旨。中国与世界的艺术实践都已证明，将艺术的主题简单化、政治化或道德化都是对艺术常识与“规律”（如果可以用规律一词表达的话）的违背。但是相反，否定艺术作品中思想、情感与趣味的存在也是违背艺术的事实与规律的。任何艺术作品都有主题。不过对主题应当做正确的解释。成功的艺术作品的主题一般至少有这样三个特性：第一，主题不一定是某种明确的思想。它完全有可能是某种人生的直觉感悟、情感体验、生活意趣等等。比如绘画作品中，《我们从哪里来？我们是谁？我们到哪里去?》（高更）表达的是哲理，《向日葵》（凡·高）表达的是一种激情，《蝉》（齐白石）表达的是一种悠然自得的情趣。但是，这些哲思、激情或情趣又都是一种与画家的德性以及其他主体精神联系在一起，并通过这些作品表达着这一德性及主体精神的精神性存在。第二，艺术作品的主题往往具有一定的模糊性。艺术作品的主题常常是一种生命或本能冲动的产物，成功的作品的主题往往是浑厚、丰富和立体的，不能做简单的图解。在许多艺术形式中，往往主题表现越隐蔽，越自然，作品就越成功。一些艺术境界则更是需要一定的心境、修养，靠接受主体心灵的感悟去重构和把握。中国艺术理论中强调“虚”的作用，主张正确处理虚与实关系的理论就是基于这一原理。比如音乐作品就大多都是主题模糊、给人以较大的想象空间的，让人难以做出明确的意义判断，因而不能粗俗地将每一个音符都配上对应的思想。但是模糊性又并不意味着主题的消失或不存在。而主题的存在就意味着艺术作品中的道德存在的可能。第三，艺术主题具有个体的原创性。这主要表现为创作者和欣赏者两个方面。从创作者的角度看，主题来自艺术家对题材的独到的思考，隐迹于作品的形象等形式之中。从欣赏者的角度看，只有审美活动主体调动自己的深层的生活经验，才能真正地感悟或建构作品所欲表达的主题。

艺术作品的主题的上述特点表明：第一，我们要正确地理解作品的意味，就必须从艺术作品的形式特性出发，不能违背规律；第二，艺术作品的主题的存在就意味着作品中或多或少、或直接或间接地存有“道德存在”。

3. 形式

形式指艺术作品外在的存在形态，包括作品的结构、语言技巧、体裁等等。审美活动之所以能够开展，是因为有审美对象的形式存在，创美活动的主要任务也可以归结为找到和创造能够表达主题的合适的艺术形式。正如马尔库塞所说，艺术的内容和形式的关系是一种历时性的关系。内容没有成为艺术品时仅仅是生活本身；而内容要转变为艺术品，实际上就是要转变为艺术形式。所以“我们不妨把‘美学形式’解作一个既定内容（现有的或历史的、个人的和社会的事实）转化为一个独立自足的整体（如一首诗、一篇剧作、一部小说等等）的结果”[①]。从艺术欣赏的角度看，审美活动的起点也正是作为“第一文本”的艺术形式的存在。所以，从内容与形式的不可分离的特性出发，我们可以理解，艺术形式是与内容中的道德存在共存的。此外，艺术形式本身也可能具有某种道德的意味。比如现代艺术（绘画、音乐和文学作品等等）中，一些艺术形式的探索实际上与对传统道德的反思、反叛有直接或间接的联系。一些艺术流派的产生还与哲学和思想的潮流有直接的联系。又比如，在“五四”时期，白话文取代文言文，这一文学艺术形式（语言）的转变就是与新文化运动中的平民化道德抉择或价值取向直接联系在一起的。艺术形式的变革一方面是艺术自身在精神上的解放，另一方面也会以其自由发展的趋向给人以精神与价值上的反思与启迪。所以从一定意义上，我们也可以说，即使是在纯粹的形式之中，美的事物中也仍然有“道德存在”存在的可能性，只不过对这一道德存在应当做宽泛一些理解而已。

作品中的“道德存在”只是客观的结果，形成这一结果的原因当然只能

---

① 赫·马尔库塞．审美方面//陆梅林．西方马克思主义美学文选．桂林：漓江出版社，1988：258.

从创作和欣赏的主体的生成活动中去寻找。

二、德性对创作主体的作用

对于德性对创作主体的作用可以从两个方面加以说明：一是德性与创作过程的关系；二是德性与创作主体的关系。由于创作过程就是创作主体的立美创造的过程，所以创作过程与创作主体的关系是不可割裂的，德性与创作过程的关系也是德性与创作主体的关系。

艺术美的创造过程可以分为艺术体验、艺术构思和艺术表达三个阶段。许多艺术作品的创作在构思和表达阶段仍然有创作主体有意识的道德考虑存在。但艺术创作最大的忌讳也在于对道德或思想做图解。因此如果道德存在于艺术创造过程之中的话，那也主要是无意识的、近乎“天成”的、滴水不漏的“潜在性”的存在。这一潜在性的存在浸透了主体，因而是通过创作主体自然流露出来的，与其说是突然出现于艺术构思、艺术表达之中的，还不如说是事先就早已通过艺术体验存在于主体的艺术积累当中了。因此笔者认为：对于创作主体的德性对创作过程的影响的说明的关键在于主体艺术创造活动的起点——“艺术体验”。

所谓艺术体验是指艺术家对生活的观察、感受和思考，是生活在心灵中的积淀。艺术体验带有强烈的情感色彩，是艺术美创造所不可缺少的环节。艺术体验从时间长度来说，可以有即时性和长期性的体验两类。南北朝时的著名画家宗炳在其《山水画序》中说：“余眷恋庐、衡，契阔荆、巫，不知老之将至。”至其老迈难行，依旧壮心不已，“卧游山水”。这是一种长期的艺术体验。这一长期的“师法自然”的体验过程是宗炳成为画坛巨匠的重要因素。而中国绘画史上另一个故事则是即时性体验的典型：

开元中，将军裴旻居丧，诣吴道子，请于东都天宫寺画神鬼数壁，以资冥助。道子答曰：“吾画笔久废，若将军有意，为吾缠结，舞剑一曲，庶因猛厉，以通幽冥。”旻于是脱去衰服，若常时装束，走马如飞，左旋右转，掷剑入云，高数十丈，若电光下射，旻引手执鞘承之，剑透室而入。观者数千人，无不惊栗。道子于是援毫图壁，飒然风起，为天下之壮观。道子平生绘事，得意无出于此[①]。

与此相类似的还有唐代书法家张旭看公孙大娘舞剑而书法水平猛进的故事。由于即时性的艺术体验往往与直接的创作过程相连接，很容易确证其重要性。但假若没有长期性的艺术体验作为积累，即时性的体验是无法这样发挥神奇的作用的。同时，无论是长期性还是即时性的艺术体验，都必须真正融入主体的心灵，形成一种“心上的刻痕”[②]，才能对艺术创作过程发挥真正的影响。

根据自觉程度的不同，艺术体验可分为自发的体验和自觉的体验两类。自发的艺术体验是主体在无意识中完成的艺术体验，是生活的自然积淀。许多艺术家往往并不是为了成为艺术家而去进行艺术体验的。相反，是生活使他们成为艺术家，或者，成为艺术家之后，是生活使之创作了那些不朽的艺术品。鲁迅先生早年本想医疗救国，是日本留学的经历使他认识到不管国民身体如何健壮，如不觉醒，都只能做麻木的奴隶，从而弃医从文的。鲁迅的创作中，无意识的自发体验的影响的例证还很多，比如童年生活对他的创作就产生了非常大的影响。从《故乡》《社戏》《阿长和山海经》到《孔乙已》《阿Q正传》《祝福》，都可以看到其童年生活的影子。另外一个例证是贝多芬。童年生活对贝多芬有深刻的影响，20多年的故乡生活一直是他音乐创作的源头活水。贝多芬曾经在给一个朋友的信中这样说：“我的故乡，我出生的美丽的地方，至今清清楚楚的在我眼前，和我离开你们时一样。当我能重见你们，向我们的父亲莱茵河致敬时，将是我一生最幸福的岁月的一部分。”[③] 所以自发或无意识的艺术体验对于艺术创造的作用是非常之大的。在现代艺术理论中，以弗洛伊德为代表的分析学派从心理学的角度揭示的幼年、童年生活对人的生活与艺术活动的影响也可以被部分地归结为这种无意识的体验。

自觉的艺术体验是指有意识地为了艺术创造而进行的生活积累。中国古

① 引自郭若虚的《图画见闻志》。

② 唐祈．在诗探索的道路上//唐祈诗选［C］．北京：人民文学出版社，1990：204.

③ 罗曼·罗兰．贝多芬传［M］．傅雷，译．北京：读书·生活·新知三联书店，1949：77.

代就有“外师造化，中得心源”（唐张璪语）之说，上述宗炳的“眷恋庐、衡，契阔荆、巫，不知老之将至”和吴道子的观剑绘画，都是有意识的艺术体验。自觉的生活体验是艺术家艺术自觉的重要组成部分和标志之一。

最后，所有的艺术体验都可以分为形式上的体验和实质上的体验两类。这里所谓形式上的体验是指走过场的“体验生活”，或者带有先在的观念去图解生活，是一种虚假的艺术体验。在中国现代史上，相当长的一段时间内，由于意识形态的原因，体验生活曾经是文艺界的一场全民运动。但是这一运动总体上是失败的。原因当然很复杂，但是对于艺术体验的误解是一个十分重要的因素。一部分人迫于压力或为了政治上的利益，到“田间地头”走过场；另一部分人则在体验中去“发现”实际上是由政治家们规定好了主题的“生活”。实际上真实的艺术体验首先是艺术家个人的自由、直觉的生活经验。所以任何强制的、非个体的、不自由的、抽象的“体验”都只能是虚假的东西。中国现代史上的上述虚假的艺术体验的经历至今仍然使许多人谈虎色变。但是艺术史又明明白白地告诉我们：艺术体验是艺术创作的基础，艺术体验的深度和广度决定着艺术作品的艺术成就的高度，深入自然和生活的内部，获得真实或实质性的艺术体验是每个艺术家都无法回避的课题。黑格尔就曾说：“艺术家创作所依靠的是生活的富裕，而不是抽象的普泛观念的富裕。”① 所以，问题的关键是如何理解实质上的艺术体验。

从艺术体验的内容实质上看，真正的艺术体验应当是“人生终极意义的瞬间生成”②。“它是主体对理想的人类活动图式的掌握、发现、观照、接受、创造、享受。只有这种审美体验才可以成为艺术创造的材料。”③ 从吴道子的瞬间体验到鲁迅留日生涯的长期影响，从无意识的童年生活到有意识的师法自然，所有艺术体验的精髓都是对人生与宇宙的终极理解与体味。我国一位诗人这样解释一首诗的产生：“我总认为只有心上的刻痕才是珍贵的。它是从生活中留在内心深处形象的结晶，它藏在你记忆的宝匣中。当你诗情汹涌，感到非要写出它时，它会从容地从你脑海中浮现出来，也就是说，那些

---

① 黑格尔．美学：第1卷［M］．朱光潜，译．北京：商务印书馆，1979：357.

② 王一川．意义的瞬间生成［M］．济南：山东文艺出版社，1988：365.

③ 王一川．审美体验论［M］．北京：百花文艺出版社，1992：139.

客观事物经过你自己的转化，已溶解成为一个全新的意象，一幅完全独立的图画，一连串诗篇里闪光的珍珠，它变成活的有生命的东西——一首诗在这个时候诞生了。”[①] 所以实质性的艺术体验的特点主要是两条：第一，它是艺术家对于生活的自由、直觉性的感悟；第二，它是艺术家对宇宙、人生的终极意义的深沉和整体的把握——毫无疑问，这一把握中也包括了对道德价值与意义的彻悟或理解。

如前所述，创作过程与创作主体的关系是不可割裂的，德性与创作过程的关系也是德性与创作主体的关系。但是对于艺术体验只是从形成的角度探讨了艺术创造所要求的主体素养积淀问题，那么如何看待这一积淀的结果——创作主体的德性修养对艺术活动的意义？

主体的德性修养对艺术活动的意义可以被粗线条地归结为“人品”与“文品”（作品）的关系。

“人品”与“文品”的关系有一定的复杂性。比如“文如其人”的结论中外皆然，在中国艺术史上更是得到了较多的强调。西汉的扬雄甚至说：“言，心声也；书，心画也；声画形，君子小人见矣”（《法言·问神》）。可见作品与德性高下的联系。但是，这一联系又不能被简单化。钱锺书就在其《谈艺录》中说：“心声心画，本为成事之说，实鲜先见之明。然所言之物，可以伪饰：奸臣为忧国语，热中人作冰雪文，是也。”不过“其言之格调，则往往流露本相：狷急人之作风，不能尽变为澄谈，豪迈人之笔性，不能尽变为谨严。文如其人，在此不在彼也”。所以对于人品与文品的关系我们不妨可以归结为：(1) 个性与风格的关系；(2) 德性与境界的关系。

个性就是中国古代文人常说的“性情”。明代的李贽主张：“盖声色之来，发于情性，由乎自然……故性格清彻者音调自然宣畅，性格舒徐者音调自然疏缓，旷达者自然浩荡，雄迈者自然壮烈，沉郁者自然悲酸，古怪者自然奇绝。有是格，便有是调，皆性情自然之谓也。”（《焚书·杂述·读律肤说》）这是一种较为典型的个性与风格的关系的描述。中国文人常常以“性情中人”自得，除了性情中人的生活美感之外，另一个很重要的原因就在于

① 唐祈．在诗探索的道路上//唐祈诗选［C]. 北京：人民文学出版社，1990：204.

只有率性而为、尊重个性，才可能创造真正的艺术精品。无论是在创作的即时准备中，还是在平常的艺术积淀中，“养性”都是一个与“修身”相联系的重要的课题。

性情或个性问题是一个不等于道德但又不能将其与道德修养完全割裂理解的问题。所以对个性与风格的关系的探讨必须与对德性与境界的关系的探讨结合起来。宗白华先生在谈到晋代艺术时说：“晋人艺术境界造诣很高，不仅是基于他们的意趣超越，深入玄境，尊重个性，生机活泼，更主要的还在于他们的‘一往情深’！……深于情者，不仅对宇宙人生体会到至深的无名的哀感，扩而充之，可以成为耶稣、释迦的悲天悯人；就是快乐的体验也是深入肺腑，惊心动魄；浅俗薄情的人，不仅不能深哀，且不知所谓真乐。”① 所以，“真性情与人格力量是相互支持的，没有真性情，人格境界无从立足；人格境界低俗，自然是真性情缺席。因此，真性情是艺术家对待世界与人生的态度，人格力量是真性情的人生实践中凝聚的精神实体，这是艺术家天赋与修炼的汇融”②。

除了主体的德性与个性或性情结合在一起形成个体的生活境界，进而形成作品的境界之外，一些作家的道德生活态度还直接进入了艺术创作及作品之中。有两个非常典型的例证。一是贝多芬。贝多芬的第三交响曲《英雄》原本是准备献给自己心目中的英雄拿破仑的，但就在这时传来了拿破仑称帝的消息。于是偶像的形象破灭了——“他喊道：‘这也不过是一个凡夫俗子而已！如今他也要用他的脚践踏人权以满足自己的野心，如今他也要使自己高过所有的人而成为暴君！’贝多芬走近桌旁，拿起那面扉页，把它撕成碎片扔在地上。这部第三交响曲第一页又重新写过；贝多芬在这新扉页上这样写着：‘《英雄交响曲》……为纪念一个伟人而写’”③。另一是清代画家石涛。石涛所画之竹均为抱节之竹。他在对比自己的竹画与苏轼的不同时说：“东坡画竹不作节，达观之解。其实天下之不可废者无如节。”石涛画竹抱节与苏轼的画竹无节实际上各自表达了个人的襟怀：苏轼放达高远，所以画竹无

① 宗白华．美学与意境［M］．北京：人民出版社，1987：188－189.
② 张同道．艺术理论教程［M］．北京：北京师范大学出版社，1997：112.
③ 凯尔什涅尔．贝多芬传［M］．杨民望，杨民怀，译．上海：上海文艺出版社，1959：60.

节；石涛为明王室后裔，至死不改其节，故画竹抱节也！一个画家，或者任何一个艺术家，如果仅仅靠技巧存在，他的作品可能会在艺术上达到一定的高度，但是由于性情与德性的不足，他在作品的境界提升上肯定会受到自身的制约。

正是因为德性和性情与境界有密切的关系，所以包括道德修养在内的精神修养就自然成为艺术家建构和完善主体的一个重要的方面。《文心雕龙·神思》说“是以陶钧文思，贵在虚静，疏瀹五藏，澡雪精神”，强调的是创作时要有即时性修养准备。鲁迅先生说：“美术家固然要有精熟的技工，但尤需有进步的思想与高尚的人格。他的创作表面上是一张画或一个雕像，其实是他的思想与人格的表现。”[①] 人格修养则是一个长期和必需的积淀与准备。

三、德性对欣赏主体的作用

关于德性对欣赏主体的作用我们不妨从两个方面予以说明：一是欣赏活动中主体对作品的再造性质；二是伦理批评对于欣赏活动的意义。

对欣赏活动中主体对作品的再造性质的关注是一个现代性的美学取向。在传统的美学或文艺理论当中，对于艺术美的关心主要集中在作者和作品这两个环节。至于欣赏活动，只是被看作作者通过作品已经给定的某种意义灌输，或者，欣赏主体只是一个纯粹的受动者在接受熏陶。这就是被人指斥为“艺术拜物教”的现象。接受美学将欣赏活动及其主体的作用提升到了前所未有的高度，使其成为艺术活动的核心或关键之一从而改变了上述现象。

接受美学等现代美学理论对艺术活动分析的最大贡献之一就在于充分解释了欣赏或接受主体对艺术美的创造性，将艺术消费与一般消费、艺术欣赏、艺术接受及艺术鉴赏等范畴区别开来。

首先，艺术消费是一种特殊的消费活动。它与一般消费的区别主要有两条。第一，它是一种精神性消费，消费过程就是精神活动的过程。在消费活动中，艺术品并不像一般的消费品那样，其物质形态会随消费过程的结束而

---

① 鲁迅．鲁迅全集：第1卷［M］．北京：人民出版社，1981：330.

消失。相反，艺术美的物质形态可以保留下来供人重复欣赏。所以艺术消费是可重复的、具有永恒性质而非一次性的、即时性的消费活动。此外，艺术美的欣赏的精神性还使物质消费的独占性、排他性得以扬弃。艺术美具有共享性，可以被千万人共同欣赏，形成所谓“奇文共赏”的现象。精神上获得共鸣甚至是许多艺术欣赏主体追求的境界之一。第二，艺术消费是一种再造性和增值性消费。不同的消费主体在进行艺术欣赏时会根据自己的人生经验、主体精神和审美趣味对客观的艺术品进行自己的再创造，因而同样一件艺术品在不同的消费主体那里会形成不同的艺术效果。所以欣赏活动也是艺术价值的创造活动，具有艺术价值的实现和增值的特性。

其次，艺术消费实际上有不同的水平或境界。艺术消费可以是一般物质性的消费。比如，为了炫耀自己的社会地位而进行的装点门面、附庸风雅的“夸示性消费”[①] 也属于广义的艺术消费。但这是一种外在的、物质的、占有性的消费，因而是一种虚假的艺术消费。真正的艺术消费应当是艺术欣赏活动本身。同样，艺术欣赏可以被理解为一种静观性的、膜拜性的活动，也可以是一种主动的创造性的活动。后者则是所谓的艺术接受和鉴赏活动。艺术接受与鉴赏的区别则在于后者往往具有更多的批判精神或者自觉意识。所以实质性的艺术消费是艺术欣赏；实质性的艺术欣赏是接受性、鉴赏性的。换言之，艺术欣赏的较高水平和境界是主体的艺术自觉和修养水平不断提高的结果。

无论是从艺术消费的性质或艺术消费的境界的角度来看，艺术消费或艺术欣赏的实质都在于接受主体对欣赏对象的二次创造。故西方有“一千个读者有一千个汉姆雷特”之说，中国也有“一千个读者有一千个林黛玉”之说。而这一欣赏主体对艺术美的二次创造活动的必要条件之一是主体具备一定的包括德性在内的修养条件。

接受主体的二次创造表现在接受活动的全部过程之中，因此欣赏主体的德性对于欣赏活动及其效果的影响也自然表现在这一欣赏的发生、发展和高潮的全过程中。

---

① 豪泽尔．艺术社会学［M］．居延安，译．上海：学林出版社，1987：211－212.

首先，主体的德性影响艺术欣赏的发生。

在艺术欣赏的发生机制上，一定主体的德性因素对艺术欣赏活动的影响大致表现在审美主体的期待视野、接受动机和接受心境等几个方面。

1. 期待视野方面

期待视野（expectation horizon）[①] 是指审美过程中主体由于自身心理图式的影响而形成的对于作品的主观期望，与此类似的概念是“前理解”。一般说来，期待视野包括对艺术形式和意蕴两个方面的主观期待。形式期待是对艺术体裁、风格等方面的期待，而意蕴期待则是对作品中所寄寓的审美意味、情感世界和人生态度、思想倾向等方面的期待。在欣赏或审美过程之中，欣赏主体总是会自觉不自觉地期待作品能够表现出符合自己意愿的审美趣味、情感世界，总会期待着作品表现出一种合乎自己理想的人生态度、价值取向等。与此相关，主体也会产生对于相应艺术形式的期待心理。比如一个有着积极向上的人生追求的主体会在内容或主题上期待展现克服困难、奋勇进取精神的作品，在艺术形式上则会倾向于选择那种具有雄壮、奔放风格的艺术作品。对既定作品，欣赏者也会事先有一定的期待或前理解。除了作品本身的制约之外，期待视野的形成与主体的艺术素养、个体的心理和生理特质等因素都有十分重要的联系。同时，期待视野的形成与主体的生活实践和德性修养亦有直接的关联。或者说，德性因素参与期待视野的建构。上述所谓的“有着积极向上的人生追求的主体”实际上就是有一定德性修养水平的主体。

2. 接受动机方面

审美活动是一种具有高度自觉性的活动，艺术欣赏的发生与所有活动一样也有动机的问题。艺术欣赏或接受活动的动机包括审美与娱乐的动机、求知动机、受教动机、批评动机等。艺术欣赏活动首先当然是审美和娱乐性质的活动。但是我们也不能绝对否定其他动机的存在。在实际生活尤其是学校教育中，艺术活动的参与常常与受教动机相联系。人们总是力图通过审美活

① 姚斯．接受美学与接受理论［M］．金元浦，周宁，译．沈阳：辽宁人民出版社，1987：340－345.

动使自己得到人生的启迪、精神上的鼓舞和道德境界上的提升。当然，我们对艺术欣赏的受教动机应当做适当的界定。我们应当强调：第一，艺术欣赏动机中，审美动机是第一位的、显在的、起主导作用的动机；第二，受教动机等发生在艺术欣赏的发动阶段，而不是发生在艺术欣赏活动过程之中；第三，受教动机在不同主体身上具有不同的表现，强度有强有弱，自觉水平有高有低。但是，受教动机的存在证明德性实际上从一开始就可能存在于艺术美的审美活动之中。

3. 接受心境方面

艺术欣赏还有一个必备条件就是艺术接受或欣赏的心境，在不同的心境之下，主体对作品的理解完全不同。苏轼有诗曰："欲令诗语妙，无厌空且静。静故了群动，空故纳万境。"（《送参寥师》）一般认为这首诗是论诗歌创作的，其实，诗歌和所有的艺术作品的欣赏也都需要这种"静"和"空"的心境。功利人格、浮躁的心绪等主体因素对艺术欣赏都会产生负面的影响。而超越功利、戒绝浮躁，进入艺术欣赏的心境，虽然不能完全依靠德性修养，但是可以肯定的是，德性修养的影响是存在的。

其次，主体的德性影响艺术欣赏的发展。

艺术欣赏的发展阶段可以被分解为所谓"填空"与"对话"以及还原与理解两大方面。

1. "填空"与"对话"

"填空"是波兰现象学家英加登（Roman Ingarden）提出的一个概念。英加登认为，虽然文学作品中语词和语音的关系以及词、句、段各级语音单位的意义及组合是不变的，但是语言在其所表现的客体层和图式方面却带有虚构和意象性特征，其意义是模糊的、难以明晰界定的，至于思想观念和其他形而上的意蕴则更是只可意会不可言传的，故文学作品的最终完成必须依靠读者的欣赏体验去"填空"。在此基础上，接受美学理论家伊塞尔（Wolfgang Iser）提出，文学文本只是提出了一个"召唤结构"，它的作用是召唤读者在可能的范围内进行再创造。与此相联系，伽达默尔（Hans-Georg Gadamer）则认为艺术存在于读者与文本的"对话"之中。文本是一种对于欣赏者的吁请、呼唤，它渴望被理解；而读者则积极应答，理解文本提出的问题，形成所谓的“对话”。艺术是开放的、历史的、流动的，不同的读者会使同一个原始或“第一文本”产生无数不同的“第二文本”。“填空”与“对话”理论与中国古代文论中讲究的“象外之象”“韵外之致”“味外之旨”的“兴味”说等有异曲同工之妙。他们共同揭示出欣赏主体的主动参与对于作品意义完成的决定性作用。实际上不仅仅是文学，所有艺术形式都只是提供一定的符号或艺术语言，艺术的真正完成首先需要欣赏者将这些符号转换为形象和意蕴。同时，艺术语言的最大特点也正在于其具有不确定性，审美主体只有通过想象、移情等积极主动的心理活动才可能真正理解或者欣赏作品。

2. 还原与理解

如果说“填空”与“对话”是行动的话，还原和理解则是这一行动的结果。通过欣赏主体的“填空”或与作品的“对话”，文本由“第一文本”转化为带有欣赏主体特征的“第二文本”。正如接受美学的代表人物之一姚斯所说：“一部文学作品，并不是一个自身独立、向每一时代的每一读者均提供同样观点的客体。它不是一尊纪念碑，形而上学地展示其超时代的本质。它更多地像一部管弦乐谱，在其演奏中不断获得读者新的反响，使文本从词的物质形态中解放出来，成为一种当代的存在。”① 从一定意义上说，由于“第一文本”的制约，“第二文本”当然是对文本的原创者心目中的形象、情感和意蕴的“还原”。所以读者与作品的对话中包含了与作者间“视接千载，思通万里”的间接的对话。但是“一千个读者有一千个汉姆雷特”“一千个读者有一千个林黛玉”，由于“填空”“对话”作用的存在，经过二次创造活动之后形成的“第二文本”往往又与“第一文本”差距甚大，会在形象、情感和思想上“变异”。因此欣赏主体对作品的理解可能是与作者意图方向一致或相似的“正解”，也可能是相反的“误解”。中国文学史上有两个著名的误解的例子。一是韦应物写景的诗句“独怜幽草涧边生，上有黄鹂深树鸣”（《滁州西涧》），有人误解为写“君子在下小人在上之象”②。另一是有人认为

---

① 姚斯．接受美学与接受理论［M］．金元浦，周宁，译．沈阳：辽宁人民出版社，1987：26.

② 周振甫．诗词例话［M］．北京：中国青年出版社，1979：59.

《阿 Q 正传》中的阿 Q 是影射某人，以致鲁迅先生慨叹："我只能悲愤，自恨不能使人看得我不至于如此下劣。"[①] 正是因为欣赏主体在还原和理解上彼此不同，才会使"第一文本"产生出无数不同的"第二文本"。

无论是从"填空""对话"还是还原、理解的角度，我们都不难看出，主体的德性虽然不是唯一的影响因素[②]，但它肯定会介入欣赏过程。比如对同样一部《红楼梦》，"单是命意，就因读者的眼光而有种种：经学家看见《易》，道学家看见淫，才子看见缠绵，革命家看见排满，流言家看见宫闱秘事"[③]。所以"看人生是因作者而不同，看作品又因读者而不同"[④]。萨特也说："读者的接受水平如何，作品也就如何存在着"[⑤]。在还原和理解过程中出现误解，实质上是在欣赏主体二次创造活动之中形成的"第二文本"与"第一文本"在形象、情感和思想上出现的"变异"。在学校教育中，常常遇到的情况之一是在阅读文学作品或观赏影视节目过程中，反面人物反倒成了青少年模仿的对象，这种情况也是上述变异的结果。这里除了在主观上的审美欣赏过程中出现了所谓审美的"普适化"现象，使青少年抽象地关注了反面人物的某些形式美的方面而舍去了必要的道德判断等原因之外，最主要的原因还在于青少年还处在道德和审美观的形成阶段，因而有一个道德和审美趣味的提升问题需要解决。事实上德性对欣赏主体的影响并不仅仅体现在对"误解"的解释上。德性影响"填空"与"对话"的领域与深度，影响正解、误解及其在类型、程度上的差异。在对艺术作品的"正解"方面，一个非常重要的维度是：个体对作品理解的深度，尤其是对那些能够给人以超越性价值启迪的作品，主体若没有一定的人生体验、没有真正达到一定的道德境界，是难以企及的。因此，一定主体的德性水平实际上直接或间接地影响艺术欣赏发展阶段的所有因素与环节。

---

① 鲁迅．鲁迅全集：第 3 卷［M］．北京：人民文学出版社，1959：283.

② 马克思说："对于没有音乐感的耳朵来说，最美的音乐毫无意义，不是对象……因为任何一个对象对我的意义……都以我的感觉所及的程度为限。"（马克思恩格斯全集：第 3 卷［M］．北京：人民出版社，2002：305.）所以影响主体欣赏活动的首要因素应当是艺术素养。

③ 鲁迅．鲁迅全集：第 7 卷［M］．北京：人民文学出版社，1963：419.

④ 鲁迅．鲁迅全集：第 7 卷［M］．北京：人民文学出版社，1963：82.

⑤ 伍蠡甫．现代西方文论选［C］．上海：上海译文出版社，1983：197－198.

最后，德性修养影响艺术欣赏的高潮。

狄德罗在论戏剧艺术时说："只有在戏院的池座里，好人和坏人的眼泪交溶在一起。在这里，坏人会对自己给人造成的痛苦感到同情，会对一个正是具有他那样性格的人表示厌恶……那个坏人走出了包厢，已经比较不那么倾向于作恶了，这比被一个严厉而生硬的说教者痛斥一顿要来得有效。"① 狄德罗这里所描述的实际上是戏剧艺术欣赏的高潮阶段的欣赏主体的精神特征。在艺术欣赏的高潮阶段，欣赏主体会与作品的作者，作品中的人物，或其他欣赏者发生精神上的共鸣，得到情感上的净化，领悟人生的真谛，从而实现人格上的提升。但是，并不是所有欣赏主体都会在同一方面获得同一程度的收获。高潮的性质、程度也与欣赏主体的艺术与德性修养等因素有密切的联系。

马克思说："对于没有音乐感的耳朵来说，最美的音乐毫无意义，不是对象……因为任何一个对象对我的意义……都以我的感觉所及的程度为限。"② 一些有较高艺术水准的作品往往并不被广大的普通听众、观众所欣赏的"阳春白雪"现象，就是由于欣赏者的艺术接受能力构成了欣赏的障碍。所以艺术接受能力或鉴赏水平是艺术欣赏高潮获得的首要前提。但是，主体的德性状态也是影响高潮获得的一个重要的因素。一个在实际上坚持媒妁之言、父母之命等观念的欣赏者是不可能获得一位和林黛玉、贾宝玉一样渴望、追求自由爱情生活的青年所能获得的与林黛玉、贾宝玉在情感上的强烈的共鸣的。当果戈里的《钦差大臣》上演，赫尔岑赞叹说以前从没有读到过这样一部完备的俄国官吏病理解剖学教程时，俄国的皇帝、大臣和权贵们却认为《钦差大臣》里描绘的那样的官吏、那样的城市，在俄罗斯过去和现在都没有，《钦差大臣》是捏造和诽谤！对一些社会性、主题性不是很强的作品在欣赏时德性因素的影响可能要复杂和隐蔽一些，但是我们仍然能够分析出主体德性因素的某些作用。一般地说，艺术欣赏的主导机制是情感作用。艺术对人的净化和提升既不是理性的说服，也不是直截了当的劝谕，而

① 狄德罗．论戏剧艺术//文艺理论译丛［C］．北京：人民文学出版社，1958：150－151．

② 马克思恩格斯全集：第3卷［M］．北京：人民出版社，2002：305．

是凭借情感的沟通和震撼激发人心灵中潜在的对真善美的追求。但是认知心理学告诉我们，情感从某种意义上仍然是隐蔽或深藏着的认知，完全脱离主体价值判断的情感是没有的。因此培养健康的审美观念始终是美育的根本任务之一。

从以上对艺术欣赏的发生、发展和高潮等过程的角度都可以看出，审美主体的鉴赏力与艺术接受的质量息息相关。提高审美能力的一个重要方面是要提高艺术鉴赏力。鉴赏与欣赏的区别在于前者具有更自觉的对于作品进行艺术批评的能力。艺术批评有多种形态，如审美批评、心理批评、伦理批评和社会历史批评等。为了集中讨论德性与审美的关系，我们这里只讨论伦理批评。

所谓伦理批评就是用道德上的善与恶作为艺术作品评价的尺度之一进行艺术批评。伦理批评是一种古老的艺术批评形式。中国从先秦开始就有“美善相乐”的观念。孔子说：“诗三百，一言以蔽之，曰：思无邪。”（《论语·为政》）诗作的邪与不邪主要是依据道德标准进行判断。《论语》中还记载说：“子谓《韶》，尽美矣，又尽善也。谓《武》，尽美矣，未尽善也。”（《论语·八佾》）对《韶》与《武》的高下在达到一定艺术水准之后，最关键的也是看是否做到了“尽善”。在西方，古希腊也有“美善同体”说。柏拉图就曾在《理想国》卷三中明确主张：“作品须对我们有益；须只摹仿好人的言语，并且遵守我们原来保卫者们设计教育时所定的标准。”像《荷马史诗》那样亵渎神明的作品不但不会培养公民的良好德性，反而会败坏人心，所以应当将诗人驱逐出他的“理想国”。

伦理批评的最大的问题主要出现在两个方面：第一是伦理批评往往过分强调伦理尺度，从而使审美活动出现道德化的“德化”倾向。“寓教于乐”容易变成“重教轻乐”。第二是不同的时代和人群的道德标准并不完全统一，伦理批评的标准难以掌握。但是，即便如此，伦理批评仍然是现当代美学和文艺理论中的一个重要的批评形态之一。如美国文艺理论家白璧德（Irving Babitt）和摩尔（Paul Moore）等人至今仍然大力强调作品的道德意义与教育功能。其原因主要有两个方面：

第一，欣赏活动离不开伦理批评。（一般的）艺术欣赏与艺术批评的关系既是整体与部分的关系，又是基础与提升的关系。就是说艺术批评应以艺术欣赏的一般规律为基础，不能脱离艺术欣赏的实际去进行抽象的批评。同时，艺术批评又是欣赏的最高或最理性的形式，只有具备一定的批评能力，才能进行高水平的欣赏，并且使欣赏的水平得到不断提升。一般审美主体也许并不需要都成为批评家，但是有一定的批评能力，使自己一般的“欣赏”活动上升到“鉴赏”[①] 水平却是有非常必要的。我们前面曾经提及的审美与道德发生矛盾的“普适化”现象实际上就已证明，只要不过头，一定的批评，尤其是伦理批评对于健康的艺术欣赏是有必要的。

第二，现代艺术消费的特点强化了伦理批评的重要性。马克思说过：“艺术对象创造出懂得艺术和具有审美能力的大众，——任何其他产品也都是这样。因此，生产不仅为主体生产对象，而且也为对象生产主体。”[②] 一般说来，好的艺术作品肯定会给欣赏主体带来艺术与人生上的提升。相反，低劣和庸俗的作品也会逐渐生产出趣味庸俗、格调低下的欣赏者。当代社会是一个高度工业化、市场化和自由化的社会。工业化、市场化与自由化当然也给艺术品的创作、生产与欣赏带来了积极的影响。但是其消极意义也是不可低估的。由于工业化、市场化与自由化的影响，艺术消费的外在包装可能大于艺术欣赏的本质；与此同时，除了艺术质量可能受到市场经济与批量生产等因素的消极影响之外，一些格调低下、迎合和刺激本能欲望的非道德、反道德的艺术品已经堂而皇之地大量涌现。因此，具有一定的伦理批评能力不仅是现代社会艺术欣赏的必要，而且是捍卫真正的艺术欣赏的需要。

从对欣赏过程的分析和对伦理批评的必要性的论证都可以看出，艺术欣赏活动的质量与欣赏主体的素养密切相关，因而与主体的德性修养有密切的联系。因此，在适当的前提下讨论主体的德性修养对美的创造与欣赏的作用，进而讨论教育活动中德育对美育的作用是审美、创美活动以及学校美育事业的需要。

---

① 鉴赏是一种介于“欣赏”与“批评”中间状态的概念。也可以说鉴赏是含有批评意识的欣赏活动。

② 马克思恩格斯选集：第2卷［M］. 北京：人民出版社，2012：692.

第四节　德育对美育的辅助作用及其阈限

在德育和美育的关系研究方面，人们往往将比较多的注意力放在对美育的育德功能（即美育对德育的作用）的说明上。德育对美育作用的说明往往较少得到关注。其中一个重要的原因是德育对美育作用的解释必须特别注意分寸，否则就会出现将美育活动德育化从而葬送美育也葬送德育的后果。但是，解释需要小心与解释的必要性并不矛盾。本节希望通过对德育对美育作用的探索对于有关这一理论问题的思考有所裨益。

德育对美育所具有的辅助作用至少表现在美育过程之外和美育过程之内两个方面。但是德性在审美创造与欣赏活动中的作用主要是内在（或潜在）于主体的精神结构和活动过程之中的，德育对美育的促进作用也主要表现在审美（教育）过程之外。所以德育对美育所具有的辅助作用也应从美育过程之外的作用的阐释开始。

一、美育过程之外的作用

德育对美育的作用首先是在美育过程之外的。所谓美育过程之外，即德育通过对主体的原创性状态、原创性的活动的改造去实现美育的作用。所谓原创性状态是指审美主体在进入美育过程之前已有的心理储备状态，如主体深层心理结构、审美观念等等。

（一）原创性状态之一："集体无意识"

我们知道，人类通过社会性的实践活动作用于自然，一方面使客体自然"人化"，另一方面也使主体自然也就是人自身实现"人化"。这个过程中：一代一代的自然和社会科学的智慧一方面通过书籍、工具、器物等信息载体流传下去，并实现不断增殖的文化进化；另一方面作为智慧形式在主体身上一代代积淀从而带来主体"认知结构"的进化。正因为如此，尽管人的认知结构从类的实践过程看是一种获得性遗传，具有后天性，但对于个体来说，却具有先验性。除了认知方面，当劳动对象以其形式的改变使主体满意或不满意时，主体的反映形式就不再是认识而是情感和情绪——"审美心理结构”也由此产生。人类审美方面的体验通过艺术品、艺术与美学理论以及主体心理结构积淀下来，也经历了一个与认识结构相似、兼容的积淀过程。最后，人的需要不仅有个体的，而且有社会的、群体的。社会发展需要个体需要和群体需要的协调，否则个体和类都无以发展进化。个体和群体乃至于类的这种关系协调的智慧既作为伦理规范、价值体系在典籍及习俗中流传下来，也作为一种心理成分积淀下来，形成所谓“伦理心理结构”。这样，无论真、善、美，人类的文化成果都是既通过外在客体文化载体积淀下来，也通过内在主体文化载体（主体的文化心理结构）积淀下来，成为类及个体生存和发展的历史前提和基础。而主体身上三种文化心理结构内在积淀的过程既与外在文化积淀同步，同时三者本身也是同一过程相互交融、渗透和统一的不同侧面。换言之，在统一的心理形式上，认知、道德和审美心理是相互沟通的，因而任一心理要素的变化都可能通过心理形式的中介而影响其他要素。

心理学上的许多理论与美学上的“积淀说”都有一致或相似之处。例如弗洛伊德、容格和马斯洛等人的理论。弗洛伊德将艺术活动归结为与生俱来的本能冲动得以“升华”的结果。弗洛伊德认为，本我中的“潜意识”是一口包括性冲动（力比多）等生理本能欲求的“沸腾的大锅”，艺术创造或欣赏都是以“升华”的方式使这些潜意识的需要得到实现的渠道。容格将潜意识进一步推进到所谓的“集体无意识”。集体无意识就是所谓的人类心理中沉积下来的早期生活的“族类经验”。容格认为艺术活动，无论是艺术创造还是艺术欣赏，主体只有触动了集体无意识等内心深处，才可能获得真正的审美体验。“潜意识”“集体无意识”等概念与上述认知、道德和审美的“心理积淀”有相似之处。马斯洛属于与分析学派不同的人本主义心理学派，基本上对弗洛伊德和容格的分析心理学持批评的态度。原因是他认为，分析心理学关注了太多的生理需要及人的病态心理。马斯洛将健康人格作为研究的中心，他把人的需要划分为基本需要、高级需要、超越性需要等层次，较多地关注了人的高级需要、超越性需要，认为这些需要是一种常常被忽视而又不应被忽视的“似本能”。道德、艺术、宗教等方面的需要，都是一种与生俱来的似本能。似本能既是人与生俱来的本能，但又极易被忽略。而当似本能被忽略、超越性需要不能得到满足时，人就会有枯燥、无聊、空虚，更具有攻击性等特征，产生所谓的“超越性病态”。如果将上述三位心理学家的观点加以综合的话，我们可以认为，人类是有生物性遗传也有社会性遗传的。审美心理图式中有先天的心理形式存在，只有经由、触及这一心理层面，才会有真正的审美或立美活动存在。而审美心理图式与道德、认知的心理图式是联系在一起的，“集体无意识”可以宽泛地理解为这样一种综合起来的心理图式。一旦我们对集体无意识的形成有所影响，最终这一影响或多或少会影响到审美活动本身。

这样，德育通过对主体的原创性状态、原创性的活动的改造去实现对美育的作用，首先是指狭义或广义的德育作为道德生活实践的组成部分，历史地影响了人类的综合心理形式。或者，我们可以这样说，德育工作历史地影响了不同民族或整个人类的“集体无意识”，因而在每一次审美活动和审美教育进行之前，历史上的道德生活与道德教育参与了审美活动主体的心理塑造；同理，今天任何一种真正意义上的道德教育，作为那种刻骨铭心的心理过程也将对未来人类的包括道德心理、审美心理在内的综合心理结构产生潜移默化的影响——当然，这一过程将是漫长和不明显的（以千、百、万年而不是以一两代计），就像历史上发生过的那样。德育对美育的这一影响是通过对立美、审美主体的“集体无意识”或心理形式的影响去实现的（类似于“国民性”的改造），所以是审美过程或美育过程之外的作用。许多美学家都曾经注意到道德与审美在综合心理层面上的联系。英国美学家舍夫茨别利就认为，审美与道德虽然不同，但审美能力和道德能力都是心灵理性的一种审辨力，即所谓“内在的眼睛”①。道德善恶可以在行动中直接感觉到，而直接感觉到，就证明审美与道德能力存在心理上的沟通。美国美学家桑塔耶纳也认为，道德上的“良知”作为“天性的敏感”本身就是一种审美能力。当诚实、廉洁等道德原理“取得直接的威信”时，“天性的敏感”就可以对它们做出反应。“这种反应在本质上是审美的”。“这种审美的敏感本应称为道德的敏感……这就是‘美善’，是道德的善的审美要求。这也许是人性中最

① 朱光潜．西方美学史：上卷［M］．北京：人民文学出版社，1979：212．

美丽的花朵。”[①] 道德感与美感的上述沟通可以促使我们从两个维度考虑问题：第一，美育可以具有育德的功能；第二，德育对美育也有一定的辅助作用——不过，这一作用是以一种“天性的敏感”之类的心理中介为前提的。所以，对于德育来说，美育的育德功能不可轻视；对于美育来说，德育通过综合心理形式对美育的影响也是不可忽略的重要因素，问题的关键在于如何形成“天性的敏感”这一主体的原创状态。

不过，“人类普遍的审美心理形式结构虽说是超生物的，却不是超社会的，它总是交融渗透着具有一定时代社会历史内容的审美观念、审美趣味、审美理想……”[②] 所以，除了对作为“原创状态”之一的审美主体的心理形式方面进行讨论之外，我们还必须对审美心理的内容方面进行必要的考察。

（二）原创性状态之二：审美观念的建立

为什么“人类普遍的审美心理形式结构虽说是超生物的，却不是超社会的”?

主要的原因是：第一，如上所述，即使是在审美心理的形式上，所谓“积淀”，也就是社会实践的历史的作用。道德、审美、认知等因素及其构成的综合心理形式都是人类整体社会实践的产物。没有历史上的道德活动、审美和立美的实践操作，当然不可能有道德和审美上的任何的“天性的敏感”。人类优越于动物的心理形式来自人类优越于动物的活动（实践）的性质。第二，在心理内容方面，人之所以能够发现审美对象之中的美感和道德感，创作主体的德性之所以能够作用于立美创造，审美主体的德性之所以能够影响审美活动的全过程（从期待、动机，到填空与还原，到欣赏的高潮），都是通过一定主体的审美观念去实现的。而审美观念的建立是与具体和历史的社会实践，与社会生活、道德生活、道德教育等直接联系在一起的。正如英国艺术哲学家科林伍德所说：“没有艺术的历史，只有人类的历史。”[③]

这里所谓的“审美观念”是广义的，即它的主要内容包括狭义的审美观念（审美价值观）、审美趣味和审美理想。审美价值观是一种与审美感性相

---

① 桑塔耶纳．美感［M］．缪灵珠，译．北京：中国社会科学出版社，1982：21.

② 杨恩寰．审美心理学［M］．上海：东方出版社，1991：161.

③ 科林伍德．艺术哲学新论［M］．卢晓华，译．北京：工人出版社，1988：99.

联系的审美理解、判断的理性能力；审美趣味则是一种情感与理性相统一的审美选择、评价的能力与倾向；审美理想是审美观念的最高形式，它指的是审美的意象、范型、标准，是一种借助想象等机制实现的对于美的最高的追求。“无论是偏重于理性的审美观念，偏重于情感的审美趣味，还是偏重于想象的审美理想，由于它们直接与社会生活、文化、心理的关联，当其渗透在审美心理结构之中并引起审美心理各种因素组合发生变化，无不带有时代、民族、阶级的印痕”[①]。“时代、民族、阶级的印痕”会表现在审美价值、趣味和理想的各个方面。

关于审美观念的时代性，一个典型的例证是艺术史上女性人体的造型。从弥罗岛的《维纳斯》（古希腊）的形体与精神的谐和到中世纪女性造像对肉体的尽力贬低［如意大利圣·威塔尔教堂西奥朵拉（查士丁尼大帝的皇后）的造型］，再到文艺复兴时期《西斯廷圣母》的世俗化造型就分别反映了三个不同历史时期人们的审美观念、趣味与理想。普列汉诺夫说过：“基督教徒有他们自己的关于女人外形的理想。这种理想从拜占庭式的圣像身上就可以看到。大家知道，这些圣像的崇拜者对弥罗岛的或其他所有的维纳斯都表示极大的‘怀疑’。他们把所有的维纳斯都叫做女妖，只要有可能就到处加以消灭。”[②] 弥罗岛的《维纳斯》、拜占庭式的圣像、《西斯廷圣母》分别代表了古希腊、中世纪、文艺复兴三个不同时期的审美观，而这些审美观的形成与三个不同历史时期的社会精神状况直接相关。

关于审美观念的民族性与阶级性，艺术史上也不难找到有力的证据。黑格尔说：“中国人的美的概念和黑人的不同，而黑人的美的概念和欧洲人的又不同，如此等等。如果我们看一看欧洲以外各民族的艺术作品，例如他们的神像，这些都是作为崇高的值得崇拜的东西由他们想象出来的，而对于我们却会是最凶恶的偶像。”[③] 这说的就是审美观的民族性。审美活动如作为阶级社会精神生活的一部分则必然会产生审美观上的阶级性。车尔尼雪夫斯

---

① 杨恩寰．审美心理学［M］．上海：东方出版社，1991：168.

② 普列汉诺夫．普列汉诺夫美学论文集：第2卷［M］．曹葆华，译．北京：人民出版社，1983：838－839.

③ 黑格尔．美学：第1卷［M］．朱光潜，译．北京：商务印书馆，1979：55.

基曾经用人体美的观念为例说明过审美观上的因社会生活不同而形成的“阶级性”。他认为，在农奴制下的俄国有以下四种情况：(1) 农民认为劳动而富足的生活是美的，因此体格健壮、面庞红润的农家少女是美的；(2) 商人认为赚钱多、吃吃睡睡的生活是美的，因此由这种生活养成的肥胖少女是美的；(3) 贵族认为无须劳动而又能够享受生活是美的，所以由这一生活形成的纤瘦娇柔、面色苍白、精神慵倦的妇女形象是美的；(4) “有教养”的人认为，“思想和心灵的生活”是美的，具有表现这一生活的“一双美丽的、富于表情的眼睛”的人是美的[①]。四种生活形成了四种关于人体美的审美观念。

审美观上的“时代、民族、阶级的印痕”的说明还应当同审美观上的人类普遍性以及个体性的说明结合起来。因为审美活动的具体既是类的，也是个体的。这里着重说明审美观上的时代性、民族性、阶级性只是为了集中说明问题。那么审美观（包括价值、趣味和理想等等）的上述不同是如何形成的呢，德育活动是如何影响这一观念的形成的？我们仍然以古希腊、中世纪和文艺复兴时期审美观的变革为例。

古希腊、中世纪和文艺复兴时期审美观的不同是与三个不同时期的社会道德生活及道德教育相关的。弥罗岛上的《维纳斯》出土即一个断臂女郎，但是她那种健康、优雅、充满活力而又没有柔媚、性感的半裸的女性躯体，以及这一形象所展现的那种不故意取悦于人又不高踞人上的优美、端庄、和谐统一，一直使人叹为观止。这一精神与形体的和谐实际上与希腊人的生活、教育密切相关。在古希腊时期，伦理思想上群星璀璨。既有理性主义的发轫，也有感性主义的倡导，但是希腊人是一个讲究“中道”的人群，在思想、生活与教育中，人们实际上找到了社会与个人、理性与感性、精神生活与世俗生活的某种平衡。约翰·S. 布鲁柏克说：“雅典的教育目的也可以由一定的美学标准来区别。因为在雅典那个时代以前或以后都没有人考虑到美学。在教育目的问题上，雅典人寻求各方面的平衡。他们一方面注重全面发展的个人——身体、道德、智力、审美都得到发展；另一方面他们也谨慎提

① 车尔尼雪夫斯基．生活与美学［M］．周扬，译．北京：人民文学出版社，1962：7－9.

防畸形发展。他们把身体健美和教育目的放在同等重要的位置上……希腊人认为，一个好公民应该是在各方面都得到发展的人。”[①] 我们不能说德育在希腊人的审美观上起了唯一重要的作用，但是我们肯定可以说，道德教育的观念和实际与社会生活一起，与美育一起对古希腊的审美价值、趣味、理想等起到了重要的作用。

中世纪的来临实际上就是对精神的强调的片面化时代的来临。马克思说：“人奉献给上帝的越多，他留给自身的就越少。”[②] 由于中世纪的基督教教义认为世俗生活、肉体及欲望从某种意义上是罪恶的、易于为“撒旦”所利用，因而否定世俗生活，否定肉体及其欲望就成为中世纪西方世界社会生活与教育的一大特色。这一价值观在教育上的反映就是教育目的强调人的精神生活，强调对未来世界不朽的追求。中世纪的教育对拯救人的灵魂特别感兴趣，而救世的方式就是拒绝物质、语言等感性的引诱。为了精神的、道德的成长，教育中出现了许许多多别出心裁的惩罚肉体的方法。正是道德生活与教育上的这一取向，才使艺术成为神学的婢女，才出现了拜占庭式的人物形象。这一时期甚至出现过普列汉诺夫所说的破坏圣像的运动——因为它们不利于表现对天国的信仰和对世俗生活的抑制。《西奥朵拉皇后与女官》是靠世俗与宗教权力保留下来的那个时期较少的几件绘画作品之一。画中的西奥朵拉及女官都是垂直站立，姿态僵硬、表情呆滞。画面的生动远不如起装饰作用的外框。这一效果的形成是当时宗教化的审美观念的产物，这一观念就是尽可能地简化或否定人的肉体与生活。毫无疑问，中世纪的修道院教育、骑士教育和社会教育中的道德教育在这一审美观念的形成中是有一定的作用的。

文艺复兴的精神实际上就是人道主义（humanism）精神。在这一时期，哲学、伦理是以“发现人”“重视人”为口号的。思想家们极力在宗教的外衣下用人性否定神性，颂扬现世生活的幸福和人生的价值，提倡个性解放和思想自由，反对宗教禁欲主义和天国幸福的幻想。而世俗生活上佛罗伦萨等

① 约翰·S. 布鲁柏克．教育问题史［M］. 吴元训，译．合肥：安徽教育出版社，1991：3-4.

② 马克思恩格斯全集：第3卷［M］. 北京：人民出版社，2002：268.

地的青年绅士的生活是以花天酒地、奇装异服等风气闻名的。在教育上，人性的展现是以学习古希腊时期的古典作品的方式实现的。“人们尽管仍然不得不打着基督教正统的旗号，但已经开始从希腊—罗马多神教文学作品中汲取那些令人振奋的道德感情来充实自己的头脑，从而寻求一种道德品质的健全发展了。”① 拉斐尔的《西斯廷圣母》是文艺复兴时期世俗的审美理想取代宗教的审美理想的产物。画面上，圣母玛利亚怀抱圣婴飘然而至，体态丰满健壮，优美动人，双足赤裸，衣装简朴，目光温柔、充满哀伤与悲悯，完全是一位人间的慈母形象。拉斐尔的人道主义审美理想实际上是当时时代精神的产物。考察历史，我们不难发现，拉斐尔对世俗生活的肯定，以及在宗教外衣之下张扬人性的做法都完全是与当时的生活、教育生态同构的。这一同构关系实际上就是道德教育作为影响源之一影响审美观念的历史证明之一。

我们知道，在美育过程之中，一切抽象的道德说教都可能破坏立美与审美活动本身，因此道德教育在多数情况下是不能直接介入审美教育的。但是，作为生活世界的一部分，道德教育无疑会在心理结构方面、在审美观念方面直接或间接、或多或少地影响人的审美活动。从这一意义上说，道德教育对美育有重要的辅助作用。当然，道德教育对美育的上述作用往往是与生活相融的。尽管有效的德育都应当是生活化的教育，但是道德教育的说教模式自古至今都是事实之一。由于说教或灌输的道德教育往往因为价值上的强制而不能真正影响人的心灵，所以对综合心理的形式方面和对审美观念的内容方面都是很难取得真正的影响效果的；人们之所以对道德教育对审美活动的影响至今都有一种怀疑、否定甚至恐惧的心理，就是因为我们没有将真正的道德教育与道德说教区别开来。

二、美育过程之内的参与

我们说道德教育对美育的作用主要表现在对心理、审美观念的影响上，表现在审美活动和审美教育过程之外，但是我们不可以说在审美活动或学校美育过程之中绝对没有道德教育因素的参与。原因主要有两条。第一，审美

---

① 约翰·S. 布鲁柏克. 教育问题史［M］. 吴元训，译. 合肥：安徽教育出版社，1991：305.

教育与道德教育同属人的精神建设，即人格教育。主题相同，不可能没有沟通之处。第二，学校美育作为学校教育的一部分必然具有“教育性”，因而，美育不等于一般性质的审美、立美活动。一般性质的审美活动可以是“唯美主义”的，但学校美育必须考虑教育性。所谓教育性的主要内涵一是要依据教育规律因材施教，二是要考虑到美育内容在价值上的“健康”。因此，在上述两个意义上，道德教育必然会参与审美教育。或者，美育之中也有道德教育的成分。下面我们逐一分析这两个方面。

（一）美育的人格目标

日本美学家今道友信说：“艺术作品虽然具有物质的美。但归根到底，艺术是在追求像真实与神性那样的理性的东西，即人的精神美。”“艺术就是无意识地像修道者那样，把人格美作为最高准则的行为。”[①] 艺术活动是这样，美育活动更是这样。应该说，由于教育性的制约，美育对精神、人格塑造的强调更甚于一般的艺术活动。实际上几乎所有的美学家、教育家都一致承认的是：美育，尤其是学校美育是以学生美好人格的形成为目标的。美育既以人格形成为目标，就必然与德育相联系。或者说，至少在美育目标的构成上有道德及道德教育因素的直接参与。

今道友信先生这样比较过善与美在人格意义上的不同：

> 我们把去探望病人，看作善。这就是尽头了吗？当我们拿着慰问品来到病床前时，病人说他贫穷的未婚妻给他送来了巧克力，这时我们就要想一想我们带来的大盒巧克力拿出来是否好？也许，这和说了声“我时间仓促，没来得及买礼品”然后到医院小卖部买一小束花送来，在善意这一点上没有什么区别。因为，无论怎样做，都是为朋友送些东西表示慰问。但如果病人心爱的人带来的是小礼物，为了使这小礼物不失光彩，那么带大礼物的人如能做些牺牲，再去另买些小礼物，送给病人，那么这个人的心灵就是美的[②]。

美是比善更高级的境界。今道先生的这一观点类似于孔夫子讲的“兴于

---

① 今道友信．关于美［M］．哈尔滨：黑龙江人民出版社，1983：135，145.

② 今道友信．关于美［M］．哈尔滨：黑龙江人民出版社，1983：190.

诗，立于礼，成于乐”（《论语·泰伯》）。在学校教育中，德育与美育都以完满人格的建构为共同的目标。但是完满人格的完成是由他律、自律到自由的一个过程。当美育活动开展时，教育目标主要着眼于自由人格的构建。自由人格在道德意义上说也就是自由的道德人格。没有“立于礼”的德育因素参与，完全的“成于乐”恐怕是难以充分实现的。所以学校美育的任务之一应当是寻找到两者的结合点。歌德曾说：“鉴赏力不是靠观赏中等作品而是要靠观赏最好的作品才能培养……等你在最好的作品中打下牢固的基础，你就有了用来衡量其它作品的标准，估价不致于过高，而是恰如其分。”[①] 这主要是讲对艺术作品的审美能力培养。但是，如果从道德与审美，德育与美育的结合这一角度言之，什么是“最好的作品”？我们不妨说，为了美育目标的真正实现：第一，我们需要德育在美育过程之外、之内的参与；第二，我们应当尽力寻找到那种“德艺双馨”的审美对象来作为美育课程的核心内容。在现代西方学校美育中，不少国家较为关注古典艺术与现代艺术的关系问题。面对当代艺术对于价值、意义或艺术主题的消解，艺术形式上的急剧变动，以及对传统的反叛乃至荒诞不经，等等，一些国家，如德国的美育工作者认为，学校美育固然要使学生接触一些现代、后现代的艺术和“反艺术”的作品，让学生们感知艺术的吁求与情感，但艺术教育主要应当回到古典作品，回到最本原的艺术节律中去感受生命的和谐律动与生活的意趣，用最优美的艺术品培养学生的审美情趣和高尚的道德情操。这一选择应当说是美育活动德育参与的结果之一。

当然，在审美过程中，美对人格（包括道德人格）的陶冶是“人格性”的。道德教育的参与只是一种辅助或有条件的作用。所谓“有条件”，就是道德观念等只是在审美或立美过程中涉及道德、人生的体悟时才有适度、辅助性参与的可能。在较为纯粹的审美活动中，如在涉及审美的形式方面，德育是不能也无法直接参与美育过程的。

（二）“道德美育”

在美育的内容上，“社会性美”的创造与欣赏是一个重要的方面。所谓

① 歌德．歌德谈话录［M］．朱光潜，译．北京：人民文学出版社，1980：32.

“社会性美”是指艺术作品和社会生活中存在的具有社会性质的美。社会性美就是人性的光辉、道德“善”的美。在社会性美育方面，美育与德育有相当程度的一致。也可以说，在社会性美育中，道德之美直接成为美育的内容。这就是“道德美育”的内涵。具体说来，在社会性美育上至少可以列举以下几个方面的德育参与：

1. 理想美育

画家雷诺兹说过：“绘画艺术远远胜过对自然的摹仿……一切艺术之所以能够达到尽善尽美的境界，是因为它表现出一种理想美，一种比单个自然美还要高级的美。”① 艺术活动中存在两种理想美。一种是艺术本身的境界之美，另一种是艺术内容中的社会理想、人格理想之美。社会生活中的美也有上述两个方面，但以后者为主。艺术境界的理想美给人以惊异、赞叹、积极向上的精神陶冶，而社会与人格的理想美则直接具有道德教育的意义。所以，在我们所说的社会性美育过程中，不仅在艺术作品中，而且在现实生活中，所谓“美”，就是高于一般的社会生活理想、人格、境界等等。社会性的美实质上就是完善的人性之美。让学生了解、欣赏艺术作品和现实生活中的社会性的美，就是观摩、了解，最终是学习如何完善自己的人性，憧憬、追求社会的美好未来。这样的美育当然同时也就是德育。

2. （道德）人格美育

在中国的教育传统中始终存在一个对道德人格的审美策略问题。换句话说，中国古人的教育智慧之一是让学生在对理想人格的审美活动中“学为圣贤”的。这一策略的要义首先是将圣贤人格极致化。比如《中庸》对“圣人”的解释为：“唯天下至圣，为能聪明睿智，足以有临也；宽裕温柔，足以有容也；发强刚毅，足以有执也；齐庄中正，足以有敬也；文理密察，足以有别也。溥博渊泉，而时出之。溥博如天，渊泉如渊。见而民莫不敬，言而民莫不信，行而民莫不说。是以声名洋溢乎中国，施及蛮貊。舟车所至，人力所通，天之所覆，地之所载，日月所照，霜露所队，凡有血气者，莫不尊亲，故曰配天。”正因为有了这种才德完备、富有魅力、极致化了的理想

① 赫伯特·里德．艺术与社会［M］．北京：工人出版社，1989：130－131．

人格，才有了足够吸引亿兆士子孜孜以求的持久动力。司马迁就曾在《史记·孔子世家》中坦言："虽不能至，然心乡往之"。

儒家将圣贤人格极致化的同时也就将圣贤形象做了艺术化处理。所以宋明时期理学家们认为存在所谓的"圣贤气象"。"学者不学圣人则已，欲学之，须是熟玩圣人气象。不可止于名上理会。如是，只是讲论文字。"(《程氏外书》) 二程还从《论语》《孟子》中总结出了孔子如同"天地"，颜子如同"和风庆云"，而"孟子，泰山岩岩之气象"等不同的"圣人气象"(《二程遗书》)。让人去体味、欣赏与学习。故明儒陈献章说："周子、程子，大贤也。其授受之旨，曰：'寻仲尼、颜子乐处。'所乐何事"(《陈献章集·寻乐斋记》)。这种在某种程度上实现了真、善、美统一的人格特征使"圣贤"二字具有了某种独特的"象征符号作用"，使人面对圣贤时联想起所有大智大慧的理想人格特征，从而保持其持久的冲动与追求。所谓"寻仲尼、颜子乐处"就是一种道德美的欣赏与创造活动。所以从策略上言，中国古代的圣贤人格设计、圣贤教育模式中亦有许多今日教育的可取之处。

在艺术作品和日常生活中，面对许多美好的人格形象我们往往首先会对他们进行审美活动。但是，由于这些人物形象本身也是道德人格，所以这时审美活动与德育活动可以说是水乳交融的。我们可以说是道德教育采取了审美的策略，也可以说是审美活动内容中有了德育因素的参与。

3. 行为美育

行为美育的意味有两条：一是人的行为有美与不美的问题，对美的行为我们可以进行审美活动；二是教育应当努力培养学生有美的言行，实现行为美。

人的审美理想、趣味，以及关于人格美的观念肯定会表现在他的品行、习惯、待人接物等等的行为方面。这就可能形成所谓的"行为美"。苏联美学家们认为："礼节、行为、作风的美的问题在美育中占有重要的地位"①。因为伦理与审美在礼节、行为方式等中是结合在一起的。人们普遍遵循的行为规范并不是完全随意的东西，它是从世世代代磨炼、精选出来的知识中形

① 金开诚，龙协涛．现代美育过程［M］．南京：江苏教育出版社，1994：386－387.

成的。一个礼貌、谦逊、和气、殷勤、姿态优雅、有分寸感和良好风度的人就可以是一个审美的观照对象。在西方教育史上，培养这一优雅的风度曾经是所谓的绅士教育等的重要组成部分。在中国古代，朱熹等人也特别强调过培养学生在揖让、谈吐等行为规范方面的美感。

当然，行为美作为一种外在形式离不开人的精神内涵。孟子曾经说："存乎人者，莫良乎眸子。眸子不能掩其恶。胸中正，则眸子瞭焉；胸中不正，则眸子眊焉。"（《孟子·离娄上》）苏霍姆林斯基也说："外表的美是来自内在，源于内心的道德美。喜爱的创造性劳动往往给人脸上留下痕迹，变得更清秀、更富表现力"，相反，"不道德的活动会使人变丑。养成撒谎空谈的习惯渐渐会形成游移不定的目光：诗人常常躲避别人的眼睛，很难看得出他的眼神中有思想……" 所以，"全面发展的和谐，也就是身体、道德、美学的完美的统一"[①]。

从以上两个方面都不难看出，在行为美育中道德教育的参与是不可避免的。因为无论是外在的行为，还是行为所表现的精神内涵，没有道德美就没有行为美。

作为德育在美育内容方面的参与，社会性美的存在也许远不止上述几个方面。但是，可以肯定的是，道德因素不仅影响美育目标的构成，而且在一定条件下可以直接成为美育活动的内容本身。所以，存在这样一个命题：德育对美育的直接参与——尽管它需要更细致、更小心的论证。

三、德育对美育作用的阈限

马尔库塞曾经指出："要拯救文化，就必须消除文明对感性的压抑性控制。"[②] 赫伯特·里德也指出："我们似乎只有在抵消使个人成为超自我的代表（例如成为一个良民）的趋势和影响、不致使人成为'继承先辈传统和永久价值的工具'的影响下，才能培养审美冲动"，"任何为了达到自己的目的而试图控制艺术的影响只能以剥夺艺术的活力而告终"[③]。由于中外美育实

---

① 苏霍姆林斯基．怎样培养真正的人［M］．北京：教育科学出版社，1992：261.

② 马尔库塞．爱欲与文明［M］．上海：上海译文出版社，1987：139.

③ 赫伯特·里德．艺术与社会［M］．北京：工人出版社，1989：109，115.

践中都存在美育的德化或用德育取代美育的倾向，并且都曾给美育活动带来过消极后果，我们有必要在此专门强调一下德育对美育作用的阈限问题。

首先，我们认为，德育在一定意义上会对美育产生影响，但是，现代美育的使命之一是要“消除文明对感性的压抑性控制”。德育对美育的影响不能与美育的现代使命相违背。由于现代社会中文明对人的异化特别严重，恢复人性的鲜活一直是席勒以来所有美学家、教育家的共同理想。在西方，席勒说要使人在审美中成为“游戏的人”，在中国，李泽厚等美学家也一再强调要建设所谓的“新感性”。他们的共同点都在于力图通过美育去恢复人的完整性。过分强调德育的作用实际上会强化理性对人的压抑。所以强调德育对美育作用的阈限不仅是美育事业的需要，而且是人类生存状况改善的必需。

其次，对于德育对美育的作用的说明不能以牺牲美育事业及其效果的方式进行。如前所述，德育对美育的作用可以从美育过程之外、过程之中两个方面去说明，但是这一说明必需遵循以下几点原则：

第一，与对美育过程本身的直接作用相比，德育对美育的作用主要发生在美育过程之外。就是说，在审美活动过程之前，德育主要通过历史、文化、教育等途径塑造审美主体的心理、观念。在审美活动中则应当尽可能避免直接的道德说教的干扰。而德育在审美活动过程之前对审美主体的心理、观念的塑造在方式上也必须是“生活化”的。因为只有真正与生活相融的道德因素才可能渗透作用于人的心理和观念，从而在审美活动开展时潜在地发挥作用。

第二，在审美过程之中，德育对美育的作用是“人格性”的。道德观念等只是在审美或立美过程中涉及道德、人生的体悟时才有适度、辅助性参与的可能。而且这一人格因素的参与方式也是通过主体自身的体悟而非即时性的说教去实现。在较为纯粹的审美活动中，如在纯粹的审美形式观照方面，德育是不能直接参与美育过程的。

第三，在不同的审美阶段与领域，德育对美育的参与的特点是不同的。比如欣赏与鉴赏的区别在于后者有一定的批评意识，包括一定的伦理批评意识在内。但是批评意识往往是在欣赏阶段完成之后的“把玩”阶段才能有效地发生。因为如果审美活动没有开始就安排批评，审美活动本身所要求的主体自由就可能丧失殆尽。学校美育的使命之一就是要使学生拥有一定的鉴赏能力，这当然包括一定的审美观念的建立、审美趣味的提高，包括批评能力的培养等等。但是对批评能力的培养不能与欣赏过程相矛盾。如果学生根本没有审美欣赏的经验，我们可以肯定的是，批评能力是无从培养的。此外社会美与纯粹的自然美、形式美的审美、立美活动也有很大的区别，德育对于它们的参与程度或者影响的大小，参与方式的直接、间接都有明显的不同，这在德育—美育关系的解释中也应引起高度的重视。

总之，德育对美育作用的解释必须特别注意分寸，否则就会出现美育活动德育化或用德育取代美育从而葬送美育也葬送德育的后果。

第四章
教师伦理的缺失及应对

第一节　教育劳动[①]的特点与教师专业道德的特性

一、问题的缘起

曾经有同事在我准备去讲授“教师伦理学专题”课程之前，“不经意”地向我提出过一个十分具有挑战性的问题：“有教师伦理（学）吗？所谓‘教师伦理’到底是伦理学在教育中的应用，还是真的存在一个专门的‘教师伦理’？”

我的当下和直觉的反应是：当然有。但是事后想起来，彻底回答这个“当然”可能是一项十分艰苦的工作。一方面，我们必须承认教育伦理包括教师伦理的确是一般伦理原则在教育中的应用。另一方面，我们也必须承认应用在教师劳动过程中的伦理原则并不等同于该原则在其他行业活动中的应用。这个不同，其实就是特定专业伦理的特性所在。只是要说明这个“不同”特性并不容易。

对于这个不经意的问题，笔者曾经断断续续思考过很长时间。本节就是这一思考的结晶之一。本节试图从三个方面回答“教师劳动的特点与教师专业道德的特性”的有关问题：第一，教师劳动的主要特点有哪些？第二，教师伦理与道德的职业或专业特性何在？教师劳动的特点如何影响了教师伦理与道德的特性？第三，对“教师劳动的特点与教师专业道德的特性”的讨论对于教师专业道德建设有何实际意义？

二、教师劳动的主要特点

教师劳动是教育劳动的一个最主要的方面。而教育劳动的第一特性当然是活动的“教育性”（价值性、道德性）了。

赫尔巴特的一句名言是：“我不承认有任何‘无教育的教学’”，“教学如

① 在终身教育的理念之下，教育劳动当然应该是指所有教育主体的不同形式的劳动。但到目前为止，教育劳动的主要形式仍然是教师的劳动。本节所言的教育劳动主要是教师的劳动。为了论述方便，这两个概念常常交替使用。

果没有进行道德教育，只是一种没有目的的手段”[①]。台湾地区的陈迺臣博士在他的《教育哲学》中也曾经指出：“教育是应该包含有教导和学习的因素在内，但反过来说并不一定为真。亦即有教有学的行为或活动，不见得就是教育。这是因为教育本身也是一种价值的活动”[②]。这些论述都与“教，上所施下所效”，“育，养子使作善也”（许慎《说文解字》）的解释指向同一个结论：离开价值或者道德属性无以论教育。尽管在教育实践中，许多教育工作者出于不同的心态希望回避或者干脆否定教育的“教育性”，但是“教育具有价值性”仍然是一种事实判断而非价值的偏好。即使那些在教育实践上奉行鸵鸟策略、努力进行价值逃避的教师也不过是实施了另外一种形式的价值或者道德教育罢了。所以，与一些与自然物打交道、与价值无涉（或者价值属性并不明显）的劳作相比较，由于教育活动与价值或道德属性在逻辑上无法剥离，教师劳动的首要属性与特性就是他的价值或者道德性。

教师劳动的价值性还可以在教育劳动的主体（教师）与对象（学生）的特性中得到进一步的证实。教师劳动的第二个特点也许就可以概括为劳动主体与对象的主体性。

从教师的角度分析，教育劳动的特质之一是教育劳动主体与工具的同一性。所谓“主体与工具的同一性”指的就是劳动者本人既是劳动者又是劳动的工具。这一点在别的劳动中比较少见。比如一般工人或者农民的劳作，劳动者与他的工具是分离的——工人与他的机床、农民与他的拖拉机都是不同的事物。但教师不然，教师用他自己的身体与人格作为教育的工具（行言教、身教），教师的一言一行、一颦一笑都是“上所施下所效”的教育——劳动主体与工具无法剥离。至于教育劳动的对象的主体性，更是容易理解。学生不仅“接受”教育，而且是在自主建构自己的知识与人格。现代教育其实就是一个比古代教育更为尊重学生主体地位的教育形态。也正是因为这一点，现代教育比古代教育更人道，也更“科学”。由于有这种劳动主体与对象的主体特性，不仅教育的价值性、道德性能够得到更为有力的证明，更重

① 张焕庭．西方资产阶级教育论著选［C］．北京：人民教育出版社，1964：257．

② 陈迺臣．教育哲学［M］．台北：心理出版社，1990：223－224．

要的是，在教育过程中教师职业道德也就带有“全时空性”和“因时空性”的特征——前者指的是教育劳动道德性的普遍存在，后者指的是教育价值与“机智”的密切联系（教育实践具有巨大的灵活性）。

教育劳动的第三特性是教育劳动关系的复杂性。仔细分析教育劳动就不难发现：教师在自己的劳动中一定会面临多种复杂的社会关系。最直接的有：教师个体与学生个体和群体的关系；教师个体与同行个体和群体的关系；教师与教育行政管理人员的关系；教师与家长的关系；教师与社会以及教师与自己的事业的关系；等等①。

处于丰富的社会关系之中的教师在工作的时候必然处于一定的利益取舍之中。教师在劳动中必然面临的比较典型的利益取舍关系有：(1) 教师个体的劳动投入和他的劳动效益之间的关系。比如，所有的教师都希望自己的劳动得到应有的收获，包括学生的成长，学生、同行以及社会的尊重和回报，等等。(2) 教师集团的利益关系。教师作为一个群体希望获得本职业群体所应有的社会威望、社会尊重和报酬，同时也希望群体成员之间有一种良好的人际关系，互相尊重、互相配合，共同完成本集团的教育使命。(3) 教育对象的利益处理。教育对象及其家长都对教师有一定的期待，希望学生在教师的教育下能够有最大、最全面和最愉快的发展。(4) 社会利益关系。社会利益要求的集中表现是教育方针，亦即要求教师培养合乎社会需要的人才。而教师的价值与教育观念可能与之一致，也可能与之矛盾。教师的每一个行为都不可避免地要面对和处理这些利益关系。比如，在一个教师看到某个学生上课做小动作、用目光予以制止这样一个教育行为中，他就既考虑了单个学生的自尊，也考虑到不要使全体学生受到一个小动作的影响等这样一些学生的利益，也考虑到了教师本人的教育效果、教师的威望的维持，以及完成教育目的所要求的让学生得到自由发展等利益关系。所以教师一举手、一投足的确关系到许多利害关系，关系到这些关系的调整。教师劳动关系的复杂性不仅说明了师德的重要性，也暗示教师的职业道德可能带有其他行业所不具有的一些特殊性。

---

① 檀传宝．教师伦理学专题：教育伦理范畴研究［M］．北京：北京师范大学出版社，2003：11.

教育劳动的另外一个特性是教育劳动过程评估与管理的困难。

教师在自己的劳动中不仅面临复杂的人际关系，而且对这些关系的调整有非常大的自由度。在教育劳动中教师并不能完全依据自己的意志处理教育活动中的社会关系，因为教师毕竟要受到一定的制约或监督。这一制约和监督有两个重要的方面：一是宏观社会制度的制约，二是学校教育行政管理制度的制约。这些制度上到宪法、具体的教育法规，下到教学制度与规范，都对教师的行为有一定的制约。不过这些制约都有一个共同的特点，那就是制度或者制约的外在性。而外在性又决定着教师可能产生抵触情绪，从而可能在教育活动中使制度的落实大打折扣。同时任何外在的制度都不可能将教师的一切行为全部置于监督之下，这就如再有能力的校长也不可能坐在每一个教师的教室里一样。此外，任何制度的要求都要在具体情境中才能得到落实，而落实的方案又不可能有划一的答案。所以假如教师没有一个内在的约束机制对自身起作用的话，所有的外在的监督即使不是完全无效，也会大打折扣。所以看起来具有较大强制性的社会或学校管理制度必然具有相当大的弹性，留有很大的自由空间。教师的行为需要有一个“自监督”的机制存在。而这个“自监督”的机制实际上主要是教师的职业道德。离开这一机制，评估与管理的效果就会大打折扣。

以上列举也许在逻辑上并不周延，但是教育劳动具有一般劳动所不具备或者不完全具备的一些特殊性的命题则是可以成立的。这些特殊性一方面说明了教师职业道德存在的必要性，另外一方面也暗示教师职业道德的特殊性与专业性。

三、教师伦理与道德的专业特性

对教师伦理的特性的讨论可以沿三个步骤予以展开：第一，教师伦理与一般职业道德的相同性；第二，教师伦理与一般职业道德的不同；第三，教师职业道德与教师专业道德的不同。

（一）教师伦理与一般职业道德的相同性

教师伦理与道德首先是一种职业道德。所以教师伦理与一般职业道德具有相同性。二者所具有的共同特征主要有：(1) 在调整对象和范围上有明显的职业范围或特定性。职业道德是同人们的职业生活实践相联系的，往往只对从事某种特定行业的人起调节作用。比如专门意义上的“救死扶伤”的道德就只适用于医生，“诲人不倦”的规范也主要适用于教育工作者。(2) 在道德内容和结构上，具有一定的继承性和稳定性。职业道德除了反映社会宏观发展及其要求之外，主要反映社会对于职业的要求以及职业本身的特殊利益和要求。这样，一方面会形成相对稳定的道德规范系统，另一方面也会形成较稳定的职业传统习惯和特殊的职业心理。每一行当都有自己行业的“规矩”。比如，商业界所讲的“童叟无欺”“言无二价”，教育上的“为人师表”“以身立教”等都有较长的历史传统，从古到今，都有基本一致或者连续性的要求。(3) 在规范形式上具有一定的灵活性、多样性。既有比较正式的规章制度形式，也有非正式的俗语、口号形式，还有一些不成文的规矩、习俗、习惯等等。各行业均可以从本行业的具体实际出发制定反映职业道德内容的具体制度和要求。在中国大陆，全国教育工会曾于 1985 年、1991 年、1997 年、2008 年颁发和重新颁发过《中小学教师职业道德规范》。在台湾地区，1999 年也曾通过类似的教师自律公约，其中包含“教师专业守则”和“教师自律守则”①。各地、各校实际上也制定了不少形式各异的、反映自己特点的职业道德规范。

以上教师职业道德所具有的一般职业道德的共性其实与教育劳动的特性也有重要的关联。所谓特定、稳定与灵活的性质当然也是由教育劳动的教育性、教育劳动主体与对象的主体性、教育劳动关系的复杂性、教育劳动过程评估与管理的困难等特征所具体限定和说明的。

道德规范实际上是处理特定人际关系的工具。教师或教育道德的特点不仅与上述教师劳动的一般特点相关，而且也与教师在教育劳动中的人际关系的某些具体特点有密切的联系。教师劳动过程中人际关系的具体特点除了所谓的复杂性或者丰富性之外，就师生关系而言，还有以下几个方面的特征，这里不妨做一些补充说明：

首先是教育劳动中的人际关系的制度性和长期性。所谓制度性是指由教

① 黄藿．教师专业伦理［M］．台北：五南图书出版公司，2004：15，40－42.

师的角色规定性和教育制度的规定性决定着的教师人际关系的不可选择性。生活中许多人际关系都是具有可选择性的。比如朋友关系，如果我们与某人关系不很融洽，我们完全可以敬而远之，减少或杜绝与之交往。但是教师在教育劳动中的人际关系例如师生关系就是制度化的、不可选择的关系，在一般情况下，这一关系是不能随便解除的。不管教师与学生之间融洽与否，教师都必须调整好自己的心态与学生交往。所谓长期性是指教师对学生等的人际关系在时间上会持续很长时间，人际关系的影响也是深远的，甚至具有终生性质。教师工作中人际关系的制度性和长期性都决定着教育伦理的建立具有一定的重要性和严肃性。

其次是教育劳动中的人际关系的双向性和互动性。所谓双向性是指教师人际关系中最基本的人际关系——师生关系是互为因果的。教师怎样对待学生，学生就会怎样评价和对待教师。所谓互动性是指教师伦理的作用及其评价要通过学生去实现。一个成功的教师一般具有较好的人际关系，而这一较好人际关系的集中体现是学生的积极回应——对教师的尊重、对教师指导的尊重、学习积极性的提高等等。双向性和互动性的另外一个含义是，教师既作为人际关系的主动方面，也作为这一关系的被动方面而存在。不同的学生对不同的教师往往有不同的心理期待，符合这一期待的教师往往容易获得较好的回应，不符合这一期待的教师往往不能有效实现良好的人际关系——或者为学生所鄙夷，或者为学生所不理解。所以，教师道德要求教师不仅要关心道德规范本身，而且要关心如何实现较全面的师德修养。

（二）教师伦理与一般职业道德的不同

制度性和长期性、双向性和互动性主要着眼于教师劳动中师生关系的具体描述。参考前述教育劳动的教育性、教育劳动主体与对象的主体性、教育劳动关系的复杂性、教育劳动过程评估与管理的困难等特征，我们不难推论，教师道德不仅具有职业道德的一般特征，而且还具有作为一种特殊的职业道德的独特性。教师职业道德的特点主要表现在以下四个方面：

1. 教育性

首先，由于教师作为劳动主体与工具是同一的，教师道德也就直接构成和影响教育内容。教师道德在内容上因而具有教育性。比如，教师的价值观就既影响显性的也影响隐性的教育内容。除了在显性教育方面教师会自动根据自己的价值观理解、处理每一节课的教学内容，突出一些教育内容，而相对忽略另一些内容之外，在隐性课程方面，教师的敬业精神，教师对课程以外许多问题的看法的不自觉的流露也都会对学生产生不同程度的影响，受职业道德影响的教学方式如师生间的互动方式也是教师价值观的体现，也会作为课程影响教育对象。其次，师德的教育性与示范性联系在一起，所以教师的人格特征影响教育内容。教师的人格特征是影响教育内容的重要因素，甚至可以说教师的人格特征本身就是教育内容。教师的人格特征对教育内容的影响可以从两个方面去理解：一方面，教师的道德人格会成为榜样、学习的对象。美国心理学家班杜拉（A. Bandura）等人认为，儿童的行为方式常常是模仿其所相信和崇拜的榜样人物而逐步形成的。不管教师愿不愿意，有无知觉，教师都有成为这种“榜样”的最大可能性。中国自古就有“以身立教”的命题，也是同样的道理。另一方面，教师的人格特征也影响他对教育内容的加工处理。一个有诗人气质的教师的教学会充满热情，富于想象；一位逻辑性较强的教师会以冷静思辨的睿智见长。情绪好的教师容易宽以待人，诲人不倦；而心情欠佳者则容易苛求学生，草率行事。尽管气质、情绪等人格特征主要是心理范畴，但是职业道德对于这些人格特征的修养和调整仍然有非常大的导引作用。

2. 自觉性

学校教育活动是一种具有高度自觉性的活动。教育工作的特点是教育主体和手段的合一性。教育对象的主体性、教育劳动关系的复杂性、制度空间的弹性也都要求教师有自觉和自律的德性。在现代教育体制中，教师专业团体作为最重要的教师职业道德规范的制定者和维护者，是教师职业道德自觉性的标志之一。同时，现代教育制度中的教师职前培养和继续教育制度的存在使得教育工作者一般都经过专门的职业训练。因此他们不仅在教育工作的技能上具有十分明显的专业性和自觉性，而且在道德上也有高度的专业自觉。教师对于主体和手段同一性的工作特点一般都有清楚的了解，这一理解实际上也是教师形成使命感的源泉。教师应当是积极调整教育劳动中人际关系的主动力量。反之，一些缺乏师德自觉的教师实际上是失去了教师本质的

“教师”，在人际关系中永远处于被动、低效或无效的境地。所以与一般劳动，尤其是那些复杂程度较低的劳动形态相比，教师道德从道德主体的角度看，具有也必须具有较为明显的自觉性。

3. 整体性

教育劳动中存在广泛和复杂的人际利益关系，教师必须全面或整体性地处理这些关系。因此从教师道德的影响性质这一角度来看，教师道德具有一定的整体性。这一整体性主要有三个方面：一是指每一位教师对学生的影响是整体的；二是指教师对学生的影响具有集体性（面对的是学生集体）；三是指教育工作需要广义的教师集体的通力合作才能完成。如前所述，教师道德的影响与他的业务素质、人格特征等联系在一起。比如主观上希望对学生公正的教师可能因为其教育方式上的失误而适得其反。又比如一个心地仁爱的教师也可能因为其性格上的内向而给学生以冷漠的印象。另外也存在集体教学形式的制约——现代教育中，教师面对的学生也常常是一个集体。因此师德的修养如同师德的影响一样都是整体性的。通俗地说，在人道地理解教师的生活处境的前提之下，我们仍然会期待教师尽量做一个“完人”去面对学生个体与集体。现代教师的劳动具有非常强的集体性。单个教师的影响只有形成合力，才能更有效地作用于学生。换言之，作为教育劳动成果的学生实际上是一种集体性劳作的成果。因此师德中的重要内涵就必然有教师之间的协调与配合。

4. 实质性

所谓实质性指的是教师职业道德所产生结果应当是在“实质”上对学生的发展有真实的促进，有实际的教育效果。实质性与形式性相对。一些行业的道德规范例如法官、医生的职业道德往往具有更多的形式公正的特点——他们常常显得非常“冷酷”。比如法官在判案的时候完全依据法规进行。不管当事人多么情有可原，判决总是“铁面无私”的。即使有依法从轻或者从重处罚的案例，从轻或者从重处罚仍然是由法律条规所明确的。相反，教育伦理与整个教育学的一般要求都是要“因材施教”。所以面对同样的迟到，教师对于一个比较外向和顽皮的男生和一个比较胆小、羞怯的女生会有不同的处置。这样的教师非但不是不讲师德的教师，反而是更专业的教育工作者。原因就在于，教师的最高伦理目标是在实质上促进教育对象的发展，而非简单地恪守规范本身。相反，那些不考虑学生生活的具体情境，像法官判案一样处置学生的教师则往往是不受学生欢迎的——学生们的反应往往是“敢怒而不敢言”：其“不敢言”是因为自己的确错了，应当接受处罚；而其之所以“敢怒”是因为教师虽然是“对的”，可是他们的苦衷却没有被充分关注和理解。只要有“敢怒”的情形出现，实际的教育效果当然就会打折扣！而这些实质性都可以在教育劳动的教育性、教育劳动对象的主体性、教育劳动关系的复杂性等教师劳动的特性中得到说明。

（三）教师职业道德与教师专业道德的不同

在现代教育发展中，教师职业道德与教师专业道德的不同，已经是一个被越来越多的研究者所关注的重要命题。主要的原因在于人们对于教师劳动性质的认定正在悄悄地发生变化，人们开始将“教师职业”看作一种“专业”——尽管学术界对教师的劳动（education）是否为一种“专业”（profession）至今尚存在广泛的争论[①]。不过在笔者看来，教师“专业道德”概念的确立与教师职业的“专业化”运动有着密切的关系。因此，如果以上对教师职业道德与一般职业道德的不同主要做的是横截面的分析的话，历史发展的解释也许就可以被看作“纵向”的比较——不过这是两种师德形态的内部比较。

教师专业化运动肇始于 17 世纪末专门教师培训机构的产生。但是早期的教师培训学校学徒制或者经验型的教师培训实际上是职业训练而非专业教育。18 世纪中期以后由于义务教育的普及造成的对于教师教育的需求增强以及教育专门知识的增加，真正的教师专业化的步伐才告开始。20 世纪特别是二战以来，世界发生了剧烈的变革。知识社会和信息时代的到来，全球化趋势在经济、文化等领域的迅速发展，终身学习在世界范围内的深入人心等一系列的世界性变化都对教育系统提出了挑战或新的要求。世界各国都意识到了这种变化带给教育的强大震撼并予以积极的回应。如何建立适应时代变化、符合教育规律的专业标准，如何培养高素质的教师队伍、提高教师的

① 黄藿．教师专业伦理［M］．台北：五南图书出版公司，2004：10－17.

专业水平等问题就成了世界各国普遍关注的焦点，实现和提升教师专业化日益成为世界教师教育和教师发展的重要趋势之一。中国近年也已经认可了“专业化”的概念，教师专业化正在成为政府和民间的现实运动。

教师“专业化”运动其实就是一个不断提升教师专业特性与品质的过程。在教师专业化的运动之中，教师的职业道德向专业道德的转换始终是一个重要的线索。从最初的一般性的德行要求到具有道德法典意义的许多专业伦理规范教育，从只重视知识、技能教育的技术性培养逐步过渡到对专业精神与专业知识、技能水平提升的兼顾是教师专业化历史发展的一个重要侧面。以美国为例，1825 年俄亥俄州的地方证书只要求教师通过文化考试以后有 30 小时的培训（其中还包括 15 小时的教学实习）即可[①]，教师职业道德方面的教育内容抽象、空泛，基本上被淹没在一般教学技能学习的任务之中。但是 20 世纪，教师的职业道德要求就变得明确和具体起来。1975 年，美国全国教育协会（National Education Association，NEA）通过了《教育专业伦理守则》(Code of Ethics of the Education Profession)。《教育专业伦理守则》除了在序言中强调“教育工作者承担了维护最高伦理标准的责任”等内容之外，还详细规定了教师必须履行的对学生和对专业的 16 条承诺(二者各 8 条）(NEA，1977—1978)。80 年代，美国教师教育学院协会(American Association of Colleges for Teacher Education，AACTE）在要求新教师必须掌握的知识（关于学习和学习者的知识、关于课程与教学的知识和关于教育的社会基础知识三类）中也明确提出了教师应当掌握专业合作、专业伦理、法律权利和责任等方面知识的主张[②]。与此相关，专业伦理方面的课程也已成为美国现当代教师教育的重要环节之一。

教师道德的概念之所以会从一般性的“职业道德”(vocational ethics）形态向“专业道德”(professional ethics）的方向转移，最主要的原因在于：第一，教师专业化实质上是回应时代要求提升教师质量的运动，而教师质量与专业精神不能分离，因此由抽象、模糊、未分化的师德走向具体、明确和

① Dilly，Frank Brown. Teacher Certification in Ohio [M]. Bureau of Publications，TC，Columbia University，N. Y.，1935：29.

② 郭志明 . 美国教师专业规范历史研究 [M]. 北京：中国社会科学出版社，2004：265 - 266.

专业化的伦理规范是理所当然的事情。第二，教师专业道德取代一般意义上的行业道德规范还有进一步规范和保护专业利益和权利的积极意义。正是因为这一点，教师专业组织往往会对专业规范的建立具有较大的积极性，实际上在师德规范从一般性的职业道德向专业道德的方向转移的过程中，专业组织也的确发挥了重要的历史作用。第三，早期教师职业道德的抽象、模糊、未分化等特征还与教育专业性较低，人们对于与专业工作相关联的专业伦理要求研究不够、理解不深入有关系。而随着教育学、心理学和伦理学的不断进步，人们对教师专业特性、专业道德的具体内涵的理解程度的不断提高，这一非专业状况必然会得以改变。虽然教师专业道德建立的道路仍然十分漫长，但是从今天世界上先进国家和地区的许多研究成果和已经建立起来的教师道德规范的形式（如守则、公约、规定等等）来看，“教师专业道德”的概念已经初步建立。其基本内涵，或者与过去的一般性师德要求相比较最主要的特点是：强调从专业特点出发讨论伦理规范的建立，而不再强调一般道德在教育行业里的简单演绎与应用；所建立的伦理标准都有较为充足的专业和理论的依据，充分考虑了教师专业工作和专业发展的特点与实际；师德规范在内容上全面、具体、规范，要求适中。

综上所述，由一般性的教师“职业道德”向专业特征更为明显的教师（或教育）“专业道德”方向的观念转移实际上是经验型教师向专业型教师转变的一个重要方面。可以这样说：专业道德概念的建立和教师专业化运动具有相同的历史必然性。因此，从现在开始，在考虑教师伦理和道德的特性的时候必须增加一个历史或者发展的维度，更多考虑“教师专业伦理”的建立的问题。

四、对教师劳动的特点与教师专业道德的特性讨论的实际意义

对教师劳动的特点与教师专业道德的特性的讨论对于教师专业道德建设无疑具有十分重要的实际意义。无论是在教师专业道德（或伦理）的内容建构、教师专业道德的养成，还是在教师专业道德建设的主体参与方面，从任何一个角度看，这一意义都不难得到充分的说明。

目前许多国家和地区都有教师职业道德方面的规章。但是这些规章的一

个较大的缺陷之一是缺乏“专业道德”的特征，“上不着天、下不着地”。一方面对于伦理原则的把握不够，另一方面是规范不具体，缺乏专业特性和可操作性。

我们可以中国《中小学教师职业道德规范》(1997 年 8 月 7 日修订）文本为例看这一规范在专业性缺失情况下存在的一些问题。该规范总共罗列了“依法执教”“爱岗敬业”“热爱学生”“严谨治学”“团结协作”“尊重家长”“廉洁从教”“为人师表”8 个德目（或 8 项要求)，在每一个德目之后对这一德目的具体内涵做了简单的解释。这一规范存在的主要问题表现在以下两个方面：

第一，对于教师工作的专业特性反映不够，一些条目只要将主题词替换一下就可以马上变成其他职业的规范。如“依法执教”“爱岗敬业”“团结协作”“廉洁从教”等等，其他行业可以轻而易举地将这些口号改造为“依法执×”“爱岗敬业”“团结协作”“廉洁从×”等等。而如果我们仔细阅读对这些条目的具体解释，则这一缺陷会更加明显。如“依法执教”的解释为“学习和宣传马列主义、毛泽东思想和邓小平同志建设有中国特色社会主义理论，拥护党的基本路线，全面贯彻国家教育方针，自觉遵守《教师法》等法律法规，在教育教学中同党和国家的方针政策保持一致，不得有违背党和国家方针、政策的言行”；“廉洁从教”的具体要求是“坚守高尚情操，发扬奉献精神，自觉抵制社会不良风气影响。不利用职责之便谋取私利”；等等。我们暂且不谈这些规范所表达的伦理内容本身是否具有合法性、科学性，我们只从专业性的角度进行评价。这一规范显然缺乏应有的专业性，因为所谓“专业性”，最重要的标准之一应当是指某一行业行为主体和主体行为及其规则的“不可替代性”。如果不考虑教师劳动的特点和教师专业的特殊性去界定教师职业道德，教师职业道德规范将继续停滞在一般性行业道德（vocational ethics）的非专业水平上。

第二，规范的制定随意性大，不全面、不具体。我们可以将上述规范与 1975 年美国全国教育协会制定的《教育专业伦理守则》做一比较。虽然后者只由前言与教师“对学生的承诺”和“对专业的承诺”区区 16 个条目组成，但是仍然涵括了教育专业生活中的最主要问题，且每一条目都规定得十分具体、有针对性。例如在“对专业的承诺”中，该守则指出：“基于深信教育专业服务品质直接影响国家人民的福祉，教育工作者应当全力提升专业水准、带动行使专业判断的风气、吸收值得信任的人投入教育生涯、防范不合格的专业实习”。具体的条目要求则包括：“不得蓄意运用专业职权发表虚假言论，或隐藏有关能力与资格的资料事实”（第1条），“不得协助已知在品格、教育或其他相关属性上不合格者获得专业职位”（第3条），等等。我国台湾地区的一些专业道德规范的制定也具有相同的专业特征。笔者在2000年参访台东师范学院（现为台东大学）时即发现该校《教师服务伦理规范》(1999) 就用五章74条的方式对教师的基本信念以及教学伦理、学术伦理、人际伦理、社会伦理等方面做出了全面、细致、具体的规定[①]。反观上面提到的《中小学教师职业道德规范》的规定，就显得粗糙、抽象、一般，篇幅有限而套话连篇，在规范的“专业性”上逊色了很多。

对于教师职业道德规范制定中面临的上述问题，解决的出路只有一个，那就是首先实现由一般性的教师职业道德向教师专业道德方向的观念转移，在承认专业性存在的前提下开展教师道德规范的制定工作。当然，除教师道德规范的制定，师德建设的推进也离不开对于“教师专业道德”概念的认可。只有从专业生活质量的提高和教师的专业发展的角度去理解师德建设，才能专业性地推进教师的专业道德建设。

所谓从专业生活质量提高的角度理解教师道德建设是指将教师的职业道德理解为专业生活的必需。这种必需主要表现为两大方面。第一是底线或基本需求的厘定。对教师专业伦理的要求应当适当：一方面，教师的专业生活需要有专业道德上的基本要求予以保证，以确保教师能够在伦理上达到起码的标准；另一方面，教师的专业生活也需要有专业道德规范予以保障，以确保教师在行使专业权利时免受非专业人士的非理性指责与侵犯。现代教师的工作，内部、外部的分工都十分细密，如果不做专业上的适当界定，标准过低或过高都会影响教师专业生活的质量。第二是高层次需要的反映。“教育

---

① 台东师范学院．东师校刊 [J]. 2000 (10): 103－105.

工作者承担了维护最高伦理标准的责任。”[①] 因为教育是一种文化或者精神的事业。教师如果没有与此性质相匹配的追求、气质与修养，就不合乎专业的需要，也无法获得专业生活的意义。所以，在教师专业道德（或伦理）的内容建构上，实现伦理原则与规范的统一是十分重要的。

而从专业发展的角度理解教师道德建设的重点之一则是将专业道德的发展与教师生涯发展与规划结合起来。有研究发现[②]，在教师专业发展的不同阶段，专业道德发展特征有所不同：第一个阶段（从教时间 0～4 年）是入职期。这一阶段的教师对即将要从事的职业、对于恪守“专业道德”一般都持非常积极的态度。但是多数教师尚处于依从性的道德学习状态，容易产生懈怠的情绪，对于专业道德的认同有下降的趋势。第二个阶段（从教 5～16 年）为发展期。教师个体对于专业道德随着自身教学实践经验的积累而有更深层次的理解，对专业道德的认同也逐渐向“认同性道德学习”状态过渡。第三个阶段（从教 17～21 年）为停滞期或重新评估期。该阶段教师多数处于一个停滞发展的时期。教师的“认同性道德学习状态”可能正在完成一个内部的整合，正积攒力量以完成从“他律”到“自律”的质变。或者可以说教师们正重新评估自己对专业道德的认同、理解。第四个阶段（从教 22～27 年）为稳定期。教师多处于一个比较稳定的高水平的认同阶段，一些教师的专业道德的学习状态向“信奉性道德学习状态”转化。教师个体将对于专业道德的认同逐渐提升为价值的内化。第五个阶段（从教 28 年以上）为保守期。在第五阶段，许多教师的职业心态开始下滑，开始为退休、离职做心理上的准备。但多数教师的专业道德基本上还是处于一个稳定的“信奉性道德学习状态”。对专业道德发展阶段及其特征的研究结论给我们的启示是：处于不同生涯阶段或专业发展水平的教师，师德水平与发展需求并不相同，相应地，师德建设当然应当有不同的工作重点，需要不同的策略。

从教师专业生活的需要出发，从专业发展的角度理解教师道德建设也是我们提高师德建设实际效果的一条必由之路。长期以来，我们只看到师德规

① NEA（National Education Association）. NEA Handbook. Washington DC，1977—1978.

② 王丽娟．教师专业道德的发展阶段初探［D］. 北京：北京师范大学，2003.

范对于教师行为规约的一面，而对这一规约与教师个体及专业团体本身的“德福一致”的关系缺乏起码的敏感、确认，教师道德教育往往会成为教师专业生活中最枯燥乏味、最不人道的一个环节。如不改进，师德教育实效低下的局面仍将延续。因此，认可教师道德的专业性、认可教师专业道德与专业生活及专业发展的内在联系是我们正确理解和推进教师专业道德建设的前提。顺应时代发展，我们应当从专业生活质量的提高和教师的专业发展的角度专业性地推进教师的专业道德建设。

在教师专业伦理建立和师德建设工作中还有一个重要原则，那就是坚持义务论和目的论的统一。我们知道，在伦理学研究中，关于义务论、目的论的争论旷日持久①。争论的实质是道德的实质到底是依据绝对命令的纯粹道义还是出于个人或社会的功利计较而生发的生活策略。我们如果不从理论的角度深究，而只是从教师专业道德的实际需要出发讨论问题，则大可不必身陷这一无休止的争论，而可将这两个最主要的流派的智慧予以综合利用：既认可某些师德原则的普适性、无上命令的特征，也要建立道德人生与幸福之间的有机联系，以有效促进教师的日常道德修养。因为在实际的教师道德规范建设与行为养成过程中，脱离教育幸福去讲专业道德会非常不人道；而脱离对道德底线的尊重与恪守，教师专业道德就会落入相对主义、功利主义的俗套，师德就会演变成可有可无的权宜之计。

最后，由于教育劳动具有活动的教育性、劳动主体与对象的主体性、劳动关系的复杂性和活动过程评估与管理的困难等特征，规范制定、维护主体的多元性原则也十分重要。一些法规由政府或者立法机构制定，一些专业规范由教师专业团体制定是必要，也是方便的。但是作为教师专业规范的主体——教师，尤其是普通教师，如何进入专业伦理建立和完善的民主程序就显得十分重要。因为专业伦理规范是为他们而建立、由他们去施行的。如果没有他们的积极参与，不仅在价值上不人道、不民主，而且在效果上也一定会大打折扣。教师专业伦理本身就具有高度的自觉性。自觉性的伦理当然需要有伦理主体在所有环节的自觉参与。

---

① 欧阳教．教育哲学［M］．高雄：丽文文化事业股份有限公司，1999：106－112.

五、结语

以上尝试阐发了对于有关教师劳动的主要特点、教师伦理与道德的职业或专业特性，以及讨论教师劳动的特点与教师专业道德的特性对于教师专业道德建设的实际意义等问题的一些粗浅认识。笔者认为：教育劳动具有活动的教育性、劳动主体与对象的主体性、劳动关系的复杂性和活动过程评估与管理的困难等特征。教师伦理不仅具有与一般职业道德相同的属性，也存在与一般职业道德的不同。教师职业道德应逐步过渡到教师专业道德。目前教育界应当首先实现由一般性的教师职业道德向教师专业道德的方向的观念转移，在承认专业性存在的前提下从教师专业生活的需要出发，从专业发展的角度理解和建设教师专业道德。

教师专业伦理及其建设问题是一个复杂、重要的课题。在世界范围内，这一课题越来越多地受到教育研究者的重视。但是十分遗憾的是，对教师专业道德的研究无论在世界哪个国家或地区都没有取得令人满意的进展。东方文化向来有重师道的优良传统，这一点也可能是我们可以贡献于世界的教育智慧之一。我们如果希望中华民族子孙更有质量地生活于未来，就不能不对涉及“百年大计”的教师专业道德建设有更多的专业关注。

第二节　对“有偿家教”及其行政处理方式的若干思考

很长一段时间之前，“有偿家教”问题已随着人们对于教师职业道德和学校德育等问题的强烈关注而引起了方方面面的讨论。笔者用 google 搜索[①]，发现约符合“有偿家教”条目要求的查询结果竟然有 20 700 项之多。

在众多的讨论和关注中间，有一类消息是特别令人不安的，那就是一些地方的教育行政部门对于有偿家教问题的越权行政干预。比如，据 2004 年 8 月 24 日《光明日报》报道：“新学期南京市给中小学教师订立‘三要八不准’，进一步规范教师职业行为。在规定中尤其强调了不准教师对所任教学

① 搜索时间：2004 年 10 月 4 日。

校的学生进行‘有偿家教’，不准索要或接受学生、家长财物等，对师德提出严格要求，违反者将清理出教师队伍。”目前明确规定教师从事“有偿家教”将予以行政处罚，最高处罚为“清理出教师队伍”（即开除）的地方行政机构远不止南京市教育局一家。那么如何正确看待“有偿家教”问题？如何对“有偿家教”进行合理的规范？笔者愿意从教育社会学、教育伦理学、教育法学等角度贡献自己的一孔之见。

一、应当理性看待“有偿家教”现象

在关于“有偿家教”现象的讨论中，很多人都将之绝对地定性为“有违师德”的“走穴”行为，是一种“教育腐败”。笔者以为这一不加分析的认识是非理性的。之所以得出这样的结论，是因为心平气和的状态下，我们可以对“有偿家教”现象发问的问题是：第一，“家教”有问题吗？第二，“教师”从事家教有问题吗？第三，教师从事“有偿”家教有问题吗？而我们对这三个问题的回答可能会使以上简单和消极定性的草率一清二楚。

首先，“家教”有问题吗？显然没有问题。“有偿家教”现象的存在是因为“家教市场”的存在。其合理性并不完全是教育本身的“问题”所致。因为在现代社会，即使是最健康的教育系统也会产生“家教市场”。最主要的原因在于现代教育是以班级授课制为基础的集体教育形态。在一个教师必须面对数十名同学的情况下，完全彻底的“因材施教”几乎是不可能的。因此，至少三种特殊需要就此产生：第一，对在课程学习上暂时落后的学生需要辅之以“家教”，以便他们能够确立学习的自信，尽快地与其他同学一起前进；第二，在课程学习上处于领先位置的某些学生也可能需要“家教”，因为他们希望在课堂之外弥补其在课堂上可能“吃不饱”的遗憾；第三，在某些方面有突出特长和兴趣的学生也需要“家教”，以获得有个性的发展。因此排除那些不利于学生健康成长的所谓“恶补”，“家教”存在的合理性当然是毋庸置疑的。在一些发达国家，已经出现“家庭学校”（英文为 home-school，即儿童不再上学，在家庭中由具有教育资格的父母实施符合国家有关标准的基础教育）的教育形态，也可以从另外一个角度证明“家教”存在的必要性。因此，“家教”的存在与某些媒体所说的“素质教育的呼声尽管越来越高，但应试教育的局面并未根本改变”无关。

第二，“教师”从事家教有问题吗？当然也没有问题。原因是在正常情况下，教师仍然是对学科知识、教育技能和特定年龄学生发展状况了解、掌握最多的专业群体。这也是许多家长对现代教育十分不满，但是仍然会将自己的子女送交教师和学校的根本原因。此外，在“家教市场”中一个较为普遍的现象是，家长所请的家教，很多都是经过实践证明在学校教育教学中水平较高的教师。由他们进行的“家教”之所以受欢迎，是因为他们能够提供比较优质的因材教育。

如果以上两个问题得以澄清，对第三个问题，即教师从事“有偿”家教是否有问题的回答就相对简单：我们不能只对“有偿”两字有意见。因为如果别的行业在日常工作之外从事“有偿”服务是天经地义的事情，唯独教师不行，这实际上已经构成了一种极端不公正的行业歧视。而且简单地否定“有偿”家教，对教师的合法劳动不予认可和尊重，肯定最终会使家教市场窒息，不利于那些有特殊需要的学生和家长。这令人想起子贡和子路的故事：“鲁国之法：鲁人为人臣妾于诸侯，有能赎之者，取其金于府。子贡赎鲁人于诸侯，来而让，不取其金。孔子曰：‘赐失之矣。自今以往，鲁人不赎人矣。’取其金，则无损于行；不取其金，则不复赎人矣！”而“子路拯溺者，其人拜之以牛，子路受之。孔子曰：‘鲁人必多拯溺者矣’”（《吕氏春秋·先识览·察微》）。显然，孔子是道德高尚的“至圣先师”。这里是子路而非子贡的思维值得我们借鉴。

在反对有偿家教的许多理由中，一些理由在逻辑上也是不周全和很难当然成立的，比如最多的两个理由：“有偿家教”会影响日常教学，“有偿家教”会“毒化”师生关系。应当看到，如果教师有适当的自律，“影响日常教学”并非必然；而如果没有自律，“有偿家教”之外也有许多影响日常教学的事情，比如打麻将、逛街、旅行、睡觉或从事其他第二职业等等。显然我们无法禁绝后者。此外如果“有偿家教”必然会影响师生关系，那么是否孔子也不会有正常的师生关系呢，因为孔子在两千多年以前就已经开始带头收学生的“束修”。如果“有偿家教”会影响师生关系，那么私立学校是否也一定不存在正常的师生关系？

因此，无论如何，在关于“有偿家教”的严肃的讨论之中，辩证而非绝对、理性而非自然情感的冲动十分重要。

二、应当理性实施对“有偿家教”的管理

我们说应当理性看待“有偿家教”现象，并不是要完全否定“有偿家教”对于学校教育产生负面作用的可能性。在现实中许多人反对“有偿家教”也是有理由的。因为的确有人因为醉心于“有偿家教”而疏忽了学校教育的责任。更有个别严重失德者已经在学校的课堂上有所保留，而诱导自己的学生到课外去消费自己的“有偿家教”。“有偿家教”会影响日常教学、“有偿家教”会毒化师生关系等虽然不是必然发生的事情，但是在现实中只要存在一例这样的“教育腐败”，我们就有必要采取行动。但是这一行动仍然必须是理性的、有效的。从教育伦理与教育法学的角度思考，至少应当注意的问题包括以下几点：

第一，应当分别对待“高尚道德”与“基准道德”。所谓“高尚道德”就是社会、群体或者个人所努力追求的较高的道德标准和境界，比如“为全人类的解放无私奉献”“把一切都献给学生”等等。对于“高尚道德”，除极少数人能够趋近以外，社会大众一般都是“虽不能至，心乡往之”的。因此“高尚道德”可以倡导，却不可以用具体的师德规范，特别是行政法规的方式进行硬性规定。因为规定不合理也肯定会无效。这就好比我们可以提倡“助人为乐”，却不可以强制人捐款一样。而“基准道德”则不然，它指的是那些比较具体，一般人都能够做到而且应该和必须做到的基础道德要求，比如“在课堂上平等对待每一个学生”“上课不迟到早退”等等。“基准道德”可以用具体的师德规范，一些是可以用行政法规的方式进行硬性规定的，对违背者可以予以相应处罚。如此，对于教师在工作之外的“有偿家教”进行合理规范的方向不是用行政手段予以绝对禁止，而是在教师文化建设中用倡导“爱岗敬业”的方式去引导教师将更多精力投入到日常的教育教学活动中去。

第二，应当严格区分公共生活与私人生活领域。所谓“公共生活”领域指的是在公民私人生活领域之外的社会公共生活的时间与空间，也包括职务活动的领域，它与8小时以外的私生活领域是相对存在的。现代社会的一大

进步是严格区分公共生活与私人生活领域，以保护公民个人在“私权”方面的基本生活权利，如隐私权、婚姻自由等等。现代行政和立法的权利不能无条件侵犯公民的私生活领域。毫无疑问，教师在职务活动以外的时间愿意打麻将、逛街、旅行、睡觉，或者是从事“有偿家教”方面的社会服务纯粹是教师个人的私事。不准教师进行“有偿家教”“违反者将清理出教师队伍”的处理方式显然是公权对私域的蔑视与僭越。教育行政部门没有权力对“有偿家教”做出禁止的规定，更没有权力将“违反者清理出教师队伍”。如果希望解决“有偿家教”带来的对于正常教学秩序的冲击，可以将管理和立法的重点转移到学校校园之内的空间、日常教学的时间上来。比如教育行政部门有权加强日常教学质量评估，对教学质量差、未能履行教师岗位责任的教师依法处罚等等。

第三，应当正确处理行政法规与基本法律规定的关系。已经有人就宁波推行教师个人信用承诺、严禁有偿家教和杭州实行教师校际互聘、公开鼓励名师“走穴”这两则消息发表了很好的意见①。其中一个重要的论述是：“资源的流动与市场化配置已为人们广泛接受。对于教育而言，教师是最重要的教育资源，随着教育需求的升温，其流动化与市场配置的现象此时出现是不足为怪的。这样一个过程会对教学质量、教师规范和道德产生一些冲击。在这个基础上如何规范教师行为和教师道德，是重要的课题，但是教师的道德不能以限制教师的劳动权利作为道德标准，更不能局限在一个学校里来论教师道德。简单说，只要对学生和教学质量负责任，一个教师就是守德的，无论他是在校内还是在校外。”而“《中华人民共和国教师法》第八条共列教师义务六项，没有包括不得参加校外教育活动的义务。实际上，兼职应该是涉及一个人劳动权利的内容，可惜《劳动法》没有相关内容，一直是个缺陷，但《劳动法》也没有限制和禁止。《劳动法》和《教师法》都没有限制和禁止的行为，在学校与教师的合同关系中列为禁止就很难成为公平的条款。因为就一般合同的公平原则而言，只能规定双方在合同范围之内的权利、义务和行为，不能规定双方合同范围之外的权利、义务和行为。对于教

① 马少华．校外教学无伤教师伦理［N］. 中国青年报，2003-01-21.

师而言，合同的范围只能包括其在校教学质量和教学行为，不能包括一个人的全部劳动能力和智力活动”。笔者认为，还需要对上述意见做两点补充：第一，其实《中华人民共和国宪法》和《民法通则》，以及《劳动法》和《教师法》等基本法律是保护公民依法劳动和获得相应报酬的权利的。第二，应当正确处理行政法规与基本法律规定的关系，不能在具体法规和政策的制定上违背基本法。因此我们在制定有关教师管理的行政规章的时候应当认真学习有关基本法的精神，否则就是将合法的劳动付出视为师德不良、道德不端，是相对强势的教育行政机关对弱势教师的盛气凌人，是一种简单、粗暴的工作作风，当然不是以服务为宗旨的行政作为。

中国是一个法制社会正在形成的社会。我们的许多行政部门在有“为民做主”的责任意识的同时，往往缺乏对公民权利的应有尊重。在我们的教育系统中，我们往往只要求教师要公正地对待学生、对待社会，而很少考虑社会也存在一个对于教师权利尊重的“返身性公正”问题。教师个体及教师专业团体的相对弱势又往往使得许多偏颇得不到起码的矫正。对于“有偿家教”问题的非理性认识和处理，只是我们公民权利意识淡漠的一个具体表现。但是即便如此，对于这样一个具体问题的严肃讨论和清醒认识仍然是十分必要性的。

第三节　合乎道德的教育与真正幸福的追寻

一、缘起：中国教育巨大的进步与问题

众所周知，1949 年中华人民共和国成立以后，尤其是 1978 年（改革开放开始）以来，中国教育事业取得了迅速而巨大的历史性进步。表征这一历史性进步的数据不胜枚举。最典型的一个例子是：2008 年 9 月 1 日，中国政府宣布在全国城乡全面实施免除学杂费的 9 年制义务教育[①]。与此同时，在 1949 年高过 80%、1979 年高达 38%的中国成年人文盲率在 2008 年也迅

① 中国今日起实现城乡义务教育全部免除学杂费［EB/OL］.（2008－09－01）. http://www.chinanews.com/edu/xyztc/news/2008/09-01/1366983.shtml.

速降低到了 8%以下。另外一个关于中国教育进步的绝好例证，当是全国普通高校在校生数。中国全国普通高校在校生数从 1949 年的 11.7 万人、1978 年的 86 万人，迅速发展到 2008 年的 2 021 万人、2012 年的 2 536 万人[①]。

但当代中国教育就像中国经济发展的情形一样，在取得巨大进步的同时，也遭遇了一系列严重问题与严峻挑战。最大的问题当然是中国教育质量的低下，其主要特征就是太多的教育当事人在教育过程中失去了其应有的幸福感。在应试教育的阴影里，中国几乎所有的教育当事人都处于“不幸福”的教育生活状态之中——学生们备感课业负担的沉重、教师群体普遍存在职业倦怠、家长们不堪子女教育竞争压力等现象在全国范围内已经是普遍和不争的事实。在这种情形之下，人们应有的严肃追问当然是：

一种不能带给人们幸福的教育，还是健康的教育吗？或者，一种不幸福的教育，还是“道德”的教育吗？

正是因为如此，我们认为当前中国教育最大的伦理课题在于如何确保教育本身不被异化。也正是因为如此，我们才需要认真讨论“道德的”教育与真正的幸福追求的相关性，展开对于当代中国教育的伦理思考。

二、教育不幸福的巨大危险与深层根源

不幸福的教育，当然是不道德的教育！而且，不幸福教育对于今日中国的危险性巨大无比。

首先，对于每一个个体而言，教育过程中的不幸福，意味着师生双方当下的教与学生活质量的低劣，而且也必然在工具性目标的达成上效益低下。而这种效益上的挫折来源于一种缘木求鱼的逻辑。比如死记硬背的教学模式，其初衷无非是课业成绩的提高，但是索然无味、了无生趣的机械记忆原本就效率低下，未来更是只能在越来越强调创造性培育的教育测试中败下阵来。近年某些过去在高考成绩上举国闻名的“名校”已经开始日渐衰落，其重要原因之一就在于原来似乎“有效”的模式逐渐失效。

① 以上数据综合取自中华人民共和国教育部 1987—2013 年《中国教育统计年鉴》。

其次，对中国社会的整体发展而言，不幸福的教育无法支撑对于今天中国极其重要的产业与社会转型，并阻碍中国梦的实现。中国亟须完成的产业与社会转型需要大量创造性人才。但是很明显，只培育听话的孩子、只培养按照标准答案作答的应试机器，从而了无生趣、根本无法带给人应有幸福的应试教育当然也就无法培育大量具有内在热情与创造力的创造性人才！

更为重要的是，在以上功利意义上的分析的背后，我们还必须开展另外一种涉及本体论的严肃讨论。

教育，在本质上是一种人的再生产。就是说，人被父母“生产”下来，只是“第一次生产”，这次生产只是产生了一个有无限发展可能性但又只是生物意义上的人的躯壳。教育的意义或者伟大就在于为这个生物意义上的躯壳注入社会精神文化。就像人们为计算机加装软件使之成为能运转的电脑，教育实践的使命在于通过文化的嫁接使得人成为真正和完整的人。教育因此是人的“第二次生产”或“再生产”。我们只要稍做比较就不难看出：作为“再生产”，教育的最重要意义乃在于使得每一个个体具备文化的力量，在自由而非自在、文明而非野蛮中生活。简言之，教育使得我们有能力超越动物式的、简单趋利避害的生存方式，追求“有意义”或者真正“幸福”的人生。而目前教育现实中普遍存在的不幸福状态，不仅意味着师生双方当下的教与学生活质量的低劣，而且更为严重的是，当下教育的不幸福状态一定会大大降低学生、教师、家长未来生活幸福的可能性。因此几乎所有教育当事人的不幸福，堪称当下中国教育最让人不堪的社会建设问题，其本质是教育的异化或者教育在精神上的腐败。

如何才能找到解决教育幸福或者教育异化问题的答案？

我们需要追根究底。因为答案常常隐藏在问题的背后。

那么，归根结底，是什么形塑了不幸福的中国教育？或者，应试教育长期挥之不去的根本原因到底是什么？

撇开一般宏大的客观社会分析，一个最重要的主观原因是我们（包括教育工作者和社会大众）在教育目的观上有严重问题。

追求幸福当然是人类普遍和终极的教育目的。问题在于什么是真正的幸福？不幸的是，许多中国人却对“幸福”概念产生了严重误读。或者说，我们对幸福概念的普遍理解所依据的，乃是一种恶俗、低劣的功利主义、物质主义。正是人们对于幸福概念的误读，才导致了学生之间、教师之间、家长之间的实利主义的恶性竞争。

因此，今日之中国急需一场心灵的革命，且这一心灵革命最重要的任务乃是确立对于幸福概念真正意涵的严肃、准确的理解。

三、从“思想实验”开始：什么是真正的幸福?

什么是真正的幸福？我们不妨从下列三个思想实验开始。

实验一：母亲的幸福

“母亲的幸福”可能是解释真正幸福内涵的最典型的样本。什么是母亲的幸福？母亲的幸福当然首先来源于母亲对于孩子健康成长的祈望。你可以设想：一个不在乎孩子健康成长的母亲，就像古代童话故事里那些巴不得孩子从眼前马上消失的恶毒继母，是否还能获得母亲的幸福？而如果她是一个正常的母亲，当她无力支持自己孩子的健康成长的时候，她是否还能拥有母亲的幸福？答案当然都是否定的。

实验二：教师的幸福

“教师的幸福”也是解释幸福本质内涵的良好样本。教师的幸福系于学生的健康成长。设想：如果一个教师不在乎学生的成长，不在乎自己工作的好坏，他当然无法收获正常教师可能拥有的教育生涯的幸福。而一个虽然敬业，但是却缺乏完成教育使命的必要的教学技能，或者缺乏实现自己教育梦想的专业条件的教师，显然也无法获得教育之“乐”(幸福)。唯有有教育梦想并且美梦成真的人，才可能是幸福的教育工作者。

实验三：钞票等于幸福吗？

虽然很多时候不幸福常常是贫困导致的，但是可以确定的是：钞票虽然几乎可以买任何东西，却唯独无法买到人生的幸福。与此同时，我们还可以发现，即便生活十分清贫，许多人仍然找到了属于自己的幸福。一个最简单的生活常识是：我们可以在任何收入水平中都找到幸福与不幸福的两类人。由此可见，金钱或者物质条件虽然十分重要，却常常不是幸福生活的直接和必要条件。如果你希望自己生活幸福，你需要另辟蹊径，在精神上修养自己

“配享幸福”的主体素养，比如道德智慧等等。

实验一和实验二告诉我们，母亲的、教师的两种不同的幸福却有相同的基本要素——无论母亲的幸福和教师的幸福在细节、内容上如何不同，“梦想”以及“梦想的实现”才是幸福生活的本质性要素！实验三则告诉我们，幸福与否不一定取决于财富，而取决于某种精神素养。

因此，虽然准确定义幸福概念十分困难，但是上述三个思想实验已经证明，恰当定义幸福的实质意涵完全可能。

四、幸福即梦想得以实现的人生

基于前述推演，我们能够得出以下幸福的定义：幸福即梦想得以实现的人生。具体说来，幸福乃是人的目的性自由实现的主体生活状态。也就是亚里士多德所言的：“人的目的，即人的可实践的最高善，就是幸福”[①]。严格说来，“幸福”与“幸福感”是不同的概念。幸福感是对幸福人生的主观感受而非幸福本身[②]。

需要说明的是，人们往往有两种非常不同的幸福概念：精神性幸福（雅福）与物欲性幸福（俗福）。伦理上所谓的幸福，当然是前者——精神性幸福。即便物质条件常常是幸福生活的基础，但是幸福仍然不能与财富画等号。正如亚里士多德在他的《伦理学》中开宗明义所言：“财富显然不是我们追求的东西，因为它只是有用，而且是因为其它事物才有用。”[③] 如果不能成为幸福生活的条件，则再多的财富也一钱不值。这也正是我们强调幸福乃是“人的”目的性自由实现的主体生活状态的深层原因。换言之，幸福生活主要与马斯洛的“高级需要”的满足有内在关联。幸福生活中人生梦想的要素，主要关联的是爱与归属感的需要、受尊重的需要、真善美及自我实现的需要等等，而非人的“生理性需要”。生理性需要的满足及其心理感受一般被称为“快乐”“快感”。“快乐”“快感”对于人的存活十分重要、是基本的，但是快乐具有人与动物共享的属性，而非人与动物的区别所在。而真正

① 亚里士多德．尼各马可伦理学［M］．廖申白，译．北京：商务印书馆，2003：译者序25.

② 檀传宝．教师伦理学专题：教育伦理范畴研究［M］．北京：北京师范大学出版社，2000：23.

③ 亚里士多德．尼各马科伦理学［M］．苗力田，译．北京：中国人民大学出版社，2003：6.

的幸福，只能是“人之为人”的目的性的实现。而大部分对于幸福生活的误读也都是将幸福混同于快乐，亦即将幸福生活混同于物质欲望、生理需要的满足——及时行乐的人生。事实上，也正是“人为财死，鸟为食亡”这样的人生哲学在不断毁灭而非建设我们的人生幸福。

五、幸福的奥秘，或幸福定义对于我们的启示

幸福是人的目的性自由实现的主体生活状态。

幸福概念的这一定义实际上已经揭示了幸福人生的基本奥秘。真正的幸福，首先取决于以下两个基本要素或者条件：

1.“人的目的性”

如果你追求幸福，你就必须有自己的人生梦想，有属于你自己的关于事业或生活等方面的有意义的、真实的人生目标。失去梦想与希望，当然也就失去了幸福生活的源泉。当然，如前所述，这种目的性指向“人的”精神追求，而非动物式的物质欲望。目的性是“人的”，因而幸福等于有意义的人生。

2.“自由实现”

事业顺遂是幸福生活的另一基础。“人的目的性自由实现”，实际上就是你的人生梦想成真。换一种说法，就是你要有能力让自己的梦想成真。当然，目的性自由实现需要客观、主观两方面的条件。但是从操之在我的角度看，我们最主要的努力应当是准备好“配享幸福”的主观条件。这就意味着，追求幸福的人首先应该也必须努力修炼幸福生活所必需的两大主观条件：道德修养、专业能力。

幸福生活的两大主观条件，实际上也就是幸福生活的两大秘诀。如果你想追求自己的幸福，首先要做的是确立自己的人生梦想、准备实现这一梦想的条件，特别是主观条件即主体素养。

如果我们认可上述基本结论，那么，当代中国教育应当做何种变革？

或者说，如果我们承认不幸福的教育是不道德的教育，那么幸福定义等于告诉我们：合乎道德的教育应当建基于所有教育当事人特别是学生与教师的幸福之上。而“人的目的性自由实现”命题所揭示的伦理规律也应当被应用于教室、校园、家庭与社会中教育生活的改造。而这意味着：

第一，教育工作应当为孩子们幸福的学习生活服务。

成人社会不应该居高临下“给予”孩子自以为是的“理想”。相反，学校教育应当致力于帮助儿童发现自己的人生梦想。在实际教育生活中，太多的孩子只是为遥远的未来而被动学习，为上一个好大学、成为名利双收的“人上人”而“吃得苦中苦”。这些来源于成人社会的粗鄙功利主义使得孩子成为工具性的存在，当下和未来都失去了幸福生活的前提。

因此在学习过程中，真正的教育家最主要的努力之一应当是发现真正属于儿童自己的内在的学习动机、成就动机。一个数学老师让孩子因为数学本身而喜欢数学，一个历史老师让孩子沉浸在历史的想象里……学习过程本身的幸福、当下学习生活的幸福比什么都重要！一旦孩子们发现了真正属于自己的内在的学习动机、成就动机，学习、作业就不再是“课业负担”，反而是幸福生活的源泉！而一旦孩子们幸福生活在当下的学习生活里，孩子们自然会有他们自己的真正意义上的人生梦想。

学校教育的另外一项重要工作就是赋予孩子实现梦想的实践能力——学习能力与方法素养。因此，恶名昭彰的中国孩子的“课业负担”问题的实质并非是否应当布置作业，而是要看作业是否对于孩子具有足够的吸引力、要看学校是否能成功帮助孩子掌握不断取得学习成就的必要技能。如此，艰苦的学习生活则完全可能同时是一种幸福生活。

一个好教师不仅要能够帮助孩子发现自己的梦想，还必须有能力帮助学生实现自己当下学习生活的梦想。一个数学教师的师爱，不能只是对学生微笑、给学生拥抱，真正有伟大师爱的数学教师一定还能够有本事让学生将数学学好，让孩子们在学习生活中体会学习本身的成就与美好。因此，师德与教学能力向来都是一体两面的存在。

第二，教育工作者应当为自己创造幸福的职业生活。

幸福定义对于教师生涯的启迪也同样包括两个方面：一方面，教师应当努力建构、培育自己的事业心（教育之梦）；另一方面，教师也应当不断修炼自己的教育伦理与专业技能。

依据幸福的定义，师德修养其实是教师幸福生活的必需。换言之，“爱岗敬业”其实是教师的幸福之路，而不应仅仅是某种简单的道德诉求。一个不在意学生成长的教师，当然无法获得属于教师的正常幸福体验。其他看起来对我们构成种种麻烦的师德要求，其实也都在帮助我们获得教育者的尊严、教育工作的实际效益，找寻并确保我们教育人生的意义。

同理，修养教学能力当然也是教师追求自己教育幸福的内在要求，而并非只是为了在职业竞争中得以幸存的被动应对。要做一个幸福的教师，当然需要在自己的教学生涯中不断创造，才有能力获得事业成功的喜悦。做一个幸福的教师，其实只是要求我们努力做一个伟大的教师并享受作为伟大教师的喜悦而已！

总而言之，师德修养、专业提升不仅不是与我们为敌的东西。正相反，这些主观上的努力，其实是我们获得教育幸福的“为己之学”。

六、结论：追寻合乎道德的幸福教育

应试教育已经使中国失去太多。太多的中国人，尤其是学生与教师在教育过程中失去了本该拥有的幸福。但是对应试教育的克服并非易事，这一模式的挥之不去是因为始终有支持其存在的深刻社会根源。其中最重要的原因是中国社会普遍存在的错误教育观，特别是错误的教育目的观。试图通过应试教育去追求真正的幸福无疑是缘木求鱼，因为支撑应试教育的恰恰就是对于幸福的错误理解与追寻。因此，澄清与重构幸福概念是当代中国教育的自我救赎之路以及最为迫切的任务。如果我们认可幸福即“人的目的性自由实现”这一结论，那么对于教育幸福的追求就意味着教师努力帮助学生、在自己的学与教的日常生活里去发现真正属于学生自己的梦想，并发展他们能够让梦想成真的主体素养与能力。

教育幸福了，全社会的幸福才能得到奠基。

追寻合乎道德的幸福教育，是当代中国教育改革最为重要，但也是无比艰巨的任务。面对困难与挑战，孔子曾经教导我们说：“仁远乎哉？我欲仁，斯仁至矣。”（《论语・述而》）孔子还曾说：“古之学者为己，今之学者为人。”（《论语・宪问》）其用心当然在于大力倡导人们努力践行“为己之学”的精神。对于实现我们最为艰巨的任务即追寻我们自己的教育与人生的幸福而言，孔夫子的告诫无比珍贵。

第五章
当代教育的反思与转型

第一节　公民教育是全部教育的转型

之所以要明确提出“公民教育是全部教育的转型”这样的命题，是因为在有关公民教育意义的研讨中，人们常常只将公民教育看作是学校德育或者学校教育的一个组成部分来予以理解。这样一种思路虽有利于学校公民教育任务的具体落实，但是却大大小看了公民教育的意义，也必然大大窄化公民教育实施的可能空间。公民教育并非只有工具性的一面，就目的性而言，公民教育乃是全部现代教育的终极目标，公民教育的倡导意味着教育性质的改变。公民教育实际上应该是、也必须是全部教育的转型乃至整体社会的改造。

如何从全部教育的转型和整体社会的改造的角度认识公民教育的时代价值与现实意义？本节拟基于中国社会现代化的视角从历史必然性和现实必要性两大维度展开阐释。

一、公民教育的历史必然性

（一）社会转型与公民教育

英国学者德里克·希特（Derek Heater）在讨论到现代公民身份（citizenship）产生的时候曾经列表说明这一历史进程[①]：

封建主义→	资本主义→	公民身份
个人服从	个人创造	个人权利
等级社会	可流动的（permeable）阶级结构	公民平等
地方分裂的经济形态	可自由进入的市场	国家认同

希特的上述表述首先洞察到的是公民身份的实质：“前资本主义社会建立在人与人从属关系——封臣对领主、学徒对师傅、臣民对王公的服从的基础之上。相反，资本主义的本质在于，个人的主动性能够自由地发挥。与之

① Derek Heater. What is Citizenship? ［M］ London：Polity Press，1999：8

相应的是，公民身份的形成对个人权利的确认。”① 而社会地位及其变革的基础经济形态等的变革却被放在相对次要的位置。而从马克思主义历史唯物主义的方法论出发，次序可能需要颠倒过来。这一点在中国学者成有信教授等 20 世纪 90 年代初对现代社会与古代社会不同特征的分析中就可以得到最好的印证：

> 现代社会是以机器为标志的先进生产力的社会，古代社会是以手工工具为标志的落后的生产力的社会；现代社会是社会化商品经济占统治地位的社会，古代社会是自然经济占统治地位的自给自足的社会；现代社会是等量劳动交换关系（单一劳动尺度）占统治地位的社会，古代社会是以超经济掠夺（不等量劳动交换）为人与人之间相互关系基础的社会……现代社会是承认人的独立性（即独立人格、人权）的社会，古代社会是人身依附（无独立人格、人权）的社会；现代社会是民主和法制的社会，古代社会是专制和人治的社会；现代社会是科学和理性统治的社会，古代社会是经验和情感统治的社会；……相应地，在上述现代环境和关系的条件下的现代人具有人格独立、自由、平等、民主参与、知识、理性、自律、集体主义（群体意识）、责任感、创造性、开拓意识、生态意识、全球意识等对生活和社会的积极态度、价值观、思维方式和行为方式等等特征。相应地，在上述古代环境和关系的条件下，产生了古代人的下列特征：（对下）专断、（对上）唯唯诺诺、感情用事、经验主义、保守、狭隘、闭塞和无全局观念等对生活和社会的态度、价值观、思维方式和行为方式②。

比较中西两位学者的论述不难看出，古代社会向现代社会的发展建基于经济基础（生产力、生产关系）方面的巨大变革，以“可自由进入的市场”为突出特征的市场经济必然要求整个社会全部劳动力的自由买卖——亦即在古代社会广泛存在的人身依附关系就必然、也必须被打破，因而现代社会就

① Derek Heater. What is Citizenship? [M] London: Polity Press, 1999: 7 - 8.

② 成有信．现代教育引论：现代社会·现代教育·现代人 [M]．郑州：河南教育出版社，1992：7 - 8.

只能是“承认人的独立性（即独立人格、人权）的社会”，“民主和法制的社会”，“具有人格独立、自由、平等、民主参与、知识、理性、自律、集体主义（群体意识）、责任感、创造性、开拓意识、生态意识、全球意识等对生活和社会的积极态度、价值观、思维方式和行为方式”的“在上述现代环境和关系的条件下的现代人”的社会！因此，现代人最突出的自由、平等、民主参与等人格特征以及现代社会政治制度上的民主与法治等等，其实都是现代社会生产、市场经济形态的一体两面的必然要求，而民主与法治的建立与否则是一个社会在制度上是否实现现代化的根本标志。简言之，现代社会在自然经济向市场经济转型的同时，必须实现社会制度的民主化（由专制体制走向民主政治）和与之相应的社会主体由“臣民人格”向“公民人格”的转型。由于现代人的形成与现代社会制度的建立存在着相辅相成的关系，而显然，没有人的转型的成功，制度的转型就可能由于缺乏基本条件的支持而最终落空；而没有合适的公民教育安排，当然就不可能有人之现代转型的顺利实现。

总而言之，所谓现代化其实就是经济、制度、观念的社会整体转型。而要真正实现社会主义现代化，就意味着必须发展社会主义市场经济、建设社会主义民主政治、实现人的现代化。而发展社会主义市场经济、建设社会主义民主政治、实现人的现代化这三方面时代重任在教育领域里最直接、最重要的实现途径只能是实施合适的现代公民教育。

（二）人的转型与公民教育

如果说机器大工业及市场经济、民主体制、公民人格是现代社会的三大基本特征，而同物质、制度、观念的现代化中最后者最难实现一样，人的转型乃是一个社会现代化任务中的重中之重及难中之难。美国社会学家阿历克斯·英格尔斯（Alex Inkeles）在研究西方发达国家现代化进程并考察了第三世界国家经济发展问题后发现：一个国家或企业即使有先进的制度，但如果缺乏能赋予这些制度真实生命力的广泛的现代心理基础，如果执行和运用这些现代制度的人自身还未从心理、思想、态度和行为上都经历一个向现代化的转变，那么就会导致制度的畸形发展甚至失败。再完善的现代制度和管理方式、再先进的技术工艺，也会在一群“传统人”的手中变为废纸一堆。

这就是著名的“英格尔斯效应”。因此，英格尔斯断言：“人的现代化是国家现代化必不可少的因素。它并不是现代化过程结束后的副产品，而是现代化制度与经济赖以长期发展并取得成功的先决条件。”①

由上可知，以培育现代人或人的现代化为根本目标的现代教育在社会现代化转型过程中举足轻重。接着下来的问题是：现代人在心理、思想、态度和行为上的主要特征是什么呢？成有信教授在讨论英格尔斯及孙喜亭教授等人的有关观点之后曾经有过一个非常严谨的解释：

> 人本身就是一个文化的载体。正如文化可以分为三个层次一样，现代人也可以分为三个层次。现代人的特征无非是现代文化的三个层次在现代人这个文化载体上的总汇。现代人的第一个特征是对现代物质文化如科学技术和现代生产过程这些比较直观的表层文化的掌握和理解；第二个特征是对现代制度文化如民主、遵纪守法、自律、时间观念、效率、责任感、集体主义和比较深层文化的掌握和理解；第三个特征是对现代精神文化如个性独立和人格独立（相对于人身依附）、个性自由和平等观念（相对于特权思想）、创造性和开拓精神等逆传统的革命性这些最深层文化的掌握和理解。现代人的这些特征是相互联系的，没有对浅层文化的理解和掌握就无法理解和掌握更深层的东西，但是越深层的特征越反映现代人的本质特征②。

很显然，在上述三大现代人的特征中，第一个特征中理应蕴含的理性精神，第二个特征中的民主、法制精神因素，第三个特征中的个性与人格的独立、个性自由和平等观念等最重要的现代人特性实质上就是现代社会所普遍追求的“公民人格”。因而现代教育培育现代人的使命的核心也就只能是培育积极的现代公民人格。

就像中国整体社会处于一个复合的现代化过程，既有经典现代化的任务也有处理后现代问题的因素一样，近年也有学者在反思人的现代转型时一方

---

① 英格尔斯．人的现代化［M］．殷陆君，译．成都：四川人民出版社．1985：8.

② 成有信．现代教育引论：现代社会·现代教育·现代人［M］．郑州：河南教育出版社，1992：23.

面认为“前工业社会，人结合成以血缘、地缘为纽带的群体，人依赖人的共同体是当时人之存在的主要形态……作为独立存在的个人并不存在”，“产业革命和市场经济的兴起，具有独立人格的个人开始出现”①，但是另一方面又认为“在尚未充分发展的工业经济、市场经济条件下，以及以追逐金钱及物质私利为本性的资本主义生产方式中，每个人还是以一种彼此分离的、孤独的、封闭的单子式生存方式而存在着”，而随着当代社会世界经济、文化的加速形成，“单子式个人正逐步丧失其存在的历史根据，作为个体的人正走向世界历史的存在，也即是走向类的存在、类主体发展的阶段”。“从当代的现实情况出发，将世界历史性个人的生长发展作为其归旨，努力促进当代人的革命、人的转型，这就是当代教育的主题。”② 也就是说在努力实现经典的人的现代化的同时，由于当代世界的“世界性”生产与生活方式的出现，培养“世界公民”已然构成当代教育的当然使命。因此，当代公民身份就不仅意味着“国家认同”或“国民身份”，而且必然延伸到“世界认同”或“世界公民”等不同的层次，上述论述可以看作是公民人格解释的当代发展。

综上所述，人的转型不仅意味着独立、平等、自由、责任等与现代民主与法制社会相适应的传统公民人格的塑造，而且意味着“公民人格”内涵本身也需要不断随着社会的发展与时俱进。而由于教育实践所具有的人的自生产、再生产的性质，要实现与社会物质、制度现代化相应的人的现代化、完成“人的转型”，公民教育无疑是最为关键的能动力量。

（三）教育的转型与公民教育

毫无疑问，一个社会的整体现代化关键在于人的现代化，而人的现代化的关键又在于教育的现代化。现代教育的内涵虽然是丰富的，但是本质特征却是十分明确的，即“现代教育的核心就是主体性教育，就是把受教育者看成是主宰自己的人，即把他们培养成相信自己、拥有自己的权利并能尽自己社会义务的主人”③。

---

① 鲁洁．超越与创新［M］．北京：人民教育出版社，2001：409－410.

② 鲁洁．超越与创新［M］．北京：人民教育出版社，2001：410，412－413.

③ 成有信．现代教育论集［M］．北京：人民教育出版社，2002：自序9.

上述结论一方面符合马克思所言的“以**物的**依赖性为基础的人的独立性”[①]的人的发展阶段的理论，另一方面也与现代教育民主化的史实与趋势完全一致：由于工业时代对于劳动者文化素养的要求，不仅从强迫义务教育制度建立开始，全社会的所有成员都开始获得了前所未有的、越来越多、越来越平等的接受教育的机会，而且学校教育的主要目的也从以培养神职人员、官员为主旨的统治阶级的再生产转移到培养合格劳动者或积极的社会公民上来。不仅“把政治民主扩展到教育领域，使受教育成为每个公民的权利和义务”(即实现“教育的民主”)，而且逐步“把专制的、不民主的、不充分民主的教育改造为适合公平和民主原则的教育”(即实现“民主的教育”)[②]，现代学校教育在制度安排、课程设置、活动设计、师生关系等几乎所有教育的微观环节也逐步追求越来越高的民主化境界。因此，教育现代化的灵魂或者实质其实是教育的民主化。没有教育的民主化就没有教育的现代化。

由于“公民乃是一个政治社会或国家内依法享有平等权利和承担平等义务的平等的社会成员”[③]，“公民身份意味着伴随有责任的自由身份”[④]，因而在教育民主化的历史进程中公民教育就处于特别重要的地位。这一方面是因为现代教育的全部努力都是为了培养现代社会所要求的“公民人格”，公民教育其实是全部教育工作的终极目标；而另一方面在全部教育体系中专门的公民教育课程设置与活动安排等又承担着直接培养追求平等、自由、独立、责任等现代公民意识、情感、态度与行为能力的特殊重任。这就意味着：作为普遍教育目的的公民教育是推进教育民主化进程的核心任务；而作为特殊教育形态的公民教育则是教育民主化的最直接承担者。

总之，与社会转型、人的转型不可分离的就是教育的转型。教育现代化的核心或者教育之现代转型的实质无疑是教育的民主化。而民主化的教育不

① 马克思恩格斯全集：第46卷（上）[M]．北京：人民出版社，1979：104.

② 袁振国．当代教育学 [M]．北京：教育科学出版社，1999：411.

③ 成有信．现代教育论集 [M]．北京：人民教育出版社，2002：457.

④ 不列颠百科全书国际中文版编委会．不列颠百科全书国际中文版：第4卷 [M]．北京：中国大百科书出版社，1999.

仅意味着平等的受教育权的落实、教育过程本身的人道化，而且意味着全部教育的终极目标是培养现代民主与法治社会的合格公民。在这个意义上说，公民教育在民主化为核心的教育转型中既是最重要的教育内容，更是最根本的教育目的。因此对中国社会而言，“作为中国教育的现代诉求，公民教育展示了中国教育发展的新方向”[①]。

二、公民教育的现实必要性

（一）和谐社会建设的需要

从中共十六届四中全会决定进一步提出“要适应我国社会的深刻变化，把和谐社会建设摆在重要位置，注重激发社会活力，促进社会公平和正义，增强全社会的法律意识和诚信意识，维护社会安定团结”，到中共十六届中央委员会第六次全体会议正式通过《中共中央关于构建社会主义和谐社会若干重大问题的决定》以来，“和谐社会”建设已经成为中国社会近年来最响亮的政治口号及中国学术界讨论最为热烈的主题词之一。而在有关为什么要建设和谐社会、我们要建设什么样的和谐社会的讨论中都不难看到和谐社会建设与公民教育内在和必然的联系。

我们为什么要建设“和谐社会”？很重要的原因之一当然就是中国社会存在诸多“不和谐”的因素，或者“存在不少影响社会和谐的矛盾和问题”，“主要是：城乡、区域、经济社会发展很不平衡，人口资源环境压力加大；就业、社会保障、收入分配、教育、医疗、住房、安全生产、社会治安等方面关系群众切身利益的问题比较突出；体制机制尚不完善，民主法制还不健全……”[②] 各种矛盾的核心，其实是一些社会学学者们所特别关注的社会阶层关系的不和谐，即存在社会排斥、社会剥夺和社会断裂等问题[③]。所谓社会排斥，是指社会游戏规则没有尽量考虑所有社会成员的共同的利益，在维

① 王啸．公民教育：意义与取向［J］．教育研究与实验，2010（1）．

② 中共中央关于构建社会主义和谐社会若干重大问题的决定［M］．北京：人民出版社，2006：3-4．

③ 和谐社会　中国新主题：一年来理论学术界关于“和谐社会”研究综述［N］．北京日报，2005-03-07．

护部分人利益的同时，有意无意地排斥了另一部分人的利益；所谓社会剥夺，就是由于一些政策和制度设计的不周，全社会不公平地剥夺了部分阶层的合法权益；而社会断裂，则指的是社会当中出现的某些障碍阻碍了各社会阶层之间的合理流动，尤其是下层向上层的社会流动。如此等等。从某种意义上看，社会排斥、社会剥夺和社会断裂等“不和谐”的问题凸显乃是社会现代化转型过程的一个必然性阵疼，但无论如何，这些问题如得不到妥善解决，其结果必然是社会矛盾的激化（近年频发的“群体性事件”就是明显的佐证）和社会发展的停滞甚或倒退。

至于我们要建设什么样的和谐社会？中国政府的明确答案是“社会主义和谐社会”。“社会主义和谐社会”的解释很多，而若从现代化的角度看，其第一要义是“现代”的和谐社会。历史地看，和谐社会也有古代、现代之分。中国历史上若干朝代的“盛世”从某种意义上说也堪称一种和谐社会，但这样的和谐社会都属于古代或“传统的和谐社会”。“社会主义和谐社会”理所当然是“现代的和谐社会”。而传统与现代的和谐社会有两个重大区别：一是前者往往以牺牲个人利益来换取社会的和谐局面，后者则是以人为本、能够辩证协调好社会整体利益与个人利益的关系、整合好社会各阶层之间的关系，因而能够最大限度激发整个社会活力的社会形态。二是前者建立在少数群体剥削多数群体、少数人统治多数人的基础之上，缺乏社会公平和正义，因而难以长久；后者则是建立在社会公平和正义的基础上，具有可持续性①。因此《中共中央关于构建社会主义和谐社会若干重大问题的决定》才将“必须坚持民主法治”看成是和谐社会建设的重要原则之一，明确提出要“加强社会主义民主政治建设，发展社会主义民主，实施依法治国基本方略，建设社会主义法治国家，树立社会主义法治理念，增强全社会法律意识，推进国家经济、政治、文化、社会生活法制化、规范化，逐步形成社会公平保障体系，促进社会公平正义”。

进一步分析，所谓和谐社会建设实际上可以理解为中国社会现代化的一

① 和谐社会　中国新主题：一年来理论学术界关于“和谐社会”研究综述［N］. 北京日报，2005-03-07.

个崭新阶段。这一阶段的一个突出特点是：一方面，改革开放以来市场经济的高速发展已经使得中国社会在物质层面现代化实现方面有了举世瞩目的成就；另一方面，市场经济又迅速打破了原有的利益格局、催生了大量的利益主体和利益群体、形成了多元化的利益格局。一方面，由于制度现代化的相对滞后，不同利益主体、利益群体之间的矛盾大量出现；另一方面，市场经济对社会成员主体意识、权利意识等现代观念的自然孕育则可能加大本已存在的社会冲突的可能性。因此和谐社会建设的实质是要解决中国社会物质现代化异军突起与制度现代化、精神现代化相对滞后的矛盾问题。而解决这个矛盾的关键就是：一要努力建设现代社会制度文明（即建立和完善社会主义民主法治），二要努力开展社会主义公民教育。其中加强公民教育是特别重要、紧迫的一个环节。这是因为，只有全体公民素质得到进一步提高，社会主义民主与法治建设才有更可靠的现实基础。事实已经证明，公民维权意识的增长实际上是遏制非法侵权行为最有效的途径之一。同时，也只有全体社会成员真正成为一个社会的真正主体——公民的时候，作为真正社会主人翁的他们才可能追求“伴随有责任的自由”身份，理性、积极地提出自己的合理诉求、化解相关社会矛盾与冲突。因此，公民教育实际上是当前中国和谐社会建设的迫切需要，更是和谐社会建设的重要任务之一。

（二）政治文明建设的需要

“政治文明是人类社会政治生活中相对于政治蒙昧、政治落后甚至政治反动而表现出的一种政治进步状态，是人类社会文明进步的集中体现与重要标志。”[①] 因此，在世界各国现代化过程中，现代政治文明建设都是核心的环节之一。中共十六大已经把“发展社会主义民主政治，建设社会主义政治文明”确定为我国社会主义现代化建设和全面建设小康社会的重要目标。而“人民民主是社会主义的生命”[②]，更是中国最高领导层对于社会主义政治文明建设重要性的最好表达。

政治文明一般包含（政治）制度文明和政治文化（政治观念文明、政治

① 积极稳妥地推进社会主义政治文明建设［N］．光明日报，2003－09－02.

② 胡锦涛．高举中国特色社会主义伟大旗帜 为夺取全面建设小康社会新胜利而奋斗：在中国共产党第十七次全国代表大会上的报告［M］．北京：人民出版社，2007.

行为文明等）两大部分，两者之间相互关联和影响。政治文化虽是一个国家政治体系的精神方面，但它对政治制度的发展作用十分关键。因此“发展中国家的政治发展，不仅意味着政治制度的变革，也意味着政治文化的革新”[①]。

美国学者阿尔蒙德和维巴依据他们的比较研究认为，政治文化可以划分为地域型（parochial）、顺从型（subject）和参与型（participant）三种[②]。在地域型政治文化中，由于社会成员被封闭在狭小的时空中，人民对自身区域之外的事务漠不关心，国家政策也较少影响他们的生活；顺从型政治文化之下的民众由于意识到自己不可能对政府行为产生影响，所以在生活中只是被动接受政府的管制、对政治体系不怀任何希望，不想也没有能力参与公共政治生活；而在参与型政治文化状态下，一方面政治制度与社会成员利害相关、直接影响成员的切身利益，另一方面，社会成员也相信参与政治是自己合法权利的有力保障，因此他们一般会积极要求参与政治过程，以便有效地影响决策。虽然阿尔蒙德和维巴特别强调不应将类型划分过分简单化、各国实际的政治文化常常是这三种政治文化的混合，但是很显然，三种类型的政治文化之中，地域型、顺从型属于自给自足、人身依附的古代社会，唯有参与型政治文化或者以此为基础的混合文化形态才与现代社会民主政治体系相一致。因此阿尔蒙德和维巴明确指出：“为民主政治奋斗的政治家经常致力于创建一套正式的民主政治制度和成文宪法，或者努力组织一个政党来鼓励群众的参与。但是一个稳定的、有效的民主政府的发展，不仅仅依赖于政府和政治的结构：它依赖于人们对政治程序的取向——依赖于政治文化。除非政治文化能够支撑一个民主的系统，不然这个系统成功的机会是很渺茫的。”[③] 就是说，没有合格的公民及其政治参与，现代民主政治就只能是一个徒有其名的画饼。

① 燕继荣．发展政治学［M］．北京：北京大学出版社，2010：213.

② 阿尔蒙德，维巴．公民文化：五国的政治态度和民主［M］．马殿君，等译．杭州：浙江人民出版社，1989：19－23.

③ 阿尔蒙德，维巴．公民文化：五国的政治态度和民主［M］．马殿君，等译．杭州：浙江人民出版社，1989：586.

实际上努力实现社会成员与现代政治文明方向一致的政治社会化、努力培育参与型为主导的政治文化，已经是所有追求现代化国家的一致抉择。中共十七大报告明确提出的“加强公民意识教育，树立社会主义民主法治、自由平等、公平正义理念”更是与这一世界潮流相一致。同时，用“树立社会主义民主法治、自由平等、公平正义理念”来诠释“加强公民意识教育”的核心内涵也在新中国历史上前所未有地凸显了公民意识教育的政治文化意味。因此，加强公民教育乃是当前中国建设社会主义政治文明、实现制度和精神层面现代化的现实任务。

（三）全部教育转型的需要

“加强公民意识教育，树立社会主义民主法治、自由平等、公平正义理念”所明确倡导的社会主义公民教育不仅意味着工具意义上的公民教育的迫切性，而且意味着当代中国整个教育体系整体现代转型的方向。无论是从“教育的民主”角度还是“民主的教育”角度，我们都不难看出这一任务的迫切性。

首先，就“把政治民主扩展到教育领域，使受教育成为每个公民的权利和义务”层面来看，毫无疑问，新中国在教育平等上已经取得了举世公认的巨大成就。但是一系列的数据都证明，现实中“教育的民主”任务十分艰巨。据报道：截至2009年，我国儿童学前三年的毛入园率仅有50.9%，近一半幼儿未能进入正常的幼儿园阶段的学习；九年义务教育的巩固率仅为90.8%，高中毛入学率为79.2%，高等教育（含高等职业教育）毛入学率则仅为24.2%；而以“科教兴国”为基本国策的中国，全国教育经费仅占GDP 3.48%，大大低于世界平均水平的4.5%①。因此从我国教育的社会主义性质以及与发达国家甚至某些发展中国家的比较来看，社会主义民主原则在教育权利上真正落实的目标仍然任重而道远。

其次，我们再从“民主的教育”来看，情况也令人忧心忡忡。尽管素质教育的口号已经提出十余年了，但是现实的教育品质并未得到根本的改观。一个重要的指标就是现阶段我国师生生命质量令人担忧。具体表现一是超负荷的学习和工作，影响了师生身体健康。学生视力下降，配近视眼镜者众

① 国家中长期教育改革和发展规划纲要（2010—2020年）[N]．北京日报，2010-07-30.

多；“教师平均寿命比全国人均寿命低10岁，教师的健康呈逐年下降趋势”。二是学生面对升学、就业压力，教师面对来自学生、学生家长、学校和社会方方面面的压力，心理负担很重，“中小学教师强迫症状、焦急程度、人际敏感、忧郁化倾向都比一般人群要高”①。三是学生厌学、教师厌教，对学业和人生、对职业和专业发展缺乏意义感、方向感、和幸福感，“师生关系紧张在学校成为较为普遍现象”②。表面上看这些只是教育质量低下尤其是师生生活质量低劣的表征。但实际上乃是说从“以人为本”这一现代教育的基本价值尺度去衡量，教育活动中的主体根本没有成其为主体并获得主体应有的意义感、幸福感。即使我们已经在制度安排、课程设置、活动设计、师生关系等某些微观环节努力实现了部分教育民主化的具体目标，但是如果教育活动中的人没有成其为主体并获得师生双方作为教育主体应有的尊严、意义感、幸福感，那么我们就当然不能说我们的教育是“民主的教育”！

以上两个方面教育民主化存在的问题，究其实质来说其实是一个教育目的观的问题。

从国家战略层面来看，新中国成立以来我们多是从“人力资本”这个工具的角度去看待教育的作用，国家最高的教育目的实际上只是将中国“从人力资源大国发展成为人力资源强国”。但是我们恰恰忘记，如果教育最终不能以人为本，即便我们能够成为“人力资源强国”，中国社会就是一个“和谐社会”吗？况且如果不以培养完整、自主的人为终极目的，如果不能培育出具有批判性、创造性的现代公民人格，那么一个精神上缺乏主体性的民族何以可能成为真正意义上的“人力资源强国”?!

从微观教育层面分析，严重影响教育幸福指数的“应试教育”之所以挥之不去，其深层原因也仍然在教育目的观方面的痼疾。从某种意义上说，正是那些从幼儿园开始就“不让孩子输在起跑线上”而后一味追求“好的”小学、“好的”中学、“好的”大学的家长们在不断“迫使”学校实施着“应试教育”。中国社会实际上存在一个完全错误的逻辑——“‘好的’幼儿园—

① 王久水．尊师请从减负开始［N］．中国教育报，2007－11－02.

② 顾明远：师生关系紧张成学校普遍现象［EB/OL］．（2009－09－08）．http：//edu.people.com.cn/GB/79457/10009098.html.

‘好的’大学”意味着“好的”工作，而“好的”工作意味着“好的”生活(实际上常常只是“好的”收入而已)。但是人们恰恰忘记了人类社会一个最简单的事实是：不同收入阶层的人群里都有幸福和不幸的人。“‘好的’幼儿园—‘好的’大学”的错误推论的结局当然是仅仅作为工具的，儿童的心理健康、创造力、价值生活能力以及每一学段学生当下学校生活质量等最重要的发展指标反而都不在许多家长、教师的考虑之列。其结果常常是他们千辛万苦培养着的孩子不仅当下不幸福，未来幸福的可能性也因此会大大降低。实际上如果教育不以儿童为主体、为目的，则教育就只能是反教育。“民主的教育”或者教育现代化的第一要义也应该是将孩子看成是教育的目的而非工具！

因此，“现代教育的核心就是主体性教育，就是把受教育者看成是主宰自己的人，即把他们培养成相信自己、拥有自己的权利并能尽自己社会义务的主人”①。中国教育现代化需要完成的首要任务是实现人的认识的转型、教育目的观的价值转型——从培养工具人到培养现代公民！现代教育和公民教育在这个意义上是一个问题的两个方面。

至于狭义的公民教育本身，从历史唯物主义观点看，“市场经济”“民主政治”“公民教育”乃是一个历史的必然逻辑。更为重要的是，进入21世纪以来，由于和谐社会建设对于社会公平、正义或者“最广大人民利益”的追求不断提高，由于社会主义政治文明的不断进步，合理引导中华人民共和国的所有公民尤其是青少年树立正确的公民意识、提高理性、积极的公民素养已经成为目前中国教育最重要的任务和当前教育与社会进步的当务之急。正是因为如此，十七大报告以及《国家中长期教育改革和发展规划纲要(2010—2020年)》才明确提出要加强公民意识的培育。而所谓“公民意识的培育”固然可以通过开设公民教育课程等渠道予以落实，但是更为根本的认识也应该是：公民教育是中国教育的全部转型——全部教育系统都应该自觉地以培育年轻一代追求公平正义、民主法治，并能够积极、理性参与社会公共生活的社会主义民主素养为终极目标。亦即，依据培育现代公民这一方向，公民教育的具体实施，绝非仅仅涉及直接公民教育课程的设置，而是涉

---

① 成有信．现代教育论集［M］．北京：人民教育出版社，2002：自序9.

及学校教育中所有直接或间接的公民教育因素的开掘、涉及学校教育全部生活的改进。公民教育不仅应该是“有关公民的教育”（强调对国家历史、政体结构和政治生活过程等的认识），而且应该是“通过公民的教育”（即通过积极参与学校和社会的公共生活来获得公民教育），“为了公民的教育”（在知识与理解、技能与态度、价值与性向等各个方面来培养学生，使学生在未来的成人生活中有足够的能力真正行使公民的职责），以及“面向全体公民的教育”（即公民教育的对象不仅仅专指儿童，还应该包括所有成年人，唯有如此，公民教育才能有更为真实、广阔和有效的发展空间）。就目前的境况看，无论“有关公民的教育”、“通过公民的教育”、“为了公民的教育”或者“面向全体公民的教育”，中国教育都处在起点的位置，与世界教育的先进国家差距甚大，更与中国社会整体现代化的步调极不协调。因此，加强公民教育已经成为中国教育现代化诸任务中的重中之重、急中之急！

综上所述，“以人为目的”、培育现代公民人格的教育是中国教育现代化真正与彻底实现的逻辑需要，也是当前中国社会主义民主政治及和谐社会建设的现实需求。公民教育目标的确认具有中国社会与教育转型的历史必然性和现实的迫切性。作为全部教育的转型和整体社会的改造的最重要指标公民教育概念的确立，其实质追求乃是一种崭新的社会与教育价值的确认、一种社会整体和核心现代化的追寻。公民教育不仅是学校教育的一部分，更重要的是公民教育还意味着教育与社会的全部转型！

第二节　公民概念的特殊性与普适性

中共十七大报告明确提出要“加强公民意识教育，树立社会主义民主法治、自由平等、公平正义理念”，而对于“公民教育”（citizenship education），许多人仍存在模糊认识，其中一个重要原因就是一些人缺乏对于“公民”或“公民身份”概念[①]的起码认识。因而常常有人怀疑宣扬“公民”

① 鉴于中文表达习惯，本节中的“公民”依据情境可能指“公民”（citizen），但更多情况下表达的是“公民身份”（citizenship）。

概念内涵的普适性会带来中国社会与教育上“西化”的灾难；也常常有人担忧用这一概念内涵的特殊性做幌子拒斥公民教育的发展会迟滞中国社会进步的步伐。因此，对于以形塑公民身份为目标的公民教育来说，理论上厘清“公民”概念意涵的特殊性与普适性乃是一个前提性的课题。

一、公民概念的特殊性

“公民”或“公民身份”概念并非一成不变的一个固定范畴。其内涵的演变可以从历史变迁和社会文化差异两个方面予以说明。

（一）公民概念的历史特殊性

何谓“公民”？或者“公民身份”究竟意味着什么？不同历史时期答案并不相同。

最早的解释一般认为出现在古希腊，那个时候人们将在各城邦中拥有政治参与和决策权的那部分平民称为公民。但是即使在古希腊，公民身份的范围也是时有变化的，有时限制较多（如必须拥有一定财产），拥有公民身份的人较少；有时限制较少（所有自由民），拥有公民身份的人较多。但是无论如何，古希腊的公民概念仍然是一种处于萌芽状态的古代概念，现代公民概念的真正演进应该是资产阶级革命之中或之后的事情。

在当代，人们公认英国学者 T. H. 马歇尔对公民身份的历史发展进行了较为经典的阐述。在《公民身份与社会阶级》一书中，马歇尔从公民、政治和社会三大要素出发解释了公民身份。他认为，“公民的要素”由个人自由所必需的权利所组成，包括人身自由、言论自由、思想和信仰自由、财产权、订立契约的权利以及获得公正审判的权利等等；“政治的要素”是指公民作为政治实体所应拥有的选举权和被选举权等参与和行使政治权力的权利；而“社会的要素”是指从享有某种程度的社会福利与安全，到充分享有社会遗产并依据社会通行标准享受文明生活的权利，等等。三种要素实际上强调的是公民的三大基本权利。马歇尔进一步认为这三大要素实际上是对应于不同的历史时期和保障机构的：公民权利主要发展于 18 世纪，与之对应的机构是法院；政治权利主要发展于 19 世纪，与之对应的机构是国会和地方议会；而社会权利的主要发展是在 20 世纪，与之对应的是教育及社会公共服务系统。在这个基础上，有人进一步提出了公民身份的“第三代”权利要素——环境权利（environmental rights），即所有人都应该有可以喝到洁净的水等生活在卫生、安全的环境之中的权利①。这样，公民身份的意涵就被解释为随着历史演进的三种形态：第一种形态的公民身份意味着拥有公民与政治权利；第二种形态的公民身份意味着不仅拥有公民政治权利，还拥有获得一定的社会经济保障的权利；第三种形态的公民身份则具有更多的全球化的色彩，即公民身份还意味着有权生活在良好、安全和可持续的环境之中。

马歇尔的上述解释一方面获得了广泛的认同，但是另一方面也受到了许许多多的质疑。人们举证他关于公民身份几大要素的发展阶段的时间界定缺乏事实依据，没有考虑英国以外的国家，即使在英国也不够准确。而与马歇尔的自由主义观点相对立的共和主义理论家们则对其过分以个人权利与自由为经纬的公民身份解释框架表示了怀疑。但是无论如何，没有人怀疑马歇尔关于公民身份发展具有历史阶段性的基本结论。因此，马歇尔的解释即使只有部分解释力也丝毫不妨碍他的理论很好地证明了公民身份概念的历史特殊性——不同时期人们对于“公民”概念的主要意涵的理解并不是一成不变的。

公民教育是塑造公民的教育。在公民教育的历史演绎中，由于“公民身份”本身的含义在不断变迁，所以塑造公民身份的公民教育当然也是因教育目标和内容的变迁而不断嬗变的。这一点从早期公民教育较多强调学会选举等参政能力到当代公民教育将视角扩展到和平教育、环境教育等领域的事实中很容易发现端倪。因此我们在讨论公民教育的时候，一个重要的方法论仍然是历史辩证法。不考虑一个社会的历史发展诸多条件的过于抽象的公民理想和公民教育都只能是痴人说梦。

（二）公民概念的文化特殊性

公民概念不仅是历史的，而且是地域的、文化的，因国家和社会文化的差异而具有不同的意涵。在当代社会，公民身份已经从国民（nationals）扩

---

① Derek Heater. What is Citizenship?［M］. London：Polity Press，1999：29.

展到小到社区成员、大到世界公民等更为广泛的层次。然而国籍所决定的国民意义上的公民身份仍然是最重要的内容——因为国籍意味着你可以充分享受这个国家公民的所有权利。但是，谁可以拥有某个国家的国籍和相应的公民身份与权利，不同国家的答案就可能完全不同。最明显的例证就是欧洲的两大主要国家法国和德国。

法国是一个拥有自由主义传统的国家，法国对国籍认定的原则是所谓的属地主义（jus soli），因此他们对民族或者法国公民的理解是法律、政治和领土意义上的；而相对保守的德国对于国籍的认定则采取的是血统主义（jus sanguinis），换言之，德国人对于德国公民的界定采取的是种族、文化和遗传的立场。结果在欧洲大陆这两个相邻的国家对于谁可以被认定为本国公民的回答完全不同。从 1889 年起法国就宣布在法国领土上出生的第二代移民都是法国公民，二战后更是宣布“所有海外领地的国民都拥有公民地位，法国欧洲部分与海外部分一样，具有作为法国国民的相同基础”（法国宪法第 80 条）。而德国 1913 年立法就拒绝让“非德国人”取得德国公民身份，其结果是有大约十分之一的德国人口，即使他们经年累月一直在合法纳税，也仍然不是德国公民，仍然没有投票权等公民与政治权利。

有学者这样生动地描述过这一差异：“法国将移民纳入公民范围的总体比率十倍于德国……年青一代的葡萄牙裔法国人、阿尔及利亚裔法国人、摩洛哥裔法国人开始出现。他们要求和行使法国公民身份权利。与此形成对比，在德国，超过 150 万土耳其人——其中有 40 万出生在德国——依然停留在德国公民共同体之外。但与此同时，来自东欧和苏联的德意志血统的新近移民——在 1988—1991 年间超过了 100 万人——很快就被界定为合法的德国人，自动被授予全部公民权利和政治权利。”①

另外一个有意思的例子是英吉利海峡对岸的英国。德里克·希特曾经这样描述英国的公民身份界定：“没有哪个国家的公民身份/国籍法会像英国那样复杂……1981 年法案按顺序界定了下面五个方面的内容：英国公民、英

① Brubaker，P. W.. Citizenship and Nationhood in France and Germany［M］. Cambridge，MA and London：Harvard University Press，1992：x.

国属地公民、英国海外公民、英国臣民和英国保护民。其中第一类有权居住在英国，并且享有完整的公民权利，其余四类仅具有非常有限的权利，并且享有的权利随着次序的下降而依次减少。”对此，希特十分敏锐地评论道：“公民身份本质上存在于平等原则中，这是一种反复申说的价值。这种等级分类法不可避免地导致对这一价值的怀疑。”①

不难看出，公民概念是一个具有相对性的概念。仅仅就国民意义上的公民界定就有如此多的纷争，我们就不难想象当我们考虑社区公民身份、超国家公民身份（如欧盟公民）和世界公民等不同层次的“公民”概念及其相互关系的时候，完整的公民身份界定将会多么复杂。

公民身份的界定直接影响公民教育。其中一个重要的维度集中在对于国家或其他共同体的忠诚、团结等共同体成员美德的培育上。一些国家之所以采取血统主义的保守观点，是希望用血统来达到国家的团结和确保国民对于国家的民族认同。而另外一些采取属地主义原则的国家则希望以将居住在自己国土上的人“熔入”共同体的方式去塑造本国公民。但是很显然，无论是血统还是居住地都很难完全确保一个国家的团结和国民对于国家的忠诚。所以无论何种制度的国家，都会一致认定公民教育的重要性。当然，由于对于本国公民身份的认同如此不同，各国公民教育的相关目标、内容等也就会有非常大的差异。

二、公民概念的普适性

的确，正如美国学者所言，“再没有哪一个词比‘公民身份’这个概念在政治上更为核心，在历史上更加多变，在理论上更具争议了”②。但是再特殊的事物都有其共性，公民身份、公民教育的普适性当然也是毋庸置疑的。对这一普适性的说明可以做以下逆向和正向两个方面的界定：

（一）“公民”不是什么？

“公民”是什么？许多专家都有过精彩的分析。一些学者常常是将“公

① 德里克·希特．何谓公民身份［M］．郭忠华，译．长春：吉林出版集团有限责任公司，2007：83.

② Judith Shaklar. American Citizenship［M］. Cambridge，Mass：Harvard University Press，1991：1.

民”与相对或相近的概念如臣民、国民、人民、市民、居民等做比较，从而厘定公民概念的边界①。笔者十分赞赏这些分析，但是更进一步认为：“公民”主要相对的应该是“私民”；从与“私民”的对照中我们更容易清楚地说明“公民”概念的本质。当然所谓“私”，在这里主要有两层意涵——一个是“私有”的“私”，另一个是“私人”的“私”。前者意味着人身依附，“私民”即“为别人所有的人”，其主要的形式是“臣民”；后者则是我们一直批评的信奉“各人自扫门前雪，莫管他人瓦上霜”的人。

就“私有”之“私”而言，在古代专制社会，所有人都是被人“私有”，都属于没有独立人格的“私民”。中国古代早在春秋时期就有“溥天之下，莫非王土；率土之滨，莫非王臣”（《诗经·小雅·北山》）之说。换言之，古代社会实质上是私人的“家天下”。在“家天下”这种社会政治结构中，所有人在人格上都从属于他人，同时也侵占比自己地位低下者的人身权利。老百姓从属于“父母官”，各级官员从属于皇帝，而皇帝从属于某个家族或集团的利益。所以梁启超先生曾经感叹传统中国人“知有朝廷而不知有国家”，“二十四史非史也，二十四姓之家谱而已”（《梁启超文集·中国之旧史》），不无道理。其实不仅国家的政治结构如此，社会文化的其他领域也是这种人身依附的结构，比如子从属于父、妻从属于夫、生从属于师……故在古代中国我们对国民的称谓是“臣民”“子民”“庶民”，甚至是“草民”“蚁民”等等。既是“臣民”甚或“蚁民”，所以极端的结局真的就是说书人所常说的“君叫臣死，臣不得不死，父叫子亡，子不得不亡”。

现代民主社会对古代专制社会最重要的一个超越就是自由、独立、平等的公民人格取代了古代社会的臣民人格。当然有关自由、独立、平等等概念的解释不乏理论上的争议。自由主义的公民身份理论将个人自由置于绝对核心的位置，社会、国家等必要的建制，不过是要保障个人自由的充分实现。而共和主义、社群主义则将个人的自由与国家或者群体的自由视为一体，转而更多地强调共同体对于公民自由实现的重要意义以及公民对于自由、独

① 蓝维教授就在《公民教育：历史、理论与实践探索》（蓝维、高峰等著，人民出版社 2007 年版，第 12－18 页）专门分析过公民与臣民、国民、市民、村民、人民等概念的区别。

立、平等价值实现所负有的道义和社会责任等等。但是，无论他们的争议有多大，几乎所有公民身份的研究和倡导者都一致认定：自由、独立、平等等是公民人格的最核心的内涵。即只有聚焦与解释的重点有差异，没有对于自由、独立、平等、民主等现代文明基本价值的怀疑与否定。

一个有趣的例证是在公民身份解释的历史发展上。尽管共和主义起源于古典时期（古希腊）、有着悠久的历史，但是自由主义“却支配了刚刚逝去的两个世纪，时至今日，情况依然如此”[①]。我国学者郭忠华对此的分析是：“封建、半封建社会建立在小农经济之上，强调个人对于共同体的服从和忠诚，这与共和主义的解释多少有些合拍。资本主义社会则建立在自由市场经济之上，它要求所有个体都能自由、平等地参与市场竞争。表现在公民身份上，那就是18世纪以个人自由、个人平等、财产权利等为表现形式的公民权利的发展，自由主义公民身份开始取代共和主义公民身份成为主流解释范式。”[②] 这一分析很好地解释了公民身份理论发展的某种历史必然性。

因此，从古代社会“私民”或人身依附性质的否定出发，我们不难得出第一个逆推论：无论我们怎样定义公民或公民身份，有一点是十分肯定的，那就是：公民绝对不是从属于他人的没有独立人格的“私民”！换言之，离开独立、自由、平等等与“臣民”人格对立的价值属性，无法描述公民人格。无论自由、权利等概念与公民责任、义务的关系如何，现代社会及其公民概念产生和发展的基础首先是自由人格、权利意识的确立。

从“私人”之“私”出发做分析也可以发现公民身份的其他一些基本性质。

梁启超在《中国之旧史》一文中还说过另外一个中国古代的特质是我们“知有个人而不知有群体”。马克思在《路易·波拿巴的雾月十八日》中也曾经说法国农民是“由一些同名数简单相加而形成的，就像一袋马铃薯是由袋中的一个个马铃薯汇集而成的那样”[③]。这些论述都揭示，农业文明的基本特征之一是自给自足，而自给自足文化上的副产品就是人们公共政治的缺场

---

① 德里克·希特．何谓公民身份［M］．郭忠华，译．长春：吉林出版集团有限责任公司，2007：1.

② 布莱恩·特纳．公民身份与社会理论［M］．郭忠华，译．长春：吉林出版集团有限责任公司，2007：代译序10－11.

③ 马克思恩格斯选集：第1卷［M］．北京：人民出版社，2012：762.

与冷漠。这一点在民族危亡的时代更容易引起人们的焦虑。故梁启超说：“我国民所最缺者，公德其一端也。”“无私德则不能立，合无量数卑污虚伪残忍愚懦之人，无以为国也；无公德则不能团，虽有无量数束身自好、廉谨良愿之人，仍无以为国也。吾中国道德之发达，不可谓不早，虽然，偏于私德，而公德殆阙如。”（《梁启超文集·论公德》）贾新奇博士对此分析为：“这一判断不仅是维新派的，还是近现代多数思想家的共识。缺少国家观念和爱国情操，拙于平等自主的结合，或者说不擅长通过社团的形式来处理公共事务、实现自身的利益，这两点是近现代思想家所说的中国人的一大弊病‘私’的主要内涵。所谓‘私’，主要的不是指一个人关心自身及家庭利益，而是指这种关切如此狭隘，以至使人看不到个人与国家、个人与一般公众之间的有机关联，无法使自己的关切与国家、社团相融合。应该说，‘私’的问题反映了民众道德的一种构成上的或结构上的缺陷，即与‘私德’相比，‘公德’发育严重不足这样一种特征。”[①] 换言之，中国近代对公德的强调实际上反映的是中国社会现代化过程中人的现代化的一种历史的必然。

当代社会也会因为普通民众对民主体制的失望以及政治参与的无力感加深等原因导致公共政治参与上的新形式的冷漠。本杰明·巴伯（Benjamin Barber）将这一情况称为“稀薄的民主”（thin democracy）：“既没有形成参与的愉悦感，也没有形成公民联合体的伙伴关系；既没有形成持续政治活动的自主权和自治权，也没有扩大分享公共产品的相互关系，即相互协商、决定和工作的关系。”[②] 这一点最明显的表现是许多西方发达国家普遍存在的大选时较低的投票率。但是，正如阿伦特（H. Arendt）所言：“没有分享公共幸福，就没有人会是幸福的；没有体验公共自由，就没有人可以称作是自由的；没有分享公共权力，就没有人会是快乐和自由的。”[③] 而且更重要的是“从极端的角度来说，一个由自私的个体组成的社会就不构成社会，而且

① 贾新奇．论中国伦理思想的近代转型：从公民道德的角度所作的考察［J］．福建论坛，2006（10）．

② Barber B. Strong Democracy［M］. Berkeley：University of California Press，1984：24.

③ Arendt. On Revolution［M］. Harmondsworth：Penguin，1973：255.

正确地说，也根本不存在公民——它无非是由一些竞争的单元所组成的聚合”[①]。共和主义、社群主义正是在观察到这种与公民身份概念相背离的现实与趋势之后才展开对自由主义过分的个人自由主张的批判，从而重新提出能够积极参与城邦生活，“既能治理又乐于受治”[②] 的亚里士多德式的积极公民理想的。

因此，第二个逆推论就必然是：无论我们如何定义公民人格或者公民身份，有一点是我们必须确认的，即个人自由对于公民身份十分重要，但仅仅强调个人自由，就会失去个人自由的条件，进而失去自由本身；对公共生活疏离的结果只能是对社会灾难的被动接受，而这种现象显然不是主张自由、平等、独立人格的公民所应有的品格。简言之，“公民”绝对不是公共生活中完全被动、消极的人。

公民不是“私民”、不是“臣民”的结论十分重要。当代社会关于公民教育的主张、做法已经很多，常常让人无所适从。一些别有用心者则乘机主张没有普适性、没有任何共识的公民和公民教育概念。但是公民教育既然是培养公民人格的教育，那么一个最简易的方法论就是现代教育要坚决拒绝与公民身份塑造相反的方向——其中最重要的当然就是要拒绝培养奴仆人格和消极退缩的私民！

（二）对“公民”与“公民教育”的正面理解

中山大学郭忠华博士很好地总结过自由主义、共和主义两大主要流派关于公民身份的理论分歧[③]：(1) 在公民身份的目的上，自由主义首要追求的是私人领域的个人自由，国家等是个人自由的工具；而共和主义强调共同体中的自由，共和国优先于个体。(2) 在公民身份的形式上，自由主义的公民身份建立在个人主义的基础上，仅仅将公民身份看成是一种法律地位；而共和主义则将公民的积极参与等责任与美德置于公民身份的核心地位，认为只

---

① 德里克·希特．何谓公民身份［M］．郭忠华，译．长春：吉林出版集团有限责任公司，2007：73.

② 亚里士多德．政治学［M］．北京：商务印书馆，1997：154.

③ 布莱恩·特纳．公民身份与社会理论［M］．郭忠华，译．长春：吉林出版集团有限责任公司，2007：代译序 4－5，8－9.

有在具有公民美德的前提下，才能获得真实的自由，具有明显的道德色彩。(3) 在公民的角色活动方面，自由主义倡导一种消极公民的角色，好公民仅仅意味着纳税、不妨害他人等有限的标准；而共和主义则将关心国家大事、积极参与公共事务看作是理想公民的形象。(4) 在公民身份的塑造方面，自由主义反对学校教育与教化可能对思想自由等权利的妨碍，以及强势的公民教育可能对家长和儿童教育选择权利的侵犯；而共和主义则强调教育、宗教、军事训练等对于公民形成具有的重要意义。

如何处理自由主义、共和主义对立的上述争议？美国学者理查德·达格(Richard Dagger) 曾经试图用“共和主义的自由主义”（republican liberalism) 来超越两大流派的分歧，因为他相信“只要公民身份的自由主义权利观不是被解释为自私自利的个人主义，他就可以与共和主义传统形成某种嫁接”[①]。而英国学者盖特瑞·帕里 (Geraint Parry) 则在分析了三种最新反思的基础上提出了超越自由主义、共和主义分裂主张的“第四种主张”，即“互动的社会模式”(mutual society model)，认为通过“社会互动”，人们自然将认识到权利和义务交织而成的社会网络进而形塑自己的公民生活[②]。郭忠华的建议则是“解释的困境必须以解释方式的调整加以解决”，进而主张实现传统范式的有机整合、多元公民身份体系的建立和公民身份概念的内部清理[③]。

借鉴上述分析框架，笔者认为，“公民身份”界定中最为核心的要素应该包括：(1) 在公民身份的目标上，公民身份首先是对公民个人自由与权利的确认，而后也应该是对于这一权利的确保（包括社会、经济与环境权利等等)。这在逻辑和历史上都已经得到充分的证明——现代社会正是先从等级社会中解放个体的人而逐步转向公民的社会福利与经济权利等诉求的，而在当代社会，前述不同类型的权利已经是一个共存的、立体的存在。(2) 在公民身份的形式上，公民不仅是法律的而且是道德的，而实际上法律本身就是

① 德里克·希特．何谓公民身份［M］．郭忠华，译．长春：吉林出版集团有限责任公司，2007：181.

② 德里克·希特．何谓公民身份［M］．郭忠华，译．长春：吉林出版集团有限责任公司，2007：182-194.

③ 布莱恩·特纳．公民身份与社会理论［M］．郭忠华，译．长春：吉林出版集团有限责任公司，2007：代译序12.

另外一种道德。因此应该坚持公民身份的法律和道德的双重甚或多重意义。由于在绝大多数情况下保障个人自由和积极参与公共事务并不是非此即彼的关系，因而应该强调一种充分尊重个人自由同时也热情参与公共生活的积极公民形象。(3) 在公民身份的边界上，随着全球化步伐的加快以及民主化在现实生活中的不断深入，除了国民意义的公民身份之外，次国家意义上的社区公民和超国家意义上的世界公民等身份意涵已经成为一种当代社会的现实。公民身份概念必须承认、反映以上历史发展的现实与趋势。(4) 在公民身份的形成方面，应该将重点放到切适的公民教育概念的建设上去。因为并非全部的生活与教育都一定是妨碍思想自由、妨害家长和学生教育选择权等个人权利的，只是某些社会生活和教育的特定形态侵害了这些自由而已。而也恰恰是因为我们始终怀有对于思想自由、家长儿童教育选择权利等受到侵害这一可能的担心，才使得合适的社会环境与公民教育的设计显得特别必要和重要。因此可以认定，公民身份的形成必然意味着切适的公民教育理念与实践模式的建立。

那么最后的问题是：什么才是切适的公民教育？这一切适性的讨论可以有许多角度，这里只从公民身份的视角去分析。换言之，公民身份的性质决定了公民教育的方向。为了塑造真正意义上的公民，“公民教育”的应有界定应该是：

首先，公民教育应该是“造就公民的教育”。这一命题的内涵至少有两点：第一是教育目标。由于公民绝对不是“私民”，“公民教育”就绝对不是“私民教育”。一切与现代公民人格养成相背离的教育内容、教育制度都应该在全部教育体系中根除。第二是教育手段。学校教育常常遇到的情况是隐性的教育形态与显性的教育目标背离或者对抗，公民教育就更是如此。这就意味着要坚决反对某些排斥个人思考的“机械公民”（robotic citizen）教育，也要坚决反对“一个组织起来旨在培养精英阶级的公民——不同于其他公民——的学校教育体系”（而这一体系对来自另外一些阶层的教育对象则主要着力于培养其对制度的忠诚以及“谦逊、服务、自制”等美德）[①]。

① 德里克·希特．何谓公民身份［M］．郭忠华，译．长春：吉林出版集团有限责任公司，2007：171－172.

其次，公民教育应该是“对公民的教育”。对儿童的公民教育固然重要，但是仅仅“把公民教育过程看作是学校的责任，这一过程很大程度上与共同体分离，也与个人终生作为公民的经验相隔绝，这完全是一种虚假的看法”[①]。德里克·希特的这一论述解释了所有公民，特别是成人接受公民教育的两个方面的重要意义：第一，如果成人社会不具有公民属性，则针对儿童的学校公民教育将因为无法得到共同体的支持而最终徒劳无功；第二，如果仅仅在学龄阶段接受公民培育，进入社会后可以不再以公民原则去实践，则不仅学校公民教育没有实质意义，而且也无法解决终身面临的公民生活课题，不符合终身教育的理念。

再次，公民教育应该是“通过公民（生活）的教育”。“公民必须能够去做，而不是仅仅能够成为公民”[②]，“公民被看作是处在一个由权利和义务交织而成的网络当中。通过这一网络，他们产生了特定的期待，形成了自己的生活。通过这样一种方式，相互社会形塑了社会成员的生活，迫使他们认识到，自己行动的可能性部分以他人帮助形成网络为基础，同时，他人也依赖于这种网络”[③]。这也意味着两点：第一，在学校教育和社会制度安排上支持公民参与的机制存在十分关键。在校园和社会公共生活的参与中，学生和社会成员都会在行动中理解公共问题的复杂性，进而培养其归属感、责任感以及谅解、宽容等公民美德。第二，鉴于生活或者行动的复合特性，公民教育或者公民学习的结果就至少应该是：对有关关键概念（如“民主与独裁”“自由与秩序”等）有充分的了解；获得一定的价值观与人格素质（如“关注公共善”“相信人的尊严与平等”等）；获得必要的技巧与能力（如“具有口头或者书面表达合理观点的能力”“合作及与他人有成效地工作的能力”等）；对一些实践性课题拥有足够的知识与理解（如“当下发生在地方、国家、联邦和国际层次上的议题与事件”“民主社会的性

① 德里克·希特．何谓公民身份［M］．郭忠华，译．长春：吉林出版集团有限责任公司，2007：176.

② 德里克·希特．何谓公民身份［M］．郭忠华，译．长春：吉林出版集团有限责任公司，2007：183.

③ Parry，G. Conclusion：Path to Citizenship［M］//U. Vogel and M. Moran. The Frontiers of Citizenship. Basingstoke：Macmillan，1991：187.

质、运作及变革”等)[①]。各国公民教育固然应该依据自己的实际情况去设计，但是以公民行动能力培育为核心目标的公民教育设计应该成为世界公民教育的共识。

以上是对公民概念进而对公民教育概念之特殊性与普适性的一些解释。这一解释既有研究者本人的认识，更多的是取诸国内外公民身份、公民教育研究的已有成果。笔者坚信，如果我们能够辩证地看待公民身份、公民教育的特殊性，我们就不会东施效颦，实行简单的“拿来主义”；如果我们能够理性地认清上述概念的普适性，我们就不会主张中国社会闭关自守、拒绝当代政治文明与公民教育，或者另搞一套谁都无法理解的“公民教育”，甚或假“公民教育”之名行“臣民教育”之实、自绝于浩浩荡荡之世界文明的潮流。

第三节　建立教师专业标准应当考虑的三个问题

在中国，近年关于教师专业化的讨论已经转入对具体问题的研究，例如教师专业标准和教师教育标准的建立等等，这是一个非常好的迹象。但是教师专业标准的建立过程中一些前提性的理论问题需要引起研究者和政策制定者的高度关注。笔者认为，以下三个问题是值得注意的：

一、关注教师专业标准的国际性与文化性

这里所谓的“关注教师专业标准的国际性”是指需要比较、借鉴不同类型和不同发展程度国家已经建立的教师专业标准或者对于这一标准的不同理解。通过比较关注教师专业标准的普遍性和先进性的一面，以引导和建立一个高质量的教师专业标准或者标准的框架。“普遍性”是指各国共同认可的（共识的）部分，而“先进性”是指一些国家建立起来，虽然不具有普遍性，但是有其合理性的方面。忽略“普遍性”，就会违背教师专业化

① Advisory Group on Citizenship 1998. Education for Citizenship and Teaching of Democracy in Schools [M]. London: Qualifications and Curriculum Authority, 1998: 44.

的常识——比如我们过去就曾经将教师专业标准（教师资格）等同于学历标准，实际上与国际通行的专业标准的概念相背离。而只讲“普遍性”、忽视“先进性”就会形成一个平庸而不具备发展的前瞻性的标准，也同样不可取。

我们同时也希望注意教师专业标准的文化性。教育是一个文化性极强的事业。不同的文化对于教育、教师和教师专业标准的理解可能有很大的不同。比如东西方关于“师德”的理解就有很大的不同。中国、日本等国家强调教师要“为人师表”，对于教师“身教”十分强调，实际上要求教师有比较崇高的人格。但是在西方的许多国家，所谓教师的“专业伦理”其实只是对教师职业道德的基本或者底线的要求。在某种意义上说，我们无法绝对地说东西方谁的教师概念更好——这是一个文化或价值领域的问题。因此考虑文化多元存在的现实性、合理性，在制定教师专业标准或相关的国际文件时笔者的建议是：第一，一定要将对不同文化的尊重放到制定教师专业标准的总体原则上予以肯定。第二，制定有关标准或文件时应当在某些方面保持弹性，允许不同国家保留自己的理解，建立自己的标准。而对于一个像中国这样传统的教育文化大国来说，认真研究、清理和保持中国教育文化、教师文化的特性是我们在制定新的专业标准时能够保持特色并且贡献世界的重要方面，应当引起我们的高度关注。

二、关注教师专业标准的终身性和发展性

教师专业标准应当考虑覆盖教师生涯的不同阶段，应当发挥对于教师专业发展的引导、帮助的作用。为此应当特别注意两个问题：

第一，应当依据不同职业生涯阶段教师的专业需求和发展实际制定相应的专业标准，使标准对教师专业发展的帮助具有针对性和实效性。世界大多数国家都是将专业标准和教师资格证书制度建立在帮助教师不断实现专业化的基础上的，一般都要求教师不断学习，以更新知识、更新资格证书。制定专业标准既应当建立静态的专业目标，同时又应当为教师的终身学习提供制度上的保证。在中国，后者往往还没有引起太多的注意。但是不注意这一点，只是单方面要求不同职业生涯阶段的教师接受划一的继续教育是极不合

理和不人道的事情。

第二，充分关注教师专业发展中的困难和问题。许多国家规定教师必须在几年内更新教师资格证书（比如菲律宾就是 3 年一个周期），本意是帮助教师实现和提高专业化。但是过于频繁的证书更新和过于繁重的继续教育会不必要地加大教师的专业压力和工作负荷。其结果不是帮助教师而是加害教师。目前中国的教育改革（包括制度变革、课程改革等）中教师已经遭遇了很大的困难与压力，其中就包括继续教育方面的困难与压力。应当说不考虑教师的需求和生活实际的制度和标准实际上不仅是不科学的，而且最主要的是不人道的。这一点也应当在建立教师专业标准时予以特别的重视。

三、特别关注教师管理阶层（即教育行政官员）的教育专业化问题

在世界范围内，必须实现一个教育观念的转变，那就是应当将“教师专业”（teacher’s profession）或者“教学专业”（teaching profession）概念拓展为“教育专业”（educational profession）概念。就是说，所有从事教育行业的人都应当具有自己的执照——有自己的专业标准。其中当然应当包括教育官员。如果校长没有从事过教育工作，未能获得过教师资格证书，我们认为会有问题；那么更高级别的教育官员没有相应的教育和教育管理经验，没有获得过相应的资格证书，肯定也是不合适的。一个税务局长不能直接去当教育局长——除非他符合教育专业的标准。“教师资格”—“校长资格”—“教育官员资格”在专业标准或要求上应当是后者包含前者，即后者要求更高而不是相反。教师专业标准不能成为教育官员们单方面居高临下管理他人、治理他人的一个根据。

在一些发达国家（比如美国），中小学校长除了必须当过教师、具有特定教师专业资格以外，还必须修习一定学分的教育管理方面的课程，获得教育管理方面的资格证书。但是对于更高级别的教育管理人员，目前尚未建立明确的专业标准。应该说，这是一个令人遗憾的地方。

中国作为一个“后发型”的发展中国家，在这方面可以有所作为或者发挥“后发优势”的工作应当是：提出一套有前瞻性的体制上的建议；呼吁逐

步建立教育官员的专业标准。带头探索、建立一个可供参考的教育官员的专业标准，尝试实现“教师专业”向“教育专业”的概念转换。

第四节　建构适合中国国情的一流教师教育新体制[①]

一、中国高等师范教育的现实问题与未来走向

（一）目前我国教师教育体制存在的问题

中国的师范教育已有百年历史。从一定意义上说，中国社会与教育的进步奠基在中国师范教育的发展基础之上[②]。面临知识经济时代的到来以及中国社会固有的诸多问题的挑战，中国的师范教育，当前主要是高等师范教育存在着诸多问题。

1. 教师培养水平滞后于社会发展的要求

尽管我国高度重视师范教育，但是由于较为复杂的原因，我国高等师范教育教师培养水平在整体上仍然比较落后，截至 1998 年，全国仍然有 6%、17%、37%的小学、初中、高中的教师没有合格学历（小学教师的合格学历为中师、初中为大专、高中为本科），此外，中小学民办教师仍然有近 100 万人[③]。如果考虑到许多中小学教师的学历是通过非正规途径取得的，其实际水平堪忧，我国中小学教师在学历合格率上的问题还要更加严重。

2. 教师教育的观念与体制滞后于时代的发展

第一，在教师培养的体制上缺乏必要的开放性和灵活性。在坚持独立的

---

① 本节内容为教育部师范司委托项目“高等师范教育体制改革研究”的总报告（2000），执笔人为项目负责人檀传宝。项目小组成员有檀传宝、朱旭东、胡艳、雷鸣强、张乐天等。虽然时过境迁，但本研究至今仍有现实意义。为保持当时研究的原貌，未对数据等做更新处理。

② 例如，中国以不足世界 1%的公共教育经费支撑着世界 22%的受教育人口。中国不仅建立了世界最大的基础教育网络，而且到 1998 年止，全国义务教育普及率已经达到 73%；小学、初中、高中合格学历的教师已经分别达到 94.6%、83.4%、63.49%。没有中国师范教育的努力，上述目标是无法实现的（依据《2000 年中国教育绿皮书》《中国教育年鉴 1999》）。

③ 《中国教育年鉴》编辑部．中国教育年鉴 1999［Z］．北京：人民教育出版社，2000：136－137．依据一项关于苏中地区教师状况的调查（见《江苏教育报》2000 年 5 月 19 日第 2 版），苏中 7 个县市的中小学教师学历合格率仅为小学 87%，初中 80%，高中 35%。换言之，在苏中地区尚有 13%、20%和 65%的小学、初中、高中教师学历不合格。

师范教育体系的同时，缺乏必要的开放性；在吸纳教育资源上缺乏市场意识；师范大学缺乏必要的综合性，职业教育所需要的不同层次的师资均由独立设置的技术师范院校完成；在师范教育的层次性和地区布局上存在诸多问题；由于计划体制的制约，教师培养存在着地区、行业上的条块分制现象，不利于教育资源的整体优化配置。

第二，在教师教育观念上对教师的教育观念、创新意识、实践技能培养注意不够。我们一直存在着师范性与学术性的矛盾，而这一矛盾总体上处于低层次水平上。其结果是学科学术能力和教育观念、教育技能上的双重滞后。师范性与学术性的矛盾造成这两方面的相互排斥和伤害。

第三，存在着否定教师职业专业化趋势的种种现象。在师范院校中，一些学科专家否定教育类课程存在的必要性；在社会上，一些人将教师资格片面理解为“学历”资格。这等于取消教师资格的内涵，全面否定现代教育科学对于教师培训的意义，使师范院校强化教育专业能力的努力变得困难重重。

3. 教师教育的培养模式亟须改造

第一，划一型培养。高等师范院校在培养教师时缺乏培养规格上的明确分工。重点师范大学与所有本科师范院校在培养规格、课程设置上没有本质上的差别。按照分科教学目标设计的教师培养缺乏灵活性，无法完成具有综合性、灵活性的中小学教育的师资需求。

第二，封闭型培养。独立设置的高等师范教育具有其固有的封闭特性：一是与中小学教育脱节，忽视中小学教育的实际需要；二是对教师教育的行业和地区垄断。

第三，理论型培养。尽管师范院校注重“师范性”，但是师范院校仍然必须在学术发展和对学生学术能力的要求上向综合性大学看齐。这样，教师教育的专业性就被大大削弱，同时，与中小学教育实际相结合的许多教育实践性课程普遍受到忽视，师范院校毕业生存在着教育观念、知识和能力结构与中小学教育不同构的现象。

第四，终结性培养。教师教育缺乏终身教育意识。高等师范院校一直以教师的职前培养为中心，忽视教师的继续教育，而教师的职前培养又是一次性、终结性的。教师的继续教育目前仍然主要由独立建制的各级教育学院完成。而教育学院的办学水平与同级师范院校倒挂，这不仅分散了教育资源，也不利于教师继续教育目标的实现。

4. 国家对教师教育的投入严重不足

首先，国家对教育的整体投入不足①。截至 1998 年，国家财政性教育经费支出占国民生产总值的比例仅为 2.55%，没有达到发展中国家的平均水平（4%）。投入的比例与总额两项指标甚至低于邻国印度。不少国际组织（如经合组织）已经提出，未来 10 年发展中国家教育经费投入的比例应当提高到占 GNP 的 6%的水平上，这样我国教育经费的滞后问题就会显得更加突出。总体教育经费的投入不足，制约了高等师范教育的发展。而在有限的国家教育经费总体投入中，用于教师教育的比重又过于偏低。师范院校在国家对教育的总体投入、教育事业经费、基本建设投资、生均教育经费、生均教育事业经费等指标上，一直落后于综合性大学和其他类型的院校。其次，由于师范院校受国家政策的限制以及基础学科集中（应用性专业较少）等原因，在收取学费等环节上困难重重，在面向市场利用外资等方面处于不利地位，教师教育的投入不足问题就显得更为严重。

（二）中国高等师范教育改革的未来走向

对照中国高等师范教育存在的问题，依据对世界教师教育发展趋势的分析，我们认为中国高等师范教育改革的未来走向应当有如下几个方面：

1. 开放性教师培养体制逐步确立

独立设置的定向型师范教育体制在中国教育与社会发展中曾经发挥并将继续发挥十分积极的作用。从中国这样一个受教育人口的世界大国的现实来看，没有我们的定向型师范教育体系，就没有今天的教育水平，未来基础教育所需的庞大的师资队伍也无法得到稳定和有力的保障。但是定向型教师教育体制固有的缺陷又使得世界上绝大多数国家已经和正在走向开放性教师教育，或者是吸收这一体制的优点逐步使定向培养模式得以改造。未来 10 年，中国教师教育的体制也必须顺应这一潮流，逐步走定向和非定向相结合的道路，在更远的阶段则应当完成由定向到完全开放的转化。

---

① 这一情况近年已有改进。

2. 教师教育水平逐步提升

按照教育部《面向21世纪教育振兴行动计划》和《中共中央国务院关于深化教育改革，全面推进素质教育的决定》的规划，2010年全国人口受教育年限达到发展中国家的先进水平，“具备条件的地区力争使小学和初中专任教师的学历分别提升到专科和本科层次，经济发达地区高中专任教师和校长中获硕士学位者应达到一定比例”[①]。因此国家原有的三级师范教育体制（中专、大专、本科）将必然向新的三级师范教育体制（大专、本科、研究生）[②] 过渡。

3. 各级各类教师教育的分工与竞争格局形成

随着国家整体改革和高等师范教育体制变革进程的深入，目前我国类型单一的定向培养师范教育体制将被各级各类教师教育的分工与竞争格局所取代。这意味着：第一，独立设置的师范院校与承担教师教育任务的其他非师范院校的分工与竞争；第二，师范院校内部重点师范大学和一般师范院校及师范专科学校之间的分工与竞争；第三，在非定向培养的师范生方面开放性的地区和全国市场的形成，以及由此形成的所有承担教师教育任务的院校之间对于教育资源的竞争。

4. 终身教育观念逐步落实

终身教育观念意味着我们必须变教师教育的一次性、终结性培训为连续性、终身性的教育。它不仅要求以新的方式解决教师的职后教育问题，也对如何改进教师的职前培养提出了新的要求——职前教师教育的重点不是全部而是起点和基础；教师教育机构是专业能力发展的帮助者而不是无所不包居高临下的培训者。这就需要我们重新审视目前师范教育的培养目标、模式、管理等全部领域。终身教育观念的逐步落实将要求我国教师教育机构实现职前、职后教育的一体化，建立与教师终身教育观念配套的教育制度和全国性网络，同时利用最新科技，探索最有效率、最方便快捷的教育方式。

---

① 中华人民共和国教育部．面向21世纪教育振兴行动计划［Z］. 1998：12-24.

② 2000年前后，教育部师范司的提法是“三级师范教育向二级师范教育体制过渡”。

5. 教师教育投资与管理体制综合化

未来10年，随着社会主义市场经济体制的日益成熟，教师教育经费计划投入的模式必将逐步转向计划与市场机制相统一的模式。这将意味着我们必须：第一，绝对提高对教师教育计划投入的总体水平，使之与社会发展人民要求相一致；第二，建立分析与评估机制，使教师教育经费投入有重点、高效益；第三，采取灵活的市场经济手段，广泛筹措教师教育经费，既作为国家投入的补充，也鼓励师范院校的竞争。教师教育投资与管理体制的综合化将作为我们的必然选择得到逐步实施。

二、对国家高等师范教育体制改革的总体思考

（一）高等师范教育体制改革的指导思想

依据以上分析，我们认为，中国高等师范教育体制改革的指导思想应当是：立足国情，放眼世界，解放思想，锐意改革，依据国家“科教兴国”的总体战略，探索有中国特色的现代化教师教育新体制。为此，我们必须实现观念更新。

第一，世界教师教育最新发展成果与中国国情相结合是最优化的选择。我们注意到，美国是采取开放性教师培养体制的最典型的国家。但是，美国《2000年教师素质调查》表明，美国中小学教师的素质整体上偏低。印度早在20世纪50年代即学习美国开放性师范教育体制[①]，但是实践证明，由于印度与美国的社会发展水平差距甚大，到21世纪初，印度的教师教育水平反而落后于采取定向型师范教育模式的中国。日本近年也开始用创办教育大学等形式，试图将开放和定向培养两种模式相结合。因此，我们既应当在一定意义上适度超前，追赶世界潮流，但是又不能唯洋是听，盲目变革。在国家实现现代化之前的相当长的历史阶段，中国教师教育的理想体制应当是定向培养和开放式（即非定向）教师教育相结合的体制。

第二，用“教师教育”的理念取代“师范教育”的观念。传统的“师范教育”观念的局限性在于：片面强调教师的定向和计划培养，缺乏开放与竞

① 梁忠义．教师教育［M］．长春：吉林教育出版社，1998.

争；过分突出教师的职前培养，忽视教师的职后培育和终身教育；在教师教育上对学科专业基础、学术能力的强调与教育专业技能或教育类课程的学习之间存在巨大的冲突，不利于教师职业专业化的顺利发展。在市场经济和信息时代，在知识经济已成现实的今天，传统的师范教育观念已经总体上落后于时代，教师培养模式必须引入市场竞争机制，师范教育必须吸取教师职业专业化，教师教育职前、职后一体化的终身教育理念等新的教师教育观念。因此，必须实现由“师范教育”到“教师教育”的观念更新。

第三，在高等师范教育管理上应当突破传统的思维模式。目前高等师范教育的管理归口于教育部师范司，在经费投入上主要采取计划经济的模式。我们认为，师范司的职能应当随着教师教育新体制的确立重新定位。在管理权限上应当由对师范院校的定向部门性管理过渡到对全国教师教育的宏观专业性管理（即既包括师范院校，也包括承担教师教育任务的综合性大学；既包括职前、职后教师教育，也包括教师资格管理等专业性指导与管理；在管理的重心上也要转向对高等师范教育的评估和宏观调控）。同时在经费投入上应当在加大计划投入的同时引入市场机制，各级政府的师资培育经费应当重点保证国家所需的特定专业和地区的师资培养，其他类型的教师教育则应当逐步放开，由市场调控，国家只需做宏观上的引导和管理。这样，就既可以保证国家对教育经费的重点投入，也可以实现对社会资源的有效吸纳。

（二）高等师范教育体制改革的总体目标

中国高等师范教育体制改革的总体目标应当是：实现师范教育观念的变革和师范教育规格的升级，建立适合中国国情、具有前瞻性、世界一流的中国教师教育体制。

第一，适合中国国情的教师教育体制。中国是世界上最大的发展中国家，目前整体上仍然采取定向型师范教育体制。大量边远、落后地区的存在，也使得国家不太可能在短时间内将全国的师范教育系统完全改造为非定向型的师范教育模式。但是，东部地区和一些大中城市的经济与社会的高速发展已经催生了新的、强盛的、更高层次的教育需求和师资需求。在一些发达地区，许多省市已经明确规划，在 21 世纪初要使相当比例的中小学教师成为具有硕士研究生水平的学术型、研究型教学骨干，教育部也已启动提高中小学教师水平的“园丁计划”等等。目前全国划一的定向型师资培养体制所提供的单一类型的师范院校毕业生已经不能适应越来越高的基础教育的师资需求。这就对我国现行师范教育体制提出了新的要求，虽然不能在短时期内将全国的师范教育都变成非定向型的师范教育，但应当逐步实现师范教育规格和质量的升级，同时一些高层次的师范院校应当逐步转轨，提高培养层次和质量，以满足社会发展的新的、更高的需求。

第二，适度超前和富有弹性的教师教育体制。中国是一个正在实现现代化目标的发展中国家。随着国家经济上加入 WTO 等改革开放措施的进一步实施，除了综合国力的增长和人民教育需求的提高外，普及教育水平的提高和大众化高等教育目标的逐步实现，使高等师范教育必将面临更新的机遇和更大的挑战。所以，中国高等师范教育不仅要着眼于今后 10 年，而且要从更长远的发展的角度考虑问题。适度超前和富有弹性的教师教育体制应当是我们的必然抉择。这一超前和弹性的标志一是要使今天的改革为明天的改革创造条件，二是要在政策上采取较为灵活的措施。在用计划手段等保证国家的基本的和急需的师资需求的同时，大胆引入市场机制。因此必须坚决采取措施，改革目前的师范院校，实施教师教育向条件较好的综合性重点大学大胆开放等积极的教育政策。

第三，世界一流的教师教育体制。世界一流的高等师范教育是世界一流教育的前提条件。为此，必须认真研究先进国家发展高等师范教育的成功经验，追踪世界高等师范教育的最新发展，将最先进的教师培养模式和管理政策适时引入中国，使之与中国国情相结合，实现中国高等师范教育的整体升级。必须重点建设一批教育教学质量居于世界先进行列的教师教育基地，同时整体上提升我国高等师范教育的水平。目前我们除了引入开放性教师教育体制之外，要特别关注高等师范教育的布局调整、教师教育方式改革，建立严格意义上的教师资格制度等重要环节。

高等师范教育体制改革的核心目标应当是用 10 年左右的时间，完成由单一计划定向型师范教育向计划调控和市场机制相互补充、定向与非定向相结合的教师教育体制的过渡。这一目标既涉及高等师范教育的升级和布局调整，也涉及高等师范教育的投资与管理体制改革、高等师范教育的内部体制改革等重要环节。作为一个事关我国教育与社会发展的重大变革，应当采取分层次规划、分阶段实施的策略稳妥进行。

（三）高等师范教育的布局调整

第一，实现一元、“旧三级”师范教育向多元、“新三级”教师教育的过渡。一元、旧三级师范教育是指主要以师范院校为主培养教师，教师教育划分为中等师范学校、师范专科学校和本科师范院校三个级别的格局。为了激活教师教育的活力，第三次全国教育工作会议已经明确提出，有条件的综合性大学可以成立教育学院参与教师教育。应当采取稳妥的政策，在今后10年内稳步实现教师教育由一元到多元的变革：国家已经决定在2010年左右实现小学教师大专化的目标，因此，必须提前3年左右的时间，完成中等师范学校的改造与提升，用合并或转换职能的方式淘汰一批条件较差的师范学校，同时精选一些有条件的中等师范学校改制为培养小学教师的师范专科学校。与此同时，要加大对重点师范大学研究生教育的支持，以逐步加强培养研究生层次的中小学教师的力度，实现“旧三级”（中专、大专、本科）师范教育向“新三级”教师教育（大专、本科、研究生）的战略过渡。

第二，高等师范教育本身的布局调整。高等师范教育本身也存在布局调整的必要。国家应当统筹规划，形成较为合理的高等师范教育的地区和层次布局。为了保证国家义务教育和素质教育目标的真正实现，必须通过认真评估，适度发展现有的高等师范院校，同时适当运用市场机制，形成全国性教师教育市场，实现优胜劣汰，逐步完成对高等师范院校地区分布不均衡的调整，重点师范大学和有条件承担教师培养任务的重点综合性大学，应当同时提高培养规格，逐步实现以研究生学历的中小学师资培养为重点。

第三，职前和职后教师教育格局的调整。目前全国范围内存在着职前和职后教师教育机构水平倒挂的问题。负责教师职后培养或继续教育的教育学院系统普遍水平较低，其师资力量、学术实力和办学水平均不如以教师的职前培养为重点的同级师范院校。与此同时，师范院校和教育学院二元并存的局面也使政府有限的教育投入变得分散，不利于教育经费的集中和有效使用。各级政府应当痛下决心，坚决实现教育学院系统与师范院校的重组，实现教师职前、职后教育和终身教育的一体化。师范院校应当改变观念，将教师的职后培养和终身教育作为一次重要的发展机遇列入学校工作的重点；教育学院则应当依据实际情况采取不同方式（或者独立改造为师范学院，或者与师范院校合并成为其组成部分，或者变成高等职业技术学院）完成其改造和转轨任务。

（四）高等师范教育的投资与管理体制改革

第一，加强对高等师范教育的整体投入。要完成高等师范教育体制改革的诸多目标，要求国家加强对高等师范教育的定向投入。应当从保证义务教育、素质教育的近期目标和科教兴国、提高国民的整体素质以及提高未来国际竞争能力的长远战略出发，落实师范教育“优先发展”的原则，在财政上采取强有力的手段，对高等师范教育的投入予以重点保证。

第二，必须发挥国家教育经费投入的导向功能，促进教师教育质量的提高。目前发达国家对教师教育经费的投入都与对相关高等院校教师教育质量的评估和监督相联系。国家必须建立类似于美国的“全国教师教育鉴定委员会”(National Council for Accreditation of Teacher Education) 的评定机构，对所有承担教师教育任务的师范院校和综合性大学的教师培养质量进行定期检查评价，以此为依据决定进一步的投入，奖优罚劣；同时建立对教师教育学校课程及教师的资格认可制度，对提出申请愿意承担教师培养任务的其他高等院校，如重点综合性大学的教育资格进行审查，决定是否授予其教师教育的资格。

第三，必须有重点地进行教师教育的经费投入。为了保证重点，今后国家教师教育的经费主要应当向两类教师教育倾斜：一是国家急需师资的地区和专业；二是国家提倡的教师培育目标（如有利于教师终身教育目标实现的项目和单位等)。为此，国家必须对师范生进行分类，采取不同的政策：一类是公费师范生（定向服务于国家急需师资的地区和专业)，国家应当加大专业奖学金等形式的支持力度，以便按照严格的契约形式采取完全免费教育，使其毕业后到特定地区和岗位完成契约规定的服务期。另一类师范生应当完全放开，主要采取收费培养，跨行业、跨地区自主择业的政策，由教育市场评价和调控其规模与质量。同时加大对专项教育政策的投入，以支持国家教师教育改革措施的实现。对于一般性教师教育，国家只需适当投入，用投入政策保证国家对教师教育的引导功能的实现即可。

国家对教师教育经费的筹措也应当依据社会主义市场经济原则进行改革：一方面，应当对重点投入的经费用国家财政的计划投入形式予以充分保证；另一方面，应当用成立教育发展银行、发行教育债券与彩票等多种形式筹措经费，补充教师教育经费的不足部分。

（五）高等师范教育的内部体制改革

第一，分层次提高教师教育的质量。教育质量提高的关键是教师教育水平的提高。目前主要发达国家已基本完成中小学教师的高等教育化工作。高等师范院校改革的核心目标是要培养高质量的师资，高等师范教育，尤其是本科研究生层次的教师教育应当适当扩张，以实现我国中小学教师的高等教育化的总体目标。在此基础上逐步和分层次提高中小学教师的学历水平，重点师范大学应当逐步以培养研究生学历的中小学骨干教师为重心。此外，还应当在教育观念和培养的具体环节上强化各项改革，实现教师教育质量的全面提高。

第二，实行学制和课程改革。高等师范院校应当在学制上进行必要的调整，4 年制高等师范院校可以实行“3＋1”学制或改制为“4＋1”学制，重点师范大学可以实行“4＋1”或“4＋2”模式、“4＋3”模式（“4＋2”“4＋3”模式为重点大学的教育专业硕士和教育学硕士培养模式）。大学第一阶段进行通识课程、学科专业课程的学习，第二阶段主要培养教育专业能力和教育实践技能及教育科学研究能力，注意专业课程和教育类课程设置改革和质量的提高，实现高等师范教育学术性和师范性的双重提升。应当实行真正意义上的学分制，使师范生有较大的自主学习空间。同时实行师范专业主辅修制度，鼓励学生具备较为广阔的知识视野和多种专业技能，以适应素质教育和就业的需要。师范院校的教育课程可以打破系际、校际界限，向符合条件、愿意从事教育工作的其他科系和其他高等院校的学生开放，也可以配合教师资格制度，向社会上所有申请教师资格者提供教育学课程。

第三，加强教师教育技能的培养。教师教育实践技能的提高是高水平教师教育的重要方面。应当加强大学和中小学的联系，改革见习与实习制度，保证师范生和继续教育的教师在实践技能上有明显的提高。也可以借鉴一些国家“校本培训”的方式，培养师范生和在职教师。同时，为了适应网络时代教育工作的现实需要，高等师范教育应当为师范生和在职教师在教育手段现代化方面提供充分的学习条件和学习机会。

第四，实现教师培养的终身教育目标。教师培养终身教育目标的实现是我国教师教育现代化的重要内容。高等师范院校应当成为教师职前培养和终身教育的基地。高等师范院校应当转变观念，重视和提高教师继续教育和终身教育的质量，努力保证国家教师职前教育和职后教育一体化战略目标的真正实现。

第五，提高学术实力，加强教育科学研究。学术水平是高等师范院校作为大学教育的生命线，也是提高国家教师教育整体水平的重要保证。高等师范院校应当高度重视学术发展，依据条件不断提高科学研究水平，保证各类师范院校在整体学术水平上跟上同类非师范院校的水平，在一些优势学科上赶超其他院校。高等师范院校应当在教育科学研究上领先于一般院校的研究水平。重点高等师范院校则不仅要成为国家教育科学研究的中心，还应当成为国家教育决策的智囊库。

第五节　劳动教育的畸变与回归

要讨论学校劳动教育的问题与改进，我们不妨从对“五一节”的观察与思考开始。

一、“劳动节”里为何没有“劳动”？

每年“五一（劳动）节”，除了CCTV、《人民日报》等官方媒体，一般社会媒体连篇累牍的报道永远都会聚焦在节日期间的赏花、远游、奇闻趣事等娱乐性事件上。这就不免让人唏嘘：在游人如织、人头攒动的场面里，在所有人都兴高采烈“过节”的时候，有多少人会留意“五一节”与其他节庆的本质不同？

“五一节”，又称“五一国际劳动节”（International Workers' Day）。其起源是1889年7月14日由恩格斯领导“社会主义国际”（第二国际）在巴黎召开的第一次代表大会。会议通过的《劳工法案》及《五一节案》，决定以同盟罢工作为工人争取应有权益的斗争武器，并决定把5月1日这一天定为国际劳动节（规定1890年5月1日，世界各国的国际劳动者举行示威游行，庆祝劳动节）。目前世界上仍然有80多个国家将“五一节”设定为全国性节日。新中国成立后不久，中央人民政府政务院即于1949年12月做出决定，将5月1日确定为“劳动节”。1989年起，国务院基本上每5年表彰一次全国劳动模范和先进工作者，每次表彰数千人。

换言之，“五一节”设立的初衷或本意大体有两个：一是用示威游行方式争取劳动者权益（如八小时工作制等等）；二是肯定、褒扬劳动以及劳动者的价值。然而今天，即便不是所有人都已经忘记，但多数人已遗失“初心”或不再关心劳动节设立的初衷、本意，已经是比较确定的事实。一句话，在一个“娱乐至死”的媒体年代，“五一劳动节”的现实概念里已经只有“节日”、没有“劳动”——很大程度上，“五一节”已经等于一种无内容、无灵魂的全民狂欢或休闲假期。

与“五一劳动节”的异化相似，学校的“劳动教育”也已在现实中畸变得厉害。而“劳动教育”的现实畸变，又何尝不是与劳动节异化相同的一种社会价值畸变的翻版？

二、“劳动教育”的现实畸变

我们可以明显观察到的学校劳动教育的畸变，至少有以下三种形式：

（一）劳动教育畸变为技艺学习

劳动教育畸变为技艺学习，在一些学校给人参观的“劳动教育 Show”里体现得最为充分。一些学校最爱给来访者展示的，往往都是孩子们的手工艺品，例如陶艺、手工、剪纸……许多展览可谓琳琅满目，蔚为壮观。凭良心说，孩子们学会这些手工制作，意味着既动脑又动手，手工课既是劳动教育又是审美教育，开好这些劳技课程也并不容易。不过问题在于，如果学校的劳动教育只是教会了儿童某些简单手艺，且在技艺学习过程中，儿童对于材料的节省使用、对劳动价值的切身体认，以及对劳动者尊重等劳动价值观的教育几付阙如，则劳动教育的本质已不复存在。其结果必然是：一些学会某门手艺的儿童只是在为自己的“聪明才智”自豪；而另外一些儿童在体验到劳动的艰辛之后，有可能得出的结论是长大后决不做辛苦的劳动者——这也是劳动人民子女通过漫长的学校教育后，往往更不尊重他们作为“劳动者”（尤其是体力劳动者）的父母、发誓不再做他们父母一样的“劳动者”的原因之一。

（二）劳动教育畸变为休闲娱乐

这一畸变在所谓毕业班最为常见。学生们“拼搏”（复习、考试等等）得太累之后，一些学校、班级会安排某些“劳动教育”，让大家在艰苦的学习生活中“放松放松”。这样，到田间地头、到工厂车间的所谓“劳动教育”就已经完全蜕变为一种纯粹的娱乐活动。“少爷小姐”式的走马观花，多了观光的轻佻，少了教育的厚重。因为既然功能上只是让学生紧张的学习生活得以“调剂”与“放松”，则这一类型嘻嘻哈哈的“劳动教育”，当然也就已经远离了对于劳动、劳动过程、劳动成果及劳动者的起码敬畏。这种劳动教育，其实质是一种“劳动观光”，已经与有意义的“劳动教育”完全无关。

（三）劳动教育畸变为惩罚手段

劳动变成某种惩罚手段是最恶劣的畸变，但是在中国社会由来已久。很多人还认为这一惩罚形式既避免了体罚等引起的伦理争议，又可以让学生得到合理规训，是一个“不错”的教育手段。于是，每当中小学生犯错，班主任就可能宣布：罚擦黑板或者打扫卫生一周！

这有点像几年前已经废除但是在新中国成立后却实行很久、学习苏联建立起来的劳动教养理念、制度及其变异。建立劳动教养制度的初衷是“根据中华人民共和国宪法第一百条的规定，为了把游手好闲、违反法纪、不务正业的有劳动力的人，改造成为自食其力的新人”（1957 年 8 月 3 日中华人民共和国国务院公布、经过 1957 年 8 月 1 日全国人民代表大会常务委员会第七十八次会议批准的《国务院关于劳动教养问题的决定》），但是后来泛化成对所有轻微犯罪，有各种政治、道德问题，但不足以受到刑事处罚的人员的行政处罚。

但是问题在于，当本来具有正面、积极价值的劳动异化为一种处罚手段时，被处罚者对于劳动的体验就自然与行动被强制、自由被剥夺等负面、消极的心理感受建立起联系，劳动也就必然被视为一种痛苦的、应当尽量避免的人生经验。而劳动一旦被受教育者看成负面的心理体验（或厌恶刺激、负强化物），劳动的宝贵价值也就被完全遮蔽，劳动又如何能够发挥其积极的“教育作用”？

三、劳动教育的价值本质与合理实践

“劳动教育”现实畸变的诸多表现，共有一个最根本的原因，那就是推行劳动教育者已经忘记劳动教育的价值本质。那么什么才是“劳动教育的价值本质”？中国是社会主义国家，我们不妨从马克思恩格斯的有关论述中寻找某些关键智慧。

马克思恩格斯至少从三个角度表达了对于劳动价值的看法：首先，“劳动是一切价值的创造者”[①]。即不仅劳动创造了财富，而且创造了人类自身、美与人类的全部文化。因此劳动以及劳动者具有“无上光荣”的价值。其次，劳动者反而被自己所生产的产品、生产过程、劳动价值符号（如货币）等劳动要素所奴役的劳动价值的异化，是现代资本主义制度的罪恶，应当通过社会变革特别是社会主义的实践予以拨乱反正。第三，劳动是脑力与体力的统一，“劳动过程把脑力劳动和体力劳动结合在一起”[②]。机器大工业、现代社会的分工导致了体力劳动与脑力劳动的第二次分离，也必将促进两者在更高水平上的结合。社会主义教育应当努力贯彻教育与生产劳动相结合的原则，以培养具有健全体力和脑力的新型劳动者、不断提升自由个性的“全面发展的人”。

因此，在马克思主义者看来，劳动教育的本质目标是且只能是：通过适当的教育途径培育具有健康劳动价值观、追求社会正义、实现体力脑力结合以及具有自由个性的“全面发展的人”。因此，健康的劳动教育应当强调的重点当然是：(1) 劳动价值观——劳动、劳动者光荣；好逸恶劳、不劳而获可耻。(2) 社会制度正义——反对和逐步消除劳动异化，鼓励受教育者追求

---

① 马克思恩格斯选集：第3卷［M］. 北京：人民出版社，2012：580.

② 马克思恩格斯全集：第23卷［M］. 北京：人民出版社，1972：555.

按劳分配等社会主义分配原则与社会制度正义。(3) 现代教育观——教育应当与生产劳动相结合，培育具有自由个性（在劳动过程中也就是具有劳动的内在热情与劳动创造性）的“全面发展的人”。

应当特别强调的是，劳动教育虽然包括劳动技能的学习、调节紧张学习生活等功能，但其最核心、本质的价值目标却只能是培育学生尊重劳动的价值观，培育受教育者对于劳动的内在热情与劳动创造的积极性等劳动素养。后者为本，前者为用，劳动教育在实践上切不可本末倒置。学校劳动教育的种种畸变不是忘记了劳动教育的本质，就是将核心目标与一般功能混为一谈，值得广大教育工作者警醒。

为了加强劳动教育，教育部、共青团中央、全国少工委曾经于 2015 年 7 月发布了《关于加强中小学劳动教育的意见》。《意见》在表述“抓好劳动教育的关键环节”时，第一条就是强调要“落实相关课程。要根据《义务教育课程设置实验方案》和《普通高中课程方案（实验)》，将国家规定的综合实践活动课程、通用技术课程作为实施劳动教育的重要渠道，开足开好。要明确并保证劳动教育课时，义务教育阶段三到九年级切实开设综合实践活动中的劳动与技术教育课，普通高中阶段严格执行通用技术课程标准，课时可视情况相对集中。各地各校可结合实际在地方和学校课程中加强劳动教育，开设家政、烹饪、手工、园艺、非物质文化遗产等相关课程。在德育、语文、历史等学科教学中加大劳动观念和态度的培养，在物理、化学、生物等学科教学中加大动手操作和劳动技能、职业技能的培养，在其他学科教学和少先队活动课中也应有机融入劳动教育内容”。《意见》对于劳动教育的推进，具有重要的现实针对性。

特别值得肯定的是，该《意见》还开宗明义要求“明确劳动教育的主要目标”，即“通过劳动教育，提高广大中小学生的劳动素养，促进他们形成良好的劳动习惯和积极的劳动态度，使他们明白‘生活靠劳动创造，人生也靠劳动创造’的道理，培养他们勤奋学习、自觉劳动、勇于创造的精神，为他们终身发展和人生幸福奠定基础”。虽然文件没有更明确地提出“劳动价值观教育”这样的概念，但是这一目标表述中已经明确提出要促进中小学生形成良好的劳动习惯、劳动态度，培育其勤奋学习、自觉劳动、勇于创造的精神，特别是“使他们明白‘生活靠劳动创造，人生也靠劳动创造’的道理”，应该说，“劳动价值观教育”的意涵已经得到了基本确认。希望广大教育工作者能够做准确的体认，大家一起努力，让劳动教育“不忘初心”，早日回归健康的轨道。

总而言之，对劳动教育概念、劳动教育的本质等做前提性反思，是正确开展劳动教育的前提。所谓对劳动教育的现实畸变的分析，以及劳动教育合理回归的建议，也完全仰赖这一前提性反思。

第六节　美学是未来的教育学[①]

关于德育美学观、“欣赏型德育模式”的心得，可以分为两部分：第一，“德育美学观”与“欣赏型德育”。第二，“美学是未来的教育学”，也可以叫作“现代教育的审美救赎”。

“美学是未来的教育学”是加了引号的。之所以加引号，有两个原因：一个原因是，这句话是一个隐喻，如果真的将其理解为未来只需要美学而不要教育学，那当然是不行的。另外一个原因是，这句话实际上修改自高尔基的小说《母亲》里的一句格言“美学是未来的伦理学”[②]。我坚信：人类生活实践的最终、最高的境界，都与美、审美有内在关联。故就最高境界来讲，美学可以是任何领域未来的“××学”。所以，这里我就用了“美学是未来的教育学”这样一个加引号的命题。其实我认为，美学是未来的教育学，也应当是当下的教育学。

总之，讨论的焦点在于，美对教育，到底、真正意味着什么！

同理，我也无数次认真想过，我们到底该怎么看德育美学观、欣赏型德育模式？你也可以从不同的角度去看。你当然可以把它看成是一个很有意思的班会、很有意思的课堂、很有意思的教育模式等等，但如果你深究的话，德育美学观、教育美学，或者，美学给教育带来的最重要、最根本的、灵魂

① 本节原为2013年春在北京师范大学二附中的讲话，后经李思齐整理、作者本人修改定稿。

② 中国美学家也有类似倡导。参见陈望衡：《美学是未来的伦理学》，江海学刊，1997（4）。

性质的东西，肯定不仅仅是这些。那么，最重要的东西是什么？需要我们耐心探讨。

一、德育美学观与欣赏型德育的基本构想

我先来解释一下我为什么那么长时间（已经二十多年了）一直在宣传“德育美学观”和“欣赏型德育模式”。

一个最重要的原因就是，德育美学观、欣赏型德育模式的建构仍然是一个未竟的事业——如何在教育、德育过程中真正借鉴审美精神，对德育中的师生关系、教学、活动做审美化改造，如何处理艺术手段的应用问题，等等，仍然需要大家不断探索。我相信，越往后大家就越可以明确地体会到：德育美学观、欣赏性德育模式所追求的方向是合乎时代潮流的。所以，有一批沿这个线索去推进德育乃至教育境界提升的学校，非常重要。我确信，整个中国，这个时代，都需要有一批教育工作者率先开展“美学是未来的教育学，也是当下的教育学”这样一个思路的探索。

我之所以研究德育美学观、后来提出欣赏性德育模式，最根本的原因是我对中国德育的弊病的一个判断。我认为，世俗意义上的（粗俗的）功利主义（严格意义上讲，到现在我也不知道用什么词去表达这一乱象。我在学校讲课的时候，曾经有学生问我：你这里的功利主义和穆尔、边沁等伦理学家的功利主义是不是一回事？我认为有联系，但好像不完全一样。我后来想过用实利主义、实用主义等词，但都不是非常合适，所以姑且还用“功利主义”一词）是中国德育以至整个教育的最突出的毛病之一。我所谓的功利主义，其实就是中国社会当下一定程度存在的最庸俗的实利主义，一种赤裸裸的、物质的、充满欲望的功利主义，一种只求“来现的”功利主义。

总之，我认为德育实效很不好的重要原因之一就在此处。比如说，德育这么重要的一个事业，在一定意义上说，始终仅仅是被当作工具看的——在很多人眼里，它只是达成某种社会政治目的的工具。而对于只是被当作工具的德育，那肯定是可要可不要、想怎么摆弄就怎么摆弄的。这样就肯定没有什么独立性、规律性，没有绝对价值可言。如果没有一个最根本的原则被尊重、什么东西都可以权宜的话，那个事情肯定做不好。中国的德育、教育，

都有这个问题。

另外一个问题，功利主义的另一种表现就是在日常生活中，我们以“解放自我”为名义，慢慢地把自己导向和动物越来越近的方向，就是赤裸裸的生物欲望所代表的那个方向。这种方向也是对德育的一种深深的侵害。因为当这些东西被看作是最重要时，所有的高级需要及其追求就都被边缘化了，就不可能有真正的德育效果了。人类道德，比如说父慈子孝、兄友弟恭、尊师爱生，都是让我们更为高贵而非更为猥琐，让我们脱离动物界，而不是任由丛林法则摆布。所以我最初研究欣赏型德育美学观，是因为我认为中国的德育之所以存在问题，罪魁祸首就是这个功利主义，或者说是实利主义的毛病导致的。

那么，为什么想到用美学来解决功利主义这个问题、建构我的德育美学观呢？一个很重要的原因在于审美本身所具有的超越性特质。或者说，审美本身具有非功利性。比如当你欣赏一个人体模特时，欣赏的视角一定是指向人体的形式方面——如女性皮肤的光洁、形体的匀称，或者男性的肌肉所表达的力量感，如此等等。这些都是事物的形式的方面，如果你走向了实用的方面，那已经不是审美。比如有人娶模特做老婆或者追求他做老公，虽然也是人的一种正常的情感，但它指向的是实用的方面。再比如，当我们说一个水杯“漂亮”的时候，我们指的是这个水杯的颜色、质地、造型等等，它绝对不是指这个水杯能装多少水、如何解渴。所以，审美本身具有非功利性、超功利性。而我最早关注美育和德育、美学和教育学的交叉，是因为我觉得功利主义的救赎必须从非功利、超功利的逻辑开始。

按照这个思路，后来我建构了我命名为“德育美学观”的三个基本理论：“审美育德论”（即证明美育可以增进品德发展）“立美德育论”（讨论德育如何审美化）“至境德育论”（讨论德育应当追求的境界）。我的“德育美学观”的核心内容其实就是这三“论”①。

这三个部分，都有对教育、德育之审美精神的追求。比如说在“审美育

① 檀传宝．德育美学观［M］．太原：山西教育出版社，1996；檀传宝．德育美学观［M］．修订版．北京：教育科学出版社，2006.

德论”中，我论证，而且相信：只要符合审美属性的东西，都对人格的修复、人性的养成有积极的增进作用。当然我也相信，美学并不能完全取代德育。就像间接的德育课程很重要，可是数学老师再怎么言传身教，终究也是不能完全取代思品老师的。比如数学老师既没有时间，也没有专业能力去系统地讲授一个国家的宪法之类的课题。这里也是一样，美育特别重要，只要在做美育，在某种意义上讲，就是在做德育。但是同时美育又不等于德育，不能也不应该取代德育。美育更不能异化为德育。实际上，德育、美育都不能相互取代。

在“立美德育论”里，我们主要讨论三个问题，即如何应用美学原理看学生和教师，看德育之“德”，看德育之“育”（及其变革）。如果我们能够把对学生的视角调成审美的视角，如果我们以审美的视角看待德育的内容与形式，就会有两个方面的作用：

第一个维度，会极大地强化我们教育生命的意义，使每一个从事德育和教育的人，有生命的充实感和幸福感。因为你会觉得这些东西是非常生动、美好的，非常肯定我们主体价值的东西。首先，老师最大的幸福，莫过于关照到自己学生的成长，而且这种成长是与自己有联系的成长。不管那个老师有没有用“幸福”这个词，只要他班上的学生有所成就，那么学生成就本身于他就是幸福的。还有，当一个教师为自己的教育形式、教育风格自豪的时候，他能让自己的学生在自己的课堂上不亦乐乎的时候，他一定是幸福的。他能够有高度的自信，展示自己的优雅的时候，他一定是幸福的。而幸福感和美感有时候是一个事物的两个侧面而已。你会发现，“立美育德”不光是对学生的发展而言，对教师的教育人生来说也是非常有意义的。

还有一方面，如果你参透其中的美学奥秘，并将其迁移到我们的日常工作上，使之成为自己的教育观、方法论，我们就能发现：原来我们可以这样改造我们的教育，我们可以以审美或欣赏的眼光去看待学生，我们可以用审美的原则去改造我们自己的形象、教育活动的内容与形式，使之发挥最大的教育功能、德育功能。我们可以用审美的原则去改造我们的教学内容和形式，使之成为有境界的、有教育乐趣的、能够让学生“乐在其中”的乐学的对象。你会发现，虽然“立美德育论”从某种意义上讲还是教育学的理论，还在集中讲对德育实效的提升，不过这一实效又远高于科学意义上的绩效。所以，“立美德育论”对于德育来讲，首先是非常重要的一个教育观、方法论。它跟审美育德的不同之处在于，审美育德是在德育过程之外，而如果要由外到内，则首先是德育过程的审美化改造——首先是学生、老师，还有师生德育互动的内容、形式的改造，等等。

最后是“至境德育论”，就是一个境界追求问题了。道德教育，我们在教育上所用的方法是存在不同境界的。首先，我们可能会“贿赂”学生去追寻道德。有时候，在某些年龄段，“贿赂”也是可以有德育效果的。在某些年龄段，大家去看品德心理学的话，本来就有一个道德判断的惩罚定向、互利互惠阶段。就是说在一定阶段为了让孩子知道对错，你贴一朵小红花，或者说是更物质的，给点压岁钱、买个小玩具之类的刺激，确实也能起到一定的德育作用，但是要知道，那种境界肯定不是德育最高的境界。因为那种境界在品德发展里面，属于“前”道德阶段，个体根本还没有领悟到道德规范本身的意义，即教育是用道德以外的东西去诱导人的，所以我称之为“贿赂”。第二种境界，我们用片面的社会规范去“规范”学生。这已经涉及道德本身了，因为是用道德规范本身去约束我们的学生。但是这种道德教育，其所宣扬的所谓的社会规范，往往只是赤裸裸的强制、一味单方面且赤裸裸地强调家庭、社会、国家的重要性。我们当然不能说家庭、社会、国家的利益不重要，但如果这些利害与每一个个体、肉身没有关系，它就会违反基本人性，也会显得非常没趣、失去生动。所以最好的德育境界，肯定不是这种境界。我坚定地认为：只有当一种教育，能够让我们的学生充分欣赏到道德人格之美、道德智慧之美、道德生活之美，对道德生活的高贵与自由心向往之，没有任何牵强、非常乐意地去接受社会规范对他的约束（或指导、帮助），非常高兴、自豪地接受道德教育内容的时候，那种德育才是最好的德育。而这当然就是我所主张的“欣赏型德育（模式）”。

大家应该都知道大美学家、美育家席勒。席勒的《美育书简》应当是每一个教育工作者的必读书。席勒曾经用三种“国度”来描述三种教育或人生境界——“力量的国度”“伦理的国度”“审美的国度”。“力量的国度”只有自然法则、从林法则。没有道德的动物式生存，那肯定不好。第二个是“伦理的国度”，有道德规范，但是太过强制，显然也不是理想的人生。所以他认为人性如果要真实、完整，人生就应当像儿童沉浸在游戏中一样，陶醉在自己的工作中、学习中。那个时候人性才是最充盈、最完整的。这就是所谓的“审美的国度”。审美的国度在他那里也被称为自由的国度。德育美学观、欣赏型德育模式所追求的最高境界，正是这个审美或自由的教育境界。

二、让德育成为最美丽的风景

欣赏型德育模式最主要的理论基础，也就是上述德育美学观中的“审美育德论”“立美德育论”“至境德育论”。我在讲欣赏型德育模式的时候，一直有一个感性的口号，就是要“让学校德育成为一道最美丽的风景”。这就类似于我前面所讲的“美学是未来的教育学”了。

我们提出欣赏型德育模式，除了反对刚才讲的实用主义的逻辑，另外还有一个非常实践性的考虑。这是后来我自己琢磨出来的。我觉得除了功利主义以外，全世界的德育，包括中国的德育，一直在两个极端之间徘徊，即要不就是“绝对主义”，要不就是“相对主义”。

什么叫“绝对主义”呢，就是“我是真理，你听我的”。当然，这个“我”可以是国家，可以是学校，可以是某一个班主任、任何一个老师。当教育的一方认为自己握有绝对真理，别人只有听他的份儿的时候，那就是所谓的绝对主义。这在教育形式上最典型的表现就是所谓的强制灌输模式。强制灌输式的德育在我们国家一直延续到现在，甚至还为很多家长、社会人士、非专业的教育工作者所欣赏。他们认为这样的教育在“效率”上还是挺“管用”的。但事实上，这种德育，这种近乎“力量的国度”的东西，其实就是饮鸩止渴，即使在某一个阶段暂时有效，但总体上讲，它是无效的。比如，一个小孩儿不礼貌，一只手捧茶给爷爷。作为家长，你可以一巴掌打下去，马上就可以改变他的动作，教会这个儿童用双手捧茶给爷爷的礼数。但是，当这个小孩儿抹着眼泪双手把这个水杯再次递给爷爷的时候，就其对爷爷的“孝敬”来讲，肯定是更少而非更多的。双手捧茶水给长者这一礼数所要表达的实质，其实是价值而非规范。而对于价值的东西，如果情绪上抵制，那要让他接受这个价值就不可能了。当然，有时候外行的人觉得这还是挺“有效”——你打了他，他马上就照章办理了，怎么没效？这当然有效，只不过这种“效”在某种意义上来讲是“饮鸩止渴”的功效而已。在某些特殊发展阶段或教育情境，偶尔用这种方法未尝不可，但是这终究不是最好的教育形式，没有真正意义上的教育效果。在一个价值多元的社会，在一个互联网时代，这种德育将越来越行不通。因为太多的不同意见在那里，你还想强制让人家接受一个也许本来就不怎么样、遭人情绪上反感的价值观。这怎么可能？所以强制灌输是没有未来的。中国在德育上吃苦头最多的，是许多人都坚定认为强制灌输是对的。很多时候，政府的一些文件所奉行的其实都是粗俗的功利主义哲学。现在我对某件事情关心，那好，某件事情就马上必须“入脑”“入心”“进课堂”！这时候我们奉行的就是强制灌输的模式。到目前为止，这种思维惯性还很大。结果，有时候中国德育实践就出现了一个十分荒谬、荒诞的逻辑——领导越重视，德育效果越不好。因为一些领导的教育观念、教育哲学本身就存在问题。当然，我批评强制灌输的时候，并不是说中国的德育实践都是强制灌输的。但我说的强制灌输是整个大的局面都有这样的情况。

“相对主义”的德育，主要存在于欧美一些国家、地区、学校。这一局面的形成基本上有两个原因：一个是在教育内部对儿童的尊重，另一个是在教育之外对思想自由的追求。出发点都是把更多的价值选择权还给儿童。这本来也是对的，因为任何价值观念的学习，如果离开学习主体的自由选择就是强制灌输。可是有一个问题，如果我们把所有的自由，无条件、一股脑地给孩子们的时候，这种“教育”还能被称为德育吗？如果孩子做什么都行的话，德育当然就没有了！很多西方的德育理论与实践（不是所有的）很容易让人误入歧途。西方社会价值观念的混乱与其过于放任的教育思维密切相关。其实，中国社会也有类似问题。很多在网络、媒体那里自由传播的好像“最先进”的、“最解放”的思想，往往是最粗俗也是最落后的。在中国当下的社会和教育环境里，相对主义也越来越多了。但是，相对主义的结果往往是没有底线的，什么都行——尽管事实上，任何社会都不允许什么都行，即便是自然法则也不允许什么都行。人类社会最低的要求也是要过一个区别于动物的生活，最高的要求是过越来越高贵的生活。为此我们肯定要对自己的社会生活有所要求。所以，相对主义（自由放任）的教育形式，跟绝对主义（强制灌输）的教育形式都会导致德育效果的降低。

那么，怎么才能使德育取得它应有的效果呢？我觉得德育既不能绝对主义，也不能相对主义，我们应该找一个中间道路：你既教人，但又不强迫人；你所施教的，又正是能够使人不亦乐乎的。这样，你便既照顾了学习者的兴趣、主动性、创造性，又教会了别人某些有价值的东西。你教了，区别于相对主义；学生在接受你所教的东西时不亦乐乎，这又区别于强制灌输。

故欣赏型德育模式的一个基本假设就是：如果德育的内容与形式能够经过审美化改造，使德育成为一幅美丽的画、一曲动听的歌的话，那么与这幅画、这首歌相遇的人，就会在欣赏中自由地接纳这幅画、这首歌的内涵。

如此，刚才讲的绝对主义和相对主义的毛病，都会在对德育美的自由欣赏中自动消解。因为在自由、审美的欣赏中，一方面自由使你区别于强制灌输的教育观念，另一方面这种审美活动又有特定的对象，所以你一定会接受特定的某种教育。所以，最关键的问题在于，德育的形式和内容有没有成为那幅画或那首歌？换言之，我们的教育内容有没有可能具有“可欣赏性”？因为审美的前提是美的存在。

有些人问我：你讲的欣赏型德育模式是不是就是“赏识德育”？其实欣赏型德育跟赏识德育有很多区别。最基本的区别就是：只要做正确的事情你都可以“赏识”；而“欣赏”的前提是所观照的对象有审美意义上的“可欣赏性”。换言之，欣赏具有审美意味，欣赏的要求比简单的“赏识”高很多。比如你看见一个愁眉苦脸但合乎规范的学生，你会欣赏他吗？你可以表扬或者“赏识”他：你今天很不错哦，你还是合乎规范。但是你绝对不会“欣赏”他。你欣赏的学生，一定是那种流露出近乎天性的道德之美的孩子：这孩子真淳朴、善良，这孩子真有教养，如此等等。因为这个时候你在这个学生身上不仅发现了道德，而且观照到了道德的自由。就是说，如果一个学生只是被动、勉强地遵守纪律，你当然可以肯定（赏识）他，但你绝不会欣赏他。

简言之，如果我们能够使德育内容与形式经过审美化改造而具有审美意义上的“可欣赏性”，那么欣赏型德育模式就接近完成了。

我们可以用一些例子，讲有没有可欣赏性。比如说，对于我们教的那些道德规范，如果纯粹从伦理规范角度去阐释它，也是一个教育的思路。但如果从一个智慧的角度去看呢？那学生的内在学习兴趣就会被大大激发起来。道德规范实际上是你为自己人生着想的应然选择。试想，我们立一个无谓的社会规范来纯粹约束自己、让自己不痛快，怎么可能？所有为我们自身制定的这些道德规范，都有合目的性。问题在于，我们如何让学生在这些伦理规范中看到合乎我们人性、合乎我们自身幸福生活目的性的东西。

《论语·宪问》里说孔子认为学习有两种类型："古之学者为己，今之学者为人。"什么意思呢？就是说，孔夫子认为现在很多人学习是为别人学的，比如今天有人可能仅仅是因为要签到、要符合考评要求而来开会，并非为了追求学习的内在乐趣。而真正的学习，肯定是"为己"的，即为自己人生境界的提升、为自己安身立命服务的。对于所有教育学专业知识技能的学习，如果只是接受校长命令去学，肯定很不愉快。相反，如果认为需要把教学琢磨好，需要使课堂效果变好，甚至将来更好，这种时候你就处在一种兴趣盎然的内在兴趣状态。所以在不同的课堂，教育的"气象"完全不同，一个是非常异化的空间，另外则是一个自由的空间。你自己的事情，你自己愿意做的事情，就是"为己之学"。同理，当道德成为"为己"之德的时候，道德就不再是我们的敌人。对于所有的道德规范，只有把其中的"为己"性给学生揭示出来，让学生认识到这是人生的智慧的时候，学生才会豁然开朗：老师，原来是这样啊，原来应该这样看待事情！

我们可以举很多例子，比如说我很欣赏老子的这句话："生而不有，为而不恃"（《道德经》第二章）。《道德经》本来就没多长，但这句话在不同的地方一共重复了三次。其中一次，老子是做了详细解释的。他说：你去看啊，大地会生长出万事万物，但是大地并不试图占有它。你看大地有多大的功德，但是它从来不吹牛、不骄傲。创造而不占有，有为而不自大，这才是最玄妙、最根本的道德，即"玄德"。这个时候，你会不会觉得道德具有美感？你会不会心向往之？相反，如果你只是简单地让一个学生遵守某个道德规范，不去做这种合目的性角度的解读的话，那么任何让人限制自己的利益、本能的道德要求的达成都将是最困难的任务。你让他超越私利，你让他公而无私，本来都是比较难的。可是，从老子这个角度来讲，从这一刻，他会有感动、感悟，原来可以这样思维，很多事情全想开了！相反，某位哲学家讲过，一个吝啬的人对财富就像用手攥着一把沙子，攥得越紧，沙子流失得越快。我是想强调，当道德的规范、价值的观念成为一种文化智慧被学生欣赏的时候，其实它就具有可欣赏性了。这个教育内容就已经有可能被学生欣赏了，这就已经是一种可欣赏的德育内容处理了。

同理，对于道德人格、境界等也一样可以做审美化处理。在德育活动中，如果我们能够把道德智慧、道德人格、道德境界等那种人性的光芒展现出来，实在是美好的实践！德育就可能犹如西施本身的美、那幅画本身的美、那首歌本身的美，会用自身的魅力自动、自然地吸引我们的学生，根本不需要任何强制。当然，再好的德育也不可能一蹴而就，都需要一个长期涵养的过程。但是如果我们能坚持这样做的话，其实质的功效肯定会比那种在短期内饮鸩止渴的方法要好很多。最为关键的是，这一种德育，是目前最合乎人性的教育方式。因此这一德育实效的真实提升，就不光是当下绩效的改进，而是在教育的最终目的的实现这个角度上最有效的教育！

以上是对德育内容的处理。我们再来看德育形式的审美化改造。

德育形式是我们要特别注意又要特别警惕的东西。“德育”，只有“德”“育”两个字。德的问题是德育的内容，如前所述是我们可以做审美化处理的——如果我们想办法对教育内容做审美化处理的话，那道德智慧、人格也就比较“美”好，道德境界也就比较令人心向往之。这些都可以理解为对“德”的改造。那么，对“育”的改造呢？当然就是对教育形式的改造。关于德育形式的审美化改造，教育家们很早就考虑过，中国古代就有“诗教”跟“乐教”之说——古人就认为可以用诗歌、音乐去教化民众跟学生。古代教育当然没有现在的德育、智育、体育这样逻辑化的区分，教育就是整体人的教化。而人的教养的形成可以通过诗歌去完成，通过音乐去完成。你看孔子的“兴于诗，立于礼，成于乐”，就是一个最典型的例子。孔夫子告诉我们，只要稍微运用一些审美手段，我们就可以使教育或德育变得很有趣、很生动、很美妙。所以教育的外观也可以是非常美的。

《论语》中还有一个非常美的案例，就是“（曾点）曰：‘莫春者，春服既成，冠者五六人，童子六七人，浴乎沂，风乎舞雩，咏而归。’夫子喟然叹曰：‘吾与点也！’”（《论语·先进》）现在我们的教育形式已经变了，因为以前是比较个别化的教育，那个时候“冠者五六人，童子六七人”，即“游学”，是非常高也非常美的境界。我们今天是班级社会制占主导的一种教育体制，只有在很少的情况下才能带着我们的三五个学生到某个风景优美的地方，有这种美妙的瞬间。大多数情况下，我们都是常规的班级制。但是这不等于说，我们一定没有机会达到孔夫子非常赞同的“浴乎沂，风乎舞雩，咏而归”的教育境界。可能形式变了，但是那种教育的美好依然是可能存在的。所以，以教育形式来讲，最重要就是两点：一个是用一些技法让我们的教育变得生动；另外一个就是，最终生成的教育的结果、教育的境界是美好或是美丽的，或是具有“可欣赏性”的。

我们在欣赏型德育的学习与实践当中也积累了一些例子可以确证以上结论。

比如说对于爱国主义教育的处理——“在地球上旅行”。苏霍姆林斯基所说的“在地球上旅行”，就是带着小朋友沿着铁道线想象着在祖国各地旅行。这是把牵强的爱国主义教育变成让祖国自身的美好来自然增强孩子对于祖国的归属感、亲近感的宝贵探索。我们曾经用这个案例的原理去推动了一些地方（如珠海、杭州等地）的类似德育活动的审美化改进。“在地球上旅行”看起来好像只是一个具体的做法，可是在我看来这根本不是一个偶然的教育案例，其机理完全符合德育美学观、欣赏型德育的基本原理，类似探索非常有前途。

另外一个案例就是“美丽整洁的校园也有你的一份功劳”。香港地区一所小学的那幅标语可能是无意识写的，但它却把多重德育欣赏关系都巧妙地展示出来了。这里所谓的“欣赏关系”，至少有三种：第一种，是“美丽整洁的校园”这几个字的意味。在某种意义上讲，“美丽整洁的校园”就是孩子们的作品。因此这里有孩子们对他们的道德、劳动作品（结果）的欣赏。通过对作品（结果）的欣赏，去促进孩子的正向价值观念，是非常重要的一个德育方式。第二种是有对道德智慧的欣赏。什么叫智慧呢？这幅标语实际上是在告诉孩子们，你看我们学校这么干净，其实只要我们每一个人稍微注意一下言行就行了。有对“只要我们稍稍注意，我们的生活就更美好”的道德智慧的宣传，这一宣传就在一句简单、朴素的口号里面！第三种，“美丽整洁的校园也有你的一份功劳”，还有一个角度就是鼓励孩子对自我道德成长的欣赏。因为这个标语明确强调美丽整洁的校园有“你”的一份功劳，是指向孩子们自己对自己的一种欣赏的。这一标语背后的机理也是德育美学观、欣赏型德育，尽管在设计这幅标语时香港那所学校未必是自觉的。在欣赏型德育模式的实验中，我们应用这个案例开展了许多德育活动的审美化改造。

现在所谓的好学校，这个“好”字有太多的含义。有时候这个“好”是教育学生全面发展的好。有时候这个“好”，仅仅意味着升学率比较高。比如某一个省升学率最“好”的学校，就是上课“零抬头”的“好”。像这样的学校，即使高考升学率再高，也一定是教育的“恶”，是全世界教育学家一致批评的“恶”，而不是真正的“好”。当然迄今为止，还有一些家长会认为那样的学校是“好”的。理由很简单，它让我的孩子上北大、上清华。所以，我觉得需要反复强调一点：教育学生全面发展的好、合乎教育规律的好，才是我们发展的正确方向，才是真正意义上的好。而更重要的是，美好，美好，最终是要因美而好才行！

以上所讲的都是“欣赏型德育”模式，下面，让我们再回到最大的命题——“美学是未来的教育学”上来。

三、建立教育活动评价的第三标准

我为什么要起这样一个题目，准备采取这样一种随意的演讲形式呢？原因之一是我不愿意引经据典、烦琐论证，我愿意以沉淀之后更加澄明、简单的方式与大家交流。

前面已经提到，高尔基有一个非常好的命题：“美学是未来的伦理学”。他的意思，其实也就是欣赏型德育模式所追求的那个意思，就是说，如果伦理要真正发挥现实的作用，那就一定要让伦理之美发挥效用，然后人们才能自由接纳道德规范与价值，也才可能有真正有效的伦理实践。所以的确，“美学是未来的伦理学”。这里，我把它改成“美学是未来的教育学”，意思是类似的：教育学只有获得美学的灵性，才是真正、完整的教育学，才能具有真正提升教育的品格。

十多年前，我曾经在《中国教育报》上发表过一篇不太长，但是很重要的文章——《教育活动评价的第三标准》[①]。之所以说它重要，是因为到目前为止，对教育活动的评价，一般来讲我们实际都只承认两个标准。第一个就是合目的性标准，即“善”的标准，即认为教育要合乎社会发展的需要，要合乎孩子们成长的需要，要办人民满意的教育，等等。另外一个就是合规律性的标准，即“真”的标准，如尊重儿童发展的规律，尊重课程理论、教学理论、教育管理等一系列的教育规律，等等。但是教育学一直有个常识性的疏忽。那就是，我们强调“善”，我们强调“真”，但我们却很少强调“美”。实际上教育实践不仅需要一个合规律性的标准、合目的性的标准，而且必须有一个“合规律性与合目的性的统一”的标准，那就是“美”的标准！其实，人类社会所有的实践都应当有“真”“善”“美”这三个标准乃是一个常识。可是奇怪的是，我们的教育活动往往只谈“真”与“善”。所以，我一直呼吁要建立教育活动的第三标准。

我在《中国教育报》上强调那个命题、发那些感慨的时候，有没有考虑德育、德育美学观呢？当然考虑了，但是我是不是只讲了德育呢？断然不仅仅是！因为所谓“教育活动评价的第三标准”应当覆盖所有的教育活动，覆盖德、智、体、美、劳全部教育领域。所有的教育实践都应该遵循审美的原则。现在的问题是，教育学教科书缺乏美学常识，现实的教育实践中的美育也是最不受重视的。所以，在这个意义上说，迄今为止的教育学理论和实践都处在格调较低的、粗放型的历史阶段。

四、幸福和审美的共同秘密

让全部教育都遵循审美原则，就是要实现“现代教育的审美救赎”。

实际上，我们教育者应当经常问自己：教育是什么？教育有问题吗？有什么问题？

---

① 檀传宝．教育活动评价的第三标准［N］．中国教育报，1997-02-27．

答案当然是中国的教育、全世界的教育都有问题。中国教育的问题，我们可以从正面去讲，也可以从反面去讲。如从反面说起，一个最典型的例子就是“应试教育”这个顽疾。应试教育与其说是教育问题，不如说是社会问题。应试教育挥之不去，教育只能负很小的责任。为什么？因为全社会都是这样一个逻辑：“不要输在起跑线上”。为什么要花重金进“好的幼儿园”？主要是因为要冲“好的小学”“好的中学”。为什么又要不惜代价去竞争“好的中学”？是为了“好的大学”。“好的大学”仍然是工具性的，上“好的大学”是为了找到“好的工作”。最后“好的工作”也是工具性的，所谓“好的工作”就是那些赚钱比较多又比较轻松的工作。很多年以前，我有一个学生，我过问他的就业情况。他说“工作好找，好工作难找”。我说什么叫“好工作”？他最后表达的意思也是这个意思，简单一点就是“拿钱很多，干活很少”。于是，我就对他说：你的意思，简言之就是少劳多得，或者不劳而获、投机取巧?！这样一讲，就点醒了他。

按照康德的说法，一个伦理，如果不能实现普遍化，它肯定不是健康、理性的规则。试问，如果每个人都奉行“少劳多得”这个原则，那多得的那部分是从哪里得来的呢？你多得的部分一定是从别人那里拿来的！这一定是一个剥削的、不公正的逻辑，怎么会成为你选择职业的标准?！还有一个关键问题是，好的小学、好的中学、好的大学、好的工作、好的生活，不是一个没有破绽的逻辑。因为到最后，在“好的工作”跟“好的生活”之间有可能出现断裂①。“好的生活”肯定应该是幸福的生活，可事实是高收入未必等于生活幸福。很多收入很高的人，并不幸福，怎么办？最后这个链条一断裂的话，你会发现前面的一系列逻辑关系就会失去基础。

所以，从一开始我们就要问，教育到底应该、能够给孩子什么？所有的教育活动，对于孩子来讲，都是为了他生活质量的提高，换言之，实际上最重要的标准就是生活幸福。而“幸福”既是一个伦理的范畴，又是一个美学的范畴。如果孩子们失去当下及未来的幸福，教育就没有意义。

在我看来为什么应试教育挥之不去，实质上就是因为我们这个社会充满

---

① 檀传宝．以专业的德育提升生活的品质［J］．人民教育，2010（15—16）．

了实利主义！大家全部持有一个应试教育、功利主义或实利主义的逻辑。某些场合有些人可能会不承认：我受过高等教育，我是高级别的领导，我也会这么想吗？可是，如果你不是这样想的，那么你干吗跟芸芸众生一样去帮自己的孩子择校？所以不管一个人的外包装怎样，其与中国大多数家长一样的"实利主义"的逻辑基本上是不变的。如果这种逻辑不改变，这种社会哲学不改变，整个社会风气都不改变，全社会都在为上课"零抬头"的学校鼓掌，很多学校就经不起这种诱惑或压力，都走应试教育那条路。大家一起"为虎作伥"当然是不对的。但最主要的根源，推动"为虎作伥"的机制之一，本质上我觉得是社会心理的问题，是社会哲学，即实利主义的社会哲学问题。如果社会文化、社会哲学不改变，应试教育也就很难在我们国家得到根本的改变。当然，我们的教育系统也可以做适当努力，尽量使我们所在学校的教育水平相对高一点、教育异化相对少一些，这也是可能的。但是如果整个社会这个土壤不变的话，我们会遇到很大的麻烦。所以我觉得应试教育之所以摧残学生，而且明明知道摧残学生，全社会都在表面上大声疾呼，但实际上相应的改革却落不到实处，其根本不是那些技术性的教育问题，而是社会观念和社会哲学（实利主义哲学）的问题。我们可能需要进一步发问：实利主义的社会观念如何改变？有没有相反的逻辑——非功利的逻辑可能性？

上面是一种反面的教育批判。我们从正面看，中国现在经济实力一直在增长，但是我们也有很多忧虑。目前模式之下一直增长又怎样，你不就是"来料加工"的厂子比其他发展中国家多一点吗？所以，钱学森先生去世前问倒了共和国的总理，问倒了所有中国人：为什么我们的教育培养不了大师？

为什么我们的大师与创造性人格如此之少？根本原因到底在哪里？我们很少去反思。其实"独立人格"跟"创造性人格"这两个问题差不多就是一回事。差别仅在于独立人格更具价值性，创造性人格更具工具性。如果一个学生，没有独立人格，老师讲什么就听什么，他是不会有真正的创造性的。如果大学教授，什么事情都要依据上级指示办的话，也就没有独立的学术可言。换言之，失去独立人格，我们就不可能有真正意义上的创造性。

到目前为止，在体制上讲我们国家有两个问题，一个是我们自己的问题，另一个是全球性的问题，都是非常难超越的。我们自己的问题是封建专制的文化惯性的问题。如果不进行改革，如果以人身依附为逻辑的社会约束太多的话，是不可能有独立人格的。如果这个东西不改变，创造性人格也许偶尔会有，但是想大规模地培育创造性人格，是不可能的。发达国家的教育也可能是很糟糕的，例如一些学生太过自由、散漫，但恰恰是他的自由、散漫在这个意义上来讲可能会造就他的独立人格、创造性人格。

独立人格、创造性人格培育在全球范围内遭遇到的最大的问题是什么？就是工业化、现代性膨胀的问题。工业化、现代性的逻辑，是把所有的人都磨平，变成标准件，变成“单向度的人”。有时我们是无奈的，有时我们则无意识地强化了这种无奈。

什么是无奈的教育问题？比如我们想把班级授课制、集体教学体制取消掉，短期内看不到希望，这就是无奈的，就算发达如美国也做不到。因为有那么多学生，社会负担不起个别化教学的成本。其实班级授课制就相当于工厂的流水线作业，你会发现，泯灭人的个性的教育异化与机器大工业时代的来临有密切的关系。而美学明确反对这一异化的逻辑，从席勒开始直到今天，两百年、三百年矢志不渝。当然现在还有后现代的哲学批判。许多后现代思想家明确反对确定性，反对过“死”的规律性，反对机械特征，反对流水线思维。一方面流水线作为生产线，是一个伟大的进步，因为它能批量生产，大大促进了生产力的发展。但是另外一个方面，人之所以不同于动物，是因为人具有非常独立的人格、非常自由的意志。人格的本质特征是自由，而现代性所扼杀的恰恰就是人的本质、人的自由。所以，从工具逻辑上讲，没有自由，就没有创造性人格；从本体意义上讲，没有自由，就没有人的本质存在。

马克思在《1844 年经济学—哲学手稿》里面，有一段非常精彩的关于人本质的描述，马克思认为人的类本质是自由自觉的活动。我觉得这是马克思关于人的本质的最好概括。人的本质与人的本质形成的条件是两回事。概括地讲，最精辟的人的本质应当是与其他动物相比的“类本质”。动物是按照动物的法则在生存，而人可以超越自然法则，当然是“自由的、自觉的活动”。所以，如果从这个意义上来讲，现代教育，尤其是我们中国的现代教育，问题多多，重要原因在于前文所述封建专制的文化惯性对我们的约束，以及我们和全世界都共享的现代社会的现代性对我们的压迫。某种意义上讲，我们也可以把文化惯性与现代性归并在一起。独立性人格、创造性人格为什么不能产生？根源是社会的异化，及其导致的教育的异化。

异化是指“劳动异化”。按照马克思的讲法，异化就是人的劳动所创造的东西反而变成奴役自己的力量这种现象。比如说货币是我们创造的，结果货币可以成为我们生活的主宰。房子是我们创造的，结果我们许多人居然成为“房奴”！劳动本该是主动、创造因而愉悦的事情，结果却变成了一个被剥削、被奴役的状态。这种本末倒置、违背自然的东西就叫异化。我们的教育也存在异化问题，而且异化的成分很大、很多。教育到底要干什么？我觉得教育至少是要帮助人、解放人的。教育应该让我们的孩子更有创造力，让他们张开想象的翅膀。可是现阶段的教育状况能让他们的翅膀张得更开吗?!

我曾经对一位中学校长说，学校要变革，首先要烧掉所有的练习册。20世纪80年代，我曾经在一个农村普通中学工作过，我的学生高考成绩非常好的原因，可能是我们那时候根本没电脑、没PPT，我们要刻钢板。就算搞应试教育，至少那时我们首先得把天南海北的复习资料汇在一起，挑一挑所谓“好的”题目，再刻钢板给学生们做。在那种“落后的”情况下，教育机制反而是对症下药、因材施教的。因为我刻钢板的同时，对那些练习题是有筛选的。我是把我认为的好的题目、合适的题目筛选出来给我的学生练的。现在大量印制的复习手册，有哪一个是为我们某一所学校某一个班级准备的？但我们现在很多学校，最简单的做法就是买一大堆复习资料，所以高三学生的案头像山一样高！几十年过去了，我们的教育为什么反而还不如以前了？我们的社会更先进，我们的技术手段更先进，可是我们的孩子实际得到的教育（即使是在应试教育的标准之下）怎么会比以前更差呢？所以，我觉得当前中国教育异化是非常严重的。在这种情况下，你再去想应试教育的问题，独立人格的问题，创造性人格的问题，为什么那么严重，挥之不去，就很容易想通。

再回到我们的题目。教育工作者必须经常问自己一个问题，就是：“你幸福吗?”很可惜，这个严肃的人生问题已经在不久前被媒体人问掉了！以至于现在如果有人问“你幸福吗”，大家都当作一个笑话了。但其实，这个问题是个重要的、永恒的人生追问。人生最重要的追问，莫过于此。同时，现代教育的救赎之路在哪儿呢？我觉得也是与这个幸福概念有关系的。

幸福到底是什么？我一直认为，幸福既是一个伦理的范畴，又是一个审美的范畴。

幸福概念是应该加以澄清的，不然就极容易被误解。比如，幸福到底是什么？有钱就是幸福吗？我房子比你大，那我不就比你更幸福吗？又比如，我很多的欲望没有得到满足，我还能幸福吗？这些幸福的追问，往往都是关于缺失性需要是否得到满足的。实际上，你倒过来问两个问题倒是有一些道理：（1）一些不富有的人为什么不幸福？（2）是所有不富有的人都不幸福吗？

在伦理学上，幸福应该如何定义？我认为，幸福是一种主体意义得以自由实现的人生状态。或者说，幸福是人之为人的本质得以自由实现时的主体生存状态。什么是幸福？就是一个老师在课堂上非常自由地展现其教学才华的时候——他下课的时候很累，但是他却觉得“棒极了”，那就是幸福。所以当一个主体的自由本质得到实现的时候，这个主体的生存状态就是幸福。这是伦理学意义上的幸福。因此伦理上的幸福与人的自由及其实现有非常内在的关系。

美学上的幸福，就是人生的惬意、美好，具有审美色彩。虽然苏格拉底曾说过，给美下定义是特别难的，不过很多美学家都赞成，美与自由有内在关系。

比如黑格尔谈及美时，举了一个例子：一个小孩在池塘边将石头往池子里扔，他惊奇地看到那个石头激起的涟漪一圈一圈地散开，那个时候就可能有美和审美！后来黑格尔又解释说，为什么那个时候会产生美感、产生美呢？是因为，那个孩子在那一圈一圈的涟漪里看到了自己。看到了什么样的自己？马克思有两个非常精彩的表达：第一个就是“本质力量的对象化”①。

① 马克思恩格斯全集：第23卷［M］．北京：人民出版社，1972：416－418.

就是说，我们在对象中看到了“人的本质力量”，所以我们可能就有美感，对方就是美的。所有美好的事物，包括自然物，包括纯粹的形式，都是因为我们在对象当中看到了自己，我们才能在客观对象当中读懂它、欣赏它，对方才是美的。那本质力量的对象化又是什么？本质力量又是什么呢？马克思另外一句话，也是我十分推崇的一个命题就是“人的类本质，是自由的、自觉的活动”。我认为人最重要的本质就是自由。换言之，不管什么东西，一个活动也好，一个现象也好，如果我们能从对象中间观察到人的自由本质，那么美就有可能发生，对象就能被我们读懂，因而它就是美的！当然，自由在不同的人那里的表述是不一样的。比如审美自由与政治上的自由概念就是略有区分的。政治自由是指摆脱奴役，按照自主的意识去行动（当然也要为这个行动负责任）。它更多的是要表达自主意志。但审美自由不完全是这个意思，审美自由是什么呢？当我们说一个活动是自由的，就意味着它不可能只是机械地“合乎规律”的。比如说一个老师上课的美，或者真正意义上的审美自由，就是我们觉得他“棒极了”的那种教育者主体的自由。这个庖丁解牛一样的老师，他的教育美之所以成立，是因为他有教育活动的主体自由。自由在形式上的特征也就是“合规律性与合目的性的统一”。马克思说“动物按照自己固有的尺度去活动”。而人呢，不仅按照内在固有的尺度去活动，而且“按照任何物种的尺度”去活动。我们不是鸟，我们本不能飞，但后来我们却比所有的鸟儿都飞翔得更高；我们没有鱼鳍，但我们也比任何鱼类都能游泳！人类跟别的物种最大的区别就在于人的自由特性。当然，这种美学意义上的自由，不是想干什么就干什么——庖丁解牛，游刃有余的关键，在于完全熟知牛的骨骼。因此合规律性、合目的性的完全统一才是美学意义上的自由。

所以，主体自由本质的实现，如果在伦理上讲，就可能导致幸福。而如果从审美意义上讲，就可能产生美。换言之，对于美的生活或者幸福生活，你可以用不同的形式去表达，但意思是一个。

我在 20 世纪 90 年代做德育美学观研究的时候，学习过许多种美的定义。当时中国美学家多数人是按照马克思的“本质力量的对象化”或人的“自由的对象化”这个理路去阐释美的。而“自由的对象化”在我们国家有很多种表达，有人说“自由的象征”，有人说“自由的形象”。高尔泰先生表达的是“自由的象征”——我们之所以欣赏某个事物，是因为我们主观上看到我们人的优越与自由。蒋孔阳先生说，某个事物之所以美是因为其一方面展现了人类自由，另一方面又有另一个形象。我在德育美学观的论述中采用的美的定义是李泽厚先生的“美是自由的形式”。这是什么意思呢？它跟象征、形象有什么区别呢？我认为“象征”的主观性太强，对美的客观属性关照不够；而对于“形象”我又觉得太窄了，比如数学美、科学美就不一定能以形象表达，而应表现为某种抽象的逻辑美。比如说一个数学公式、一个物理的解法等等，具有简洁、明快等美感，但那种美感不可能是一种形象，它是一种明快的逻辑，一种理念性质的东西。这种理念性质的东西的出现作为智慧形式当然会被学生所欣赏，也有智慧美，可是它却不能被归结为形象。所以，我觉得“自由的形式”是比较合适的。

如果我们把美定义成“自由的形式”，而所谓“自由的形式”就是“合规律性与合目的性的统一”的话，我们就会发现这个结论是非常有用的。美学家赵宋光先生有一个很好的观点。他说，美的存在以及审美活动发生的时候，事物本身一定要有美的形式，叫“中介结构”。当事物的美的中介结构与我们发生关系的时候，我们才能看到美，因为美本身是个非常抽象的东西。所谓“中介结构”其实就是“合规律性与合目的性的统一”的形式。

依据这一理论，我认为“中介结构”在德育美中的解释有两种情况：第一种情况是中介结构的外化方面，“以真为形式，以善为内容”。需要说明的是，这个“真”跟“善”与我们的日常用语是两回事——“真”就是“合规律性”，“善”就是“合目的性”。美的规律不同于纯粹“真”的规律之处，在于它的合规律性中间包含了合目的性。它在向我们“许诺自由”。它所表达的是一种许诺的自由的美。什么叫许诺的自由呢？就是它不一定是现实的自由，但如果按照这个原则去办事的话，就能获得自由。德育内容里道德的智慧美就是最典型的“许诺自由”例子。比如“信近于义，言可复也”（《论语·学而》），当你对别人许下承诺，若果程度恰当那就比较容易兑现，如果我们老兑现承诺，人家当然就信赖我们，那就“言可复”也。“恭近于礼，远耻辱也”（《论语·学而》）也是一样，如果对长者保持一定分寸的恭敬，就会远离耻辱——因为过于傲慢，会导致耻辱；阿谀奉承同样会自陷于耻辱。所以如果对人的恭敬在礼法之内的话，就会远离耻辱。礼是规律，义是规律，可是当我们把这些伦理规范“许诺自由”（合规律性后面的合目的性）的性质展示出来的时候，马上就会发现原来那是伟大的伦理智慧。如果这样做，我们会获得自由，这就叫“许诺自由”。以此类推，比如说某一个数学问题的解法，如果它美的话，也必然具有这一特征。当我们把这个招数可能带来的自由揭示出来后，学生就不仅是接受这个招数，也是爱这个招数的，是智慧美的欣赏。

其实对于任何教育活动，如果我们能兼顾审美的角度的话，促成“乐学”的概率就会大大提高。在日常教育生活中，我们往往浪费了很多教育的机会。比如，劳动课结束时，很多老师会习惯地说：“赶紧把东西收拾好，走人！”其实劳动结束以后，是最好的审美的时机。经过打扫，原来乱糟糟的教室，现在窗明几净，让大家看看“我们的教室多么漂亮”多么美好。哪怕只有一句提示的话，而不是让大家“赶紧走人”！很多时候，“异化”跟恢复正常的生活逻辑之间其实只有一念之差。

另外一种美，指的是“中介结构”的能动方面。如果前面是解释“德”（教育内容）的话，后面这个“中介结构”解释的就是能动的形式，即教育实践之美或者“育”之美。前面所说的外化或客观方面，首先呈现的就是合规律性，然后才是合目的性。这里所说的能动方面则相反，它“以善为形式，以真为内容”。比如庖丁解牛，让人首先感觉到的是好像他要怎样就怎样。但美的活动不同于纯粹的善的活动的地方，就在于合目的性后面存有主体活动的合规律性。因此活动之美，是在形式上实践自由，在现实活动中“施展自由”。一个老师出神入化地教学，就是在“施展自由”。当然人们从主体活动到达到目的的过程之中，看到运用规律的理性，才会觉得这老师真棒。

“合规律性与合目的性的统一”，还可以解释很多东西，比如人格美。一个学生的道德成长被欣赏，不只是说他合乎规范，而是我们发现他对道德规范的遵守近乎展示他天性良善的境界，那也是“庖丁解牛”！同理，“孔颜之乐”的妙处仍然是合规律性与合目的性的统一。“孔颜之乐”是伦理的境界，更是美学的境界。“饭疏食饮水，曲肱而枕之，乐亦在其中矣。不义而富且贵，于我如浮云”（《论语·述而》），这个“乐”可以理解为今天的幸福。如何能做到前面那句话所表述的（饭疏食饮水，曲肱而枕之，乐亦在其中），关键就在后面的那句话（不义而富且贵，于我如浮云）。不管怎样，没有道德的自由，就没有这种人格的美。

在日常德育中，最重要的审美要素实际上就这么几个。首先是人格美。如果我们老师在师表形象上能够做到那种程度的话，那学生就是如沐春风；如果学生身上那些道德的美好被我们发现，并且被我们不断强化的话，这就是最美好的德育、教学相长的美好人生。其次是“德”美或是教育内容之美。如果枯燥的社会规范学习能被还原成一个有趣的东西，还原成智慧上既有挑战又有精神享用性的东西，那么德育美就已经出现。这就是德育内容美。另外一种德育美是德育活动的外观形式美，就是刚才说的“施展自由”之美。我们要想办法，在教学上、在班主任工作中、在学生教育工作中，创造“施展自由”的美好。最后就是教育境界之美。境界就是超越具象的东西，但也是合规律性与合目的性的统一。

无论是教育活动、教育内容还是道德人格，其最高境界都是审美自由。而失去自由即失去一切美的可能。在很多观摩教学中，会出现这样一种情况：一个老师看另一个老师今天讲课特别精彩，就那么几个步骤，非常简单，淋漓尽致。他回去就按照这个模子套下去，亦步亦趋地教学，却没有达到预期的美好效果。那位老师就会失望，就没有那种教育的幸福感。个中原因很多，究其要者可能就是，他在简单套用，对其他老师来说是“施展自由”的模式，于你却是失去自由（受约束、被奴役）的模式。主体自由的存不存在，是德育美、教学美存不存在的关键。

换言之，“你幸福吗”不如换成“（在审美意义上）你自由吗”。自由意味着什么？自由首先意味着生活必须有某种目的性——必须想干点什么。只有想干点什么，我们才是自由的。另外，目的还要能够实现，这才是真正现实的自由。对于我们教育者来说，幸福的两个条件是什么？第一，我们要把教育工作当重要的事情做，当事业做，我们希望成就一番教育事业。比如我是一个小学数学老师，我就要将小学数学教得最精彩。我们必须要有这样的想法，不然就没有教育幸福的可能性。因为如果我希望把数学教好一点，在努力探索后，我真的教得比以前好，那教育之“乐”就出来了。所以，很多时候伦理上讲的幸福跟审美上讲的美其实是一回事，是同一个事物从不同角度的定义。从审美意义上讲是美，从伦理意义上讲是幸福。

经常有人问我，我们搞点外在的艺术形式放进去，是不是德育的审美化？德育美学观也好，欣赏型德育模式也好，自由的形式的实现，才是审美创造最要害的东西，其他的东西都是辅助性的。就像某些外在的艺术形式的使用，如果失去主体自由，也一样会变成教学的丑。比如，不该有音乐的时候，音乐出来了，那不是添乱吗？那是不可能有“教学美”的！音乐本身是美的，但如果它妨碍了教学自由，那肯定是“教学丑”。

许多人听说我倡导德育美学观、欣赏型德育模式，所能想象到的，要不就是简单的“赏识教育”，要不就是在德育过程中加上点戏剧，搞点音乐、美术什么的。虽然我也并不排斥这种佐料性质的东西，但我所要强调的主要理念，当然首先不是这些浅表的理解，我的教育思辨是从哲学（美学）反思开始的。我并不排斥蒋孔阳先生的理论（美是自由的形象），很多时候我们教育的确要有些有魅力的外观，最好是形象的东西，尤其对中小学学生来讲，德育内容与形式生动、具体、形象十分重要。但是切记：德育美学观、欣赏型德育的核心追求是道德、教育与审美的自由。这，才是最为重要的教育命题！

五、现代教育的异化与审美救赎

以上是从正面或美的构建的角度讨论的，这个角度当然是非常重要的。我们再回到另外一个维度，即反过来的观照，就是：“现代教育的审美救赎”。

为什么说，我们的现代教育、现代德育需要有美的救赎？

在我看来，简言之，是因为对教育异化（如片面发展、强制灌输等等）的根治特别需要通过审美改造去完成。

前面我列举过席勒所论述的“力量的国度”、“伦理的国度”和“审美的国度”。其实席勒所讲的也正是以审美救赎现代社会的思路。席勒等人当时关注的是一种现代人的异化。工业生产，商品经济常常将人类朝两个方向引领，一个是朝机械的、奴役的方向，让人变成片面的人、被工业文明压制的人。另外一个方向，实际上也是一种异化，就是把人导向动物，人越来越低级，远离人的高贵。席勒当然希望有一个更美好的社会——“审美的国度”。在审美的国度里，人的高贵，是通过合规律性和合目的性相统一的形式得以养成的。在这种状态中，人的高贵得以养成的同时，人的自由也得以保全。或者说，高贵的人格是通过自由的教育所培育的。这种现代人的修复，实际上是完整人性的修复，也就是现代教育的审美救赎。

审美救赎很重要。那么，美作为自由的形式，审美作为对自由的关照，在实践当中我们怎么对其进行应用呢？我认为在实际教育生活中，审美的教育可能有以下三种存在方式：

第一种方式当然是“美育”。这里的“美育”是广义概念，远大于艺术教育。任何教育如果具有审美意义，都属于美育。在这个意义上讲，我想介绍另外一个概念。珠海有一个非常好的实验学校，他们在研读了德育美学观以后，2000 年前后，开始自己探索，创造了一个概念叫“德—美育”。不是德育，也不是美育，而是“德—美育”。当然，一般来讲，我们现实的美育形式还主要是艺术类课程，而且艺术教育课程也严重不足——这是目前中国教育格调低下的表现之一。

第二种方式是审美技艺的教育应用。在教育过程中用点音乐、用点美术，讲点课堂设计、节奏的美感等等。我们可以在很多艺术形态里找到可供教育活动应用的艺术、审美的工具。比如说：有的老师戏剧修养很强，可以在戏剧里找到能够运用于教育的元素；音乐修养强的，可以为教学找一些背景音乐什么的；舞蹈元素、FLASH，所有审美元素都是可以发掘出来，为我所用的。如果我们能建立一个艺术或审美技艺库，当需要对教育活动做审美化改造的时候，一定会比较方便。

第三种方式是全部教育活动对审美精神、审美境界的追求。对于教育的改造来说，审美最重要的不是那些工具性质的东西。尽管工具也很重要，甚至有时候探索一些小工具也并不容易，但是最重要的是工具背后要有审美的灵魂。如果工具的东西组合起来反而失去了美的灵魂、美的本质的话，就会出现这样一种状况：工具本身是美的，但整个的教学却是丑的。美学是未来的教育学，首先是精神上的，是从本体论意义上来讲的：它能修复人性，解放学生，让师生双方自由、幸福。修复人性就是要能活得像人，就要强调“趣味”“游戏”“自由”“解放”等等。

比如说“趣味”，一个异化的教育当然没有趣味，而健康教育应该是让人不亦乐乎、充满趣味的。通过艺术技艺的使用，通过审美精神的落实，合乎审美法则的教育应该是怎样的呢？当然应该是有“趣味”的教育！那“趣味”是什么？美学家朱光潜先生认为有两个意思：第一个是“有趣”。比如诗歌、小说等等，能给人带来愉悦、趣味。第二个是“纯正”。用我的话表达，这两个特征一个是“有趣”，一个是“有格”，就是有境界。我认为这样的表达合乎朱先生的意思。他说人们愿意看小说，而不愿意看诗歌，是因为在鸳鸯蝴蝶派的小说里能找到生活粗痞的形式。而朱先生所主张的审美趣味是排斥这个的。他认为所谓审美趣味应当同时有两个特征（一个是有趣，一个是纯正），而非仅仅“有趣”。我认为这才是美学、审美学对教育活动所要做到的“趣味”。教育要让儿童不亦乐乎，而这个不亦乐乎又不是低级趣味。很多年前，曾经有人提倡过“快乐教育”。让儿童快乐当然好，但对这个快乐教育不认真定义的话，是极其危险的。因为某些低级趣味的活动也可能带来“快乐”，而那个“趣味”却不是我们美学所倡导的“趣味”。真正审美上的“趣味”一定是有趣的，一定是生动活泼的，一定是让孩子乐在其中、主体性得到弘扬的，但它绝不是朝低俗的方向去。审美，而非“审丑”。

某种意义上来讲，美学对教育实践的指导意义，就在于审美原则的运用能带来教育的“趣味”，能够使学习变成一种高尚的游戏。学习与游戏到底是什么关系？一方面，学习跟游戏就像光谱的两极，学习就是学习，游戏就是游戏。但换一种思维，最好的学习又近乎游戏，而最好的游戏也等同于学习。真正的游戏状态，其实是人性丰满、人的主体性得以弘扬的非常重要的表征。因为人在游戏的时候，其主体性、自由本质表现得最为充分。

曾经就有美学家这样界定美，认为美就是一种游戏。虽然我觉得游戏太具象，跟美是人的自由本质的对象化比，我更倾向后者，但是在审美的帮助下，一旦教育的游戏特征在某种意义上得以恢复，教育的生动性也就得以恢复，完整的人性也就得以恢复。当孩子们以游戏的心态，不亦乐乎地从事学习这个智力游戏的时候，智力活动不光使他们的完整人性得到肯定，不光使他们的学习更有趣味，学习成绩、教学效率也会提高。

其实一个好老师的标志之一，是他有本事“忽悠”自己的学生乐此不疲、兴味盎然地从事学习。因为在那种状态下，师生双方的主体性都得到了最优越的体现。当然，趣味也好、游戏也好，本质上就是要让学习者在教育过程中获得自由、解放——审美意义上的自由、解放，即“合规律性和合目的性的统一”。其实，审美上的自由跟政治上的自由也有某种内在的联系。因为真正好的政治自由也是要对自己的行为负责任的。维基百科上对政治自由的解释就是摆脱奴役，按照自己的意识去行动，并对自己的行为负责任。

总之，我认为健康的教育应该让学生当下自由和幸福，并且通过当下自由和幸福的学习去获得建构未来自由和幸福生活的主观能力。这才是我们的教育应该努力的方向。实际上教育的全部意义、终极的意义都在于此。

但非常不幸的是，实际生活中的教育常常是压制学生、约束学生——这些就是前面所说的教育的异化。面对教育异化，我们常常推诿责任，常常说诸多教育异化都是由于社会的原因、体制的原因、历史的局限性，如此等等。但是如果很多客观的东西不能马上改变的话，那么那些操之在我的东西呢，我们是不是应当马上做，而不是将来做?！所以，最后我想用《论语》里面的一段话做一个呼吁，也给我自己做共勉——“我欲仁，斯仁至矣”！孔夫子教导我们说：践行仁德其实并不是很远的事情。如果你愿意，马上就可以践行仁德。今天我提议将这句话改成：“我欲美，斯美至矣”！

在现实中，我相信几乎任何一个老师都体验过教育生活的幸福。而依照刚才的原理（教育幸福就等同于教育美），如果教育生活中你曾经“幸福”过，你就一定已经创造过“教育美”，只不过你没有意识到那是美的创造带来的惬意，你也并不一定是用狭义的美（艺术美）的创造方式去获得这一美感体验而已。当一个老师非常轻松地完成一堂课的教学，乐滋滋地走出教室的时候，他当然已经无意识地创造了教育教学的美。所以具有审美性质的教育活动一方面是解放孩子，另一方面也是解放我们自己。具有审美性质的教育活动能够让我们自己从日常的、琐碎的、庸俗不堪的、为生计所迫的奴役性劳动状态上升到一个为自己的事业、为自己生命意义的提升去拼搏的这样一个生活样态。因此教育生活的审美化，对教师自己也一直是最人道的选择。全世界的教师在经济上可能都不是最富有的，但我们有一点是任何其他行业都不能与之相比的：伟大——教师是幸福人生的批量“再生产”者。从某种意义上讲，几乎所有的幸福人生都可能是从我们的课堂里开始生根、发芽、开花、结果的。也正是因为这一点，我们就有可能获得人生最大的意义的幸福感。世界上如果有一个最高的美的话，我认为那应该是教育之美！

为了我们自己，为了我们的孩子，为了国家与中国社会的健康发展，我们需要有“我欲美，斯美至矣”的勇气和实践。

图书在版编目（CIP）数据

真实的乌托邦：既善且美的教育建构/檀传宝著．--北京：中国人民大学出版社，2020.5
（当代中国教育学人文库）
ISBN 978-7-300-27930-5

Ⅰ.①真… Ⅱ.①檀… Ⅲ.①品德教育—研究 Ⅳ.①D64

中国版本图书馆 CIP 数据核字（2020）第 027053 号

国家出版基金项目
当代中国教育学人文库
真实的乌托邦：既善且美的教育建构
檀传宝　著
Zhenshi de Wutuobang：Ji Shan Qie Mei de Jiaoyu Jiangou

出版发行	中国人民大学出版社			
社　　址	北京中关村大街 31 号		**邮政编码**	100080
电　　话	010－62511242（总编室）			010－62511770（质管部）
	010－82501766（邮购部）			010－62514148（门市部）
	010－62515195（发行公司）			010－62515275（盗版举报）
网　　址	http：//www.crup.com.cn			
经　　销	新华书店			
印　　刷	天津鑫丰华印务有限公司			
开　　本	720 mm×1000 mm　1/16		**版　　次**	2020 年 5 月第 1 版
印　　张	15.5 插页 1		**印　　次**	2024 年 6 月第 3 次印刷
字　　数	227 000		**定　　价**	95.00 元